BARCELONA

巴塞隆納兩千年

跟著城市地理專家
循著歷史與遺跡
深讀加泰隆尼亞的美麗與哀愁

蓋瑞·麥克多諾
Gary McDonogh
塞吉·馬丁尼茲-瑞戈
Sergi Martínez-Rigol —————— 著

何玉方 譯

目錄

Chapter 3

從衰落到復興（一五〇〇至一八〇〇）

Chapter 4

工業大城（一八〇〇至一九〇〇）

致謝

我們兩人的職業生涯已將近四分之三個世紀這麼長，都用在巴塞隆納的相關研究上，而且我們還有共事多年的情誼。在向相關的人致謝之前，首先要感謝許多不知名的人士，與我們分享他們在巴塞隆納的快樂經歷，無論是在市場或街頭遊行時的互動交流；在書店裡欲罷不能的討論；在餐館的愉悅閒談；在劇院、電影院、音樂會和博物館裡的超脫享受；或是與鄰居的閒話家常。本書著重在分析巴塞隆納城市中的歷史、充滿多元歧異的民族，與擁有各式節慶的人文風情。

蓋瑞・麥克多諾：首先誠摯感謝那些引導我進入巴塞隆納論文研究領域的人：蘇珊・鄧拉普（Susan Dunlap），再加上埃德・漢森（Ed Hansen）、奧里爾・皮森耶（Oriol Pi-Sunyer）、希德・明茨（Sid Mintz）、理查・普萊斯（Richard Price）、理查・卡根（Richard Kagan）、貝爾翠絲・拉凡德亞（Beatriz Lavandera）、芙蘿拉・克蘭（Flora Klein）、尚・科潘（Jean Copans）和凱瑟琳・維德里（Katherine Verdery）所提供的研究生培訓和指導。

感謝在巴塞隆納的同事和老師：約瑟芬娜・洛馬（Josefina Roma）、卡洛斯・卡瑞拉斯（Carles Carreras）及其家人、胡安・約瑟普・普賈達斯（Joan Josep Pujadas）、多洛斯・科馬斯（Dolors Comas）等人，以及親愛的學生加斯帕爾・馬札（Gaspar Maza）和沙維・卡米諾（Xavi Camino）。特別要感謝那些在我學習階段時的研究同好，還有一直與我保持聯繫的美國朋友們：吉姆・阿梅朗（Jim Amelang）、蘇珊・迪賈科莫（Susan DiGiacomo）和姬特・伍拉德（Kit Woolard），以及在二十五年前一起合作、並向我介紹巴塞隆納各式各樣指南的吉姆（Jim）和沙維・吉爾（Xavi Gil），在此我也要向他們獻上由衷的謝意。

除此之外，衷心感謝巴塞隆納許許多多的朋友和家人：約瑟普・馬利亞（Josep Maria）和Angels、加斯帕爾（Gaspar）、沙維（Xavi）、皮里（Pili）、嘉里（Cari）、朱里（Churri）、胡安（Juan）、卡洛斯（Carlos）等。

這項巴塞隆納研究的計畫經過多年研討和教學已趨成熟，它從我在多倫多大學和約翰霍普金斯大學的研究生培訓開始，並受到約翰霍普金斯大學、歐洲研究委員會（Council for European Studies）和社會科學研究委員會（Social Science Research Council）的資金補助。我任教於南佛羅里達大學新學院（New College USF）的人類學系時，也和朋友東尼・安德魯斯（Tony Andrews）合作，繼續從事巴塞隆納的相關研究和教學工作。隨後，在參與布林莫爾學院（Bryn Mawr）的「城市變遷與結構」實驗過程中，結識了許多人，獲益匪淺，包括芭芭拉・萊恩（Barbara Lane）、大衛・卡斯特（David Cast）、愛麗絲・多諾霍（Alice Donohue）、傑夫・科恩（Jeff Cohen）、莫達維・凱爾（Madhavi Kale）、丹妮拉・沃伊絲（Daniela Voith）、山姆・奧爾辛（Sam Olshin）、胡安・阿博納（Juan Arbona）、張君（Jun Zhang）和李敏（Min Lee）。同時衷心感謝西班牙和拉丁美洲研究的同事們，與我分享藝術和文化觀點：瑪麗亞・克莉絲蒂娜・昆特洛（Maria Cristina Quintero）、恩里克・薩塞里奧・加里（Enrique Sacerio Garí）、馬丁・加斯帕爾（Martín Gaspar）、特別是已故的格里德利・麥金・史密斯（Gridley McKim-Smith）。感謝學院慷慨提供經費補助及公假支持我的研究。還有學生們針對巴塞隆納相關議題的許多提問，也讓我時時自省，其中特別感謝史蒂夫・特雷巴赫（Steve Trebach）在本書手稿階段時，細心閱讀各章節並提出評論。

巴塞隆納一直是我家庭生活的一部分；這三十年間，我與辛蒂黃（Cindy Wong）從中國人在此還很少見的年代開始拜訪這座城市，到現在我們與女兒賴瑞莎（Larissa）和葛蕾西拉（Graciela）一起定居於此。女兒們與我一起探索城市多年，如今她們已經可以詳述城牆的歷史，也知道要享受奎爾公園（Park Güell）的微風、博蓋利亞市場（La Boqueria）的熱鬧喧囂、布拉瓦海岸（Costa Brava）的海灘樂趣、和蛋黃醬的神奇滋味，這些都讓我一輩子難忘！

塞吉・馬丁尼茲—瑞戈：在參與這項城市研究計畫的朋友和同事當中，和麥克多諾一樣，我特別要感謝的就是卡洛斯・卡瑞拉斯的指導，他向我介紹巴塞隆納、地理學、以及解讀都會城市的特殊方式。我的博士論文：研究巴塞隆納拉瓦爾區（Raval）中產階級化的過程（gentrification），在他的指導下於西元二〇〇〇年進行論文口試。在博士生研究期間，有幾位同事和教授，如安東尼・里拉・梅利斯（Antoni Riera Melis）、費蘭・薩加拉・特里亞斯（Ferran Sagarra Trias）和麥克多諾，幫助我從不同角度理解巴塞隆納的面向。我和人文地理學系的幾位同事熱切交流，探索城市議題（特別是巴塞隆納）：如羅莎・泰洛（Rosa Tello）、佩雷・洛佩茲（Pere López）、梅賽德斯・馬林（Mercedes Marín）、盧德斯・賈西亞（Lourdes García）、努里亞・貝納奇（Núria Benach）、伊麗莎白・羅莎（Elisabet Rosa）、亞蘇姆塔・波巴（Assumpta Boba）和豪赫・羅梅羅（Jorge Romero），以及其他間接相關的同事，如胡安・維拉格拉薩（Joan Vilagrasa）、奧羅菈・賈西亞・巴列斯特羅（Aurora García Ballesteros）、華金・波斯科（Joaquín Bosque）、揚・凡威賽普（Jan van Weesep）、艾蜜莉亞・伊尼絲・傑萊格斯德・萊莫斯（Amalia Inés Geraiges de Lemos）、蘇珊娜・米蘭達・帕切科（Susana M. Miranda Pacheco）和特蕾莎・巴拉塔（Teresa Barata）。

我在巴塞隆納大學和卡洛斯・卡瑞拉斯一同經歷了二十二年學士和碩士學位課程的教學經驗，以巴塞隆納和城市研究為共同主題。我從西元一九九八年起參加他的「漫遊巴塞隆納」（Walking through Barcelona）課程，與他和菲利浦・班克斯（Phillip Banks）、瑪麗・納許（Mary Nash）、哈威爾・吉爾（Xavier Gil）、米雷雅・弗瑞夏（Mireia Freixa）、露易思・弗拉戈（Lluís Frago）、費蘭・塞加拉（Ferran Segarra）、埃斯坦尼斯勞・羅卡（Estanislau Roca）和伊尼絲・阿基盧埃（Inés Aquilué）等人共同教學、探討巴塞隆納，從中獲益匪淺。

此外，我也與卡瑞拉斯共同執行多項編輯、地圖製作和學術研究計畫，都是以巴塞隆納為城市實驗室。這些計畫使我有幸與多位學者專家合作研究，包括在巴塞隆納的塞爾西奧・莫雷諾（Sergio Moreno）、羅塞兒・普比爾（Roser Pubill）、瑪西婭・卡迪姆（Marcia Cardim）、歐尼斯特・魯伊茲（Ernest Ruiz）、約瑟普・塞拉（Josep Serra）和貢薩洛・貝納多斯（Gonzalo Bernardos），以及海外學者保羅・塞索・達席爾瓦（Paulo Celso da Silva）、莉達・維加諾尼（Lida Viganoni）、羅薩里奧・索姆米拉（Rosario Sommella）、里貝拉・亞歷山卓（Libera d'Alessandro）、赫庫蘭諾・卡西尼爾（Herculano Cachinho）、彼德・佩吉梅瑞斯（Petros Petsimeris）、何塞・加斯卡（José Gasca）、帕特里夏・奧利維拉（Patricia

Oliveira）和瑪麗亞・洛拉・西爾維拉（Maria Laura Silveira）。

我們以巴塞隆納作為案例研究，深信城市與社會發展密切相關，此一信念使我參與的「商業和城市研究小組」，進一步推動巴塞隆納大學開設「城市研究」（Urban Studies）的碩士課程。感謝卡洛斯・卡瑞拉斯和艾利克斯・莫昆達（Álex Morcuende）努力不懈促成此事，讓我們能夠和許多同好一起分享、學習巴塞隆納的真實面貌。這些博士、碩士或大學生，例如愛德華・蒙特西諾斯（Eduard Montesinos）、貝翠絲・羅科（Beatriz Rocco）、梅里特雷・阿卡尼茲（Meritxell Alcañiz）和大衛・洛貝拉斯（David Lloberas），在學術討論和學習研究來說無疑是好夥伴。

一直以來，巴塞隆納不僅是我的研究主題，也是我的居住地，感謝好朋友約瑟普・瑪利亞・費雷爾（Josep Maria Ferrer）的熱情款待，使我得以享受巴塞隆納精采的日常生活。

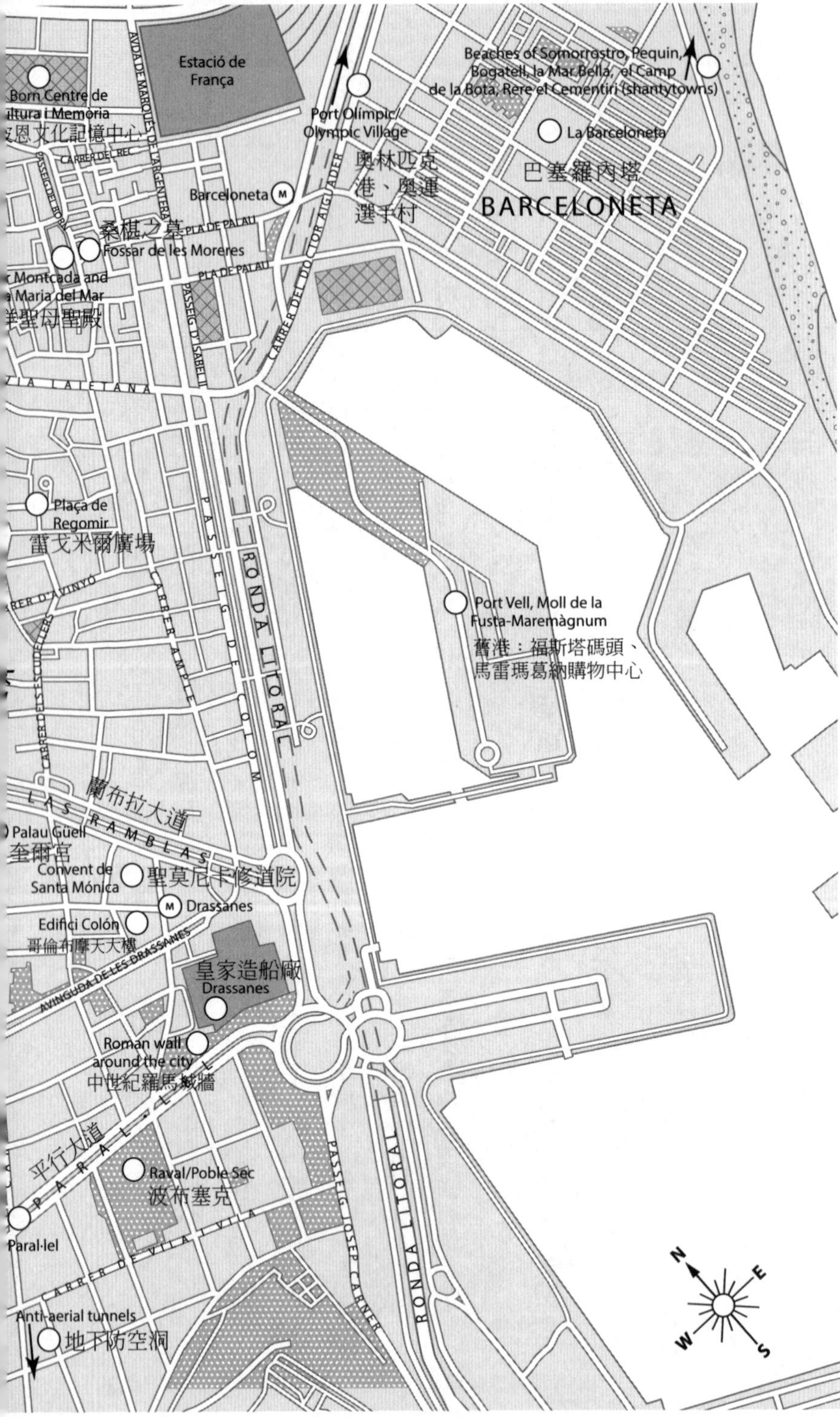
Estació de França
Born Centre de
ltura i Memòria
波恩文化記憶中心
Port Olímpic/
Olympic Village
奧林匹克
港、奧運
選手村
Beaches of Somorrostro, Pequin,
Bogatell, la Mar Bella, el Camp
de la Bota, Rere el Cementiri (shantytowns)
La Barceloneta
巴塞羅內塔
BARCELONETA
Barceloneta
桑椹之墓
Fossar de les Moreres
Montcada and
a Maria del Mar
洋聖母聖殿
PLA DE PALAU
CARRER DEL REC
CARRER DEL DOCTOR AIGUADER
PASSEIG D'ISABEL II
AVDA DE MARQUÈS DE L'ARGENTERA
VIA LAIETANA
Plaça de
Regomir
雷戈米爾廣場
CARRER D'AVINYÓ
CARRER AMPLE
PASSEIG DE COLOM
RONDA LITORAL
Port Vell, Moll de la
Fusta-Maremàgnum
舊港：福斯塔碼頭、
馬雷瑪葛納購物中心
CARRER DELS ESCUDELLERS
蘭布拉大道
LAS RAMBLAS
Palau Güell
奎爾宮
Convent de
Santa Mònica
聖莫尼卡修道院
Drassanes
Edifici Colón
哥倫布摩天大樓
AVINGUDA DE LES DRASSANES
皇家造船廠
Drassanes
Roman wall
around the city
中世紀羅馬城牆
平行大道
PARAL·LEL
Raval/Poble Sec
波布塞克
Paral·lel
CARRER DE VILA I VILA
PASSEIG JOSEP CARNER
RONDA LITORAL
Anti-aerial tunnels
地下防空洞
N
E
S
W

CARRER DE GIRONA
Sagrada Família
聖家堂
Hospital de Sant Pau
聖十字聖保羅醫院
Plaça de les Glòries Catalanes
榮耀廣場
Parc de la Ciutadella
城堡公園
奎爾公園
Park Güell
CARRER DE ROGER DE LLÚRIA
Diagonal
對角線大道
CARRER DE CASP
RONDA DE SANT PERE
CARRER DE TRAFALGAR
CARRER DE SANT PERE MES ALT
CARRER DE SANT PERE MES BAIX
CARRER DELS CORDERS
CARRER DE LES JONQUERES
Urquinaona
VIA LAIETANA
Palau de la Música
加泰隆尼亞音樂宮
Mercat de Santa Caterina
聖卡特琳娜市場
Museu Picasso
畢卡索美術館
巴塞隆納城市歷史博物館
Museu d'Historia de la Ciutat
Jaume I
米拉之家
Casa Milà
Passeig de Gràcia
PASSEIG DE GRÀCIA
恩典區
Manzana de la Discordia
不和諧街區
中央電話局
Telefónica building
四隻貓餐廳
Els Quatre Gats
Palau Reial Major
巴塞隆納大王宮
Cath. & Roman Aqueduct
Cardo Maximus and Decumanus
Plaça Sant Jaume
CALL MAJOR
Plaça de Catalunya
加泰隆尼亞廣場
擴展區
Gaixample
Roman Tombs
羅馬墓地
BARRI GÒTIC
哥德區
CALL MENOR
Coliseum Theater
體育館劇院
GRAN VIA
LAS RAMBLAS
蘭布拉大道
RONDA DE LA UNIVERSITAT
CARRER DE LA CANUDA
伯利恆聖母耶穌會教堂
Jesuit Church of Our Lady of Bethlehem
Santa Maria del Pi
松樹聖母聖殿
CARRER DE PELAI
CARRER DELS TALLERS
Palau de la Virreina
維瑞納宮
Mercat de la Boqueria
博蓋利亞傳統市集
Liceu
Liceu Opera House
利塞奧大劇院
巴塞隆納大學
Universitat de Barcelona
Universitat
CARRER DE MONTALEGRE
Anti Tuberculosis Dispensary
結核病防治所
Museu d'Art Conemporani-Casa de Caritat-University
當代藝術博物館、當代文化中心
Antic Hospital de Santa Creu
舊聖十字醫院
CARRER DEL CARME
JUNTA DEL COMERÇ
CARRER DE L'HOSPITAL
舊城區
CARRER DE JOAQUIN COSTA
CARRER DE VALDONZELLA
RONDA DE SANT ANTONI
BARRIO CHINO
唐人街
RAMBLA DEL RAVAL
Rambla del Raval
CARRER DE SEPÚLVEDA
CARRER DE LA RIERA ALTA
CARRER DE LA RIERETA
CARRER DE SANT ANTONI ABAT
CARRER DE LA CERA
CARRER DE FLORIDABLANCA
CARRER DE TAMARIT
Sant Antoni
Urgell
CARRER DE LA REINA AMALIA
Camp Nou
諾坎普球場
桑茨火車站、西班牙工業公園、加泰隆尼亞帕伊索斯廣場
Estació de Sants, Parc Espanya Industrial, Plaça Països Catalans
RONDA DE SANT PAU
CARRER DEL COMTE DE BORRELL
PARAL·LEL

序章

巴塞隆納自西元一九九二年舉辦奧林匹克運動會（簡稱奧運會）以來，近三十年已成為全球家喻戶曉的城市，有建築大師安東尼・高第（Antoni Gaudí）超現實弧形線條的聖家堂（Sagrada Família）、巴塞隆納足球隊（Blaugrana，暱稱紅藍軍團）的超級球星、蘭布拉大道（Ramblas）[1]的趣味盎然和博蓋利亞傳統市集（Mercat de la Boqueria）的熱鬧、畢卡索的波

1 作者補充：奧運會引發藝文人士對巴塞隆納的關注，如羅伯特・休斯（Robert Hughes）的作品《*Barcelona*》（New York: Random House，一九九二）；菲利普・費南迪茲—阿梅斯托（Felipe Fernández-Armesto）的史觀《*Barcelona: A Thousand Years of the City's Past*》（一九九二）、或曼努埃爾・瓦茲克斯・蒙塔爾班（Manuel Vázquez Montalbán）的抒情軼事之作《*Barcelonas*》（一九九二），自此之後，普遍少見與巴塞隆納相關的教科書或一般讀物。有鑑於此，本書結合我們的學術與經驗，以英語概述巴塞隆納的城市變遷，易於讀者理解。在本書正文和精選的參考資料中，我們向讀者更詳細介紹與巴塞隆納相關的英語作品，也在多處提及許多教師和同事的貢獻，幫助我們理解和詮釋此一城市。麥克多諾還與詹姆斯・阿梅朗（James Amelang）和哈威爾・吉爾（Xavier Gil）合著《*Twelve Walks through Barcelona's Past*》（Barcelona: Olimpiada Cultural，一九九二）。

希米亞風格、或是悠閒的海灘、美酒、和美食等鮮明形象。每年有數百萬的觀光旅客前來朝聖，包括搭乘地中海遊輪的短暫停留，週末來此參加單身派對，長期旅居探索城市文化、美食、生活，漫步閒逛、騎自行車，或搭乘觀光巴士遊覽的旅行者。對於參加海外留學或伊拉斯謨（ERASMUS）歐洲大學交換計畫的學生、以及休假出國進修的學者而言，巴塞隆納也是吸引人的選擇〔還記得《西班牙公寓》（*L'Auberge éspagnole*，二〇〇二）這部電影嗎？〕

想要了解無政府主義的歷史觀、或是當代城市菁英如何結合廣泛的公民參與，重新思考公共空間、公民文化和遺跡，進行城市改造，「巴塞隆納模式」正是一個典範。巴塞隆納也是舉辦大型集會和活動的熱門地點，匯集全球各地人士和創意。對有些人來說，更重要的是，巴塞隆納或許是個「品牌」象徵，代表旅遊套裝行程，結合些許海灘風情、美酒佳餚，一窺高第建築之美，漫步於蘭布拉大道[2]，充滿琳琅滿目的紀念品，商品化使巴塞隆納成為全球受歡迎的城市之一。

在擁有七百五十二萬三千人口的加泰隆尼亞自治區裡，巴塞隆納是一個重要城市，有一百六十萬的人口，具有兩千年的歷史，對當地許多居民和遊客更是意義重大，歷史悠久的街道和建築成為他們生活、工作和休閒的所在地。對眾人而言，巴塞隆納是一座蘊含豐富歷史的城市，有羅馬時期奠定的現代街道基礎，中世紀和文藝復興時期的建築成為現今的辦公室、圖書館、博物館、商店、餐館和住宅。巴塞隆納有如可重複書寫的羊皮書卷，其街道、建築物和空間呈現出多層次的新舊風格交織，我們得以從中追溯許多加泰隆尼亞的歷史、社會和藝術領域等先人的遺跡，如：加拉．普拉西迪亞（Gal.la Placídia）、長毛威爾弗雷德（Wilfred the Hairy）、哥倫布（Christopher Columbus）、喬治．歐威爾（George Orwell）、畢卡索（Pablo Picasso）、尚．吉內特（Jean Genet）、蒙賽拉特．卡芭葉（Montserrat Caballé）等等。同時，巴塞隆納和市民也正面臨攸關未來的重大議題，包括沿海城市面臨氣候變遷所帶來的衝擊，長期以巴塞隆納為首都的加泰隆尼亞自治區，不滿被西班牙政府統治長達五世紀之久，現在正面臨激烈的獨立爭議。

一旦知道該如何切入觀察，就會發現巴塞隆納處處展現不同的歷史和文化層次，使我們得以從中解讀城市變遷過程。例如，高第的建築作品已被公認是巴塞隆納的品牌象徵，高第從工業城市雷烏斯（Reus）來到巴塞隆納後，複雜的城市體驗豐富其建築元素；而「奎爾宮」（Palau Güell）曾是一座私人宮殿，象徵十九世紀工業大亨不斷擴張的財富和權力。

---

2 本書全文專有名詞採用加泰隆尼亞語，除非有相同的英文詞彙（例如，採用Catalonia，而非Catalunya），而地名採用加泰隆尼亞和巴塞隆納習慣用法。然而，Rambles（加泰隆尼亞語複數）這個字很容易與英文同音字混淆，故全文改用Ramblas（卡斯提亞語拼寫），我們懷疑Ramblas在英語世界中已是標準用字了。

遠離市中心的「奎爾公園」，原本意圖打造為一座私人的歐洲花園城市，最終失敗，變成一座奇妙的公園。成功的中產階級商人委託高第建造的私人住宅，遍及巴塞隆納的擴展區（Eixample）和附近的恩典區（Gràcia）之間。另一座建築物「米拉之家」（Casa Milà，又名La Pedrera，為「採石場」之意）是早期多層樓的公寓專案，由於城市動盪不安，使業主擔心高第意圖添加的宗教色彩，故一直處於「未完工」狀態。當然，高第最著名的作品——聖家堂（圖0.1），一直到他一九二六年去世之前都尚未完工，聖家堂在內戰時期遭到掠奪，並曾在佛朗哥（Franco）極權統治時舉辦備具爭議的活動。目前，飽受

圖0.1：高第的「聖家宗座聖殿暨贖罪殿」（Temple Expiatori de la Sagrada Familia），一般簡稱為「聖家堂」，圖為一八九〇年間建造的「誕生立面」。

議論的「完工」計畫正在進行中。

「蘭布拉大道」本身同樣有其歷史風貌，我們將在後面章節中深入探討。位在這條中樞要道上的「博蓋利亞傳統市集」，努力為當地居民提供日常所需之際，也成為遊客駐足停留的知名景點，延續羅馬時期和中世紀時供應城市所需的市場交易歷史，目前建築本身是在十九世紀徵收全城各修道院之後所建造的，供應傳統的加泰隆尼亞農漁產品、食品、和各式新奇美食，並吸引全球旅客目光。它也是四十三個城市市場網絡的一部分，從巴塞羅內塔（Barceloneta）到奧爾塔（Horta）和薩里亞（Sarrià），近幾十年來一直深受重視和不停的更新。

巴塞隆納其他的機構組織和公共空間也展現了不同層次的轉型。例如：巴塞隆納足球俱樂部，簡稱巴薩（Barça），在一八九九年由瑞士移民漢斯·甘珀（Hans Gamper，一八七七年至一九三〇年）所創立，他把畢生精力都貢獻於此。歷經一個多世紀後，巴薩已成為世界上最富裕的體育團隊之一，球隊會員多為市民，無論勝敗，都充滿民族自豪感和專業運動家精神。如果巴薩所代表的「不僅僅只是一家足球俱樂部」（més que un club），那麼皇家馬德里也不只是巴薩的死敵球隊而已，特別是在內戰結束後。巴薩的主場諾坎普球場（Camp Nou）也是象徵民族認同的熔爐。同時，巴塞隆納還有第二支足球隊——皇家西班牙人（Espanyol），由一位加泰隆尼亞人於一九〇〇年在巴塞隆納大學所創立。

巴塞隆納的旅遊形象特色也十分複雜。廣告宣傳中吹捧的海灘，數十年前飽受工業化汙染、灘面被鐵道分成兩邊、還充滿著老舊建築。葡萄酒在加泰隆尼亞已有數千年的歷史，周圍的城市生產香醇紅酒和綿密細膩的氣泡酒（cava），巴塞隆納因成為經銷中心而從中獲益。然而，在西班牙海鮮燉飯（paella）、伊比利亞火腿（jamón ibérico）、正餐前的小菜（tapas）和其他進口食品（包括古斯米、壽司和炒飯）充斥之下，不知有多少遊客能真正品嚐到加泰隆尼亞的傳統佳餚，如：雜燴肉菜鍋（escudella）、烤蔬菜雜燴（escalivada）、豬肉香腸煮豆子（mongetes amb butifarra）、蝸牛佐大蒜蛋黃醬（cargols amb allioli）、以及冬季限定的烤大蔥（calçots）佐杏仁蕃茄特製醬汁、和全年天主教節慶日的各式糕點（coques）[3]。

雖然巴塞隆納歷經好幾世紀的進化發展，但各地區還是為當地居民及遊客保存傳統節慶，全城一整年還是多采多姿。例如，每年聖誕節前，主教堂廣場前面都會舉辦聖誕市集（Santa Llúcia fair），在這可以買到耶穌誕生馬槽場景（pessebre）的應景裝飾。每年四月二十三日是紀念加泰隆尼亞守護神的聖喬治日（Diada de Sant Jordi），這天在蘭布拉大道上會匯聚成千上萬的民眾，購買玫瑰和書作為禮物贈送給心愛的人。每當巴薩在重大比賽勝利之後，蘭布拉大道上的「卡納雷特斯噴泉」（Canaletes）就變成球迷歡慶的場所。其他節慶日的音樂和美食，也活躍在眾多社區的公共空間，包括像是在恩典區的「格拉西亞節」，會以手工作品裝飾整條大道。[4]

如今讀者已經可以透過多種方式了解巴塞隆納，在撰寫此書時，我們以巴塞隆納學者、公民和居民的身分，探討歷史、物質建設和複雜文化對城市的影響力，同時也提出其他許多鮮為人知的軼事。若你曾在巴塞隆納駐足停留，那麼透過我們對當代的地域和人文故事的闡明，你將能看到這座城市多層次的面貌。對於未曾到訪或居住於此的人，本書邀請大家一起來了解巴塞隆納的歷史、景觀、精神、和多元歧異——在成為現代化都市之前，這些都早已讓它擁有舉足輕重的地位。即使對這座城市瞭若指掌的人，希望本書的論述可以提供你們更有趣的觀察視角。

為了更深入閱讀巴塞隆納，本書各章節依照大時代劃分，呈現實際社會文化脈絡，定位

---

3 例如，我們可以在諸聖節品嚐 panellets（覆蓋松子的杏仁酥小糕餅），復活節品嚐 mona de pascua（糖製的圓形蛋糕，傳統上用煮熟的雞蛋和糖果裝飾，如今包括巧克力蛋），聖誕節的 torrons（由蜂蜜、糖、蛋清、杏仁或其他堅果製成的牛軋糖）和 neules（餅乾），或是聖約瑟節的 crema catalana（焦糖布丁）等。

4 www.festamajordegracia.cat.

歷史事件的發展過程和地域關係。在每一章中，先概述當時的城市和全球的背景，接著探索巴塞隆納不斷成長變化的過程，從政治經濟的控制和發展，創造出早期的堡壘、商業之都、到現代的工商業強國，時至今日，成為全球知名的旅遊景點。在每一章中，會具體介紹城市的分歧和創造力，包括重大的對立爭議，以及對藝術、文學和音樂的詮釋，豐富巴塞隆納的傳統文化。也會著重介紹跟著城市不斷演變的重要遺址，如巴塞隆納現代化行政機關，正是位於二千年前由羅馬時期奠基規劃的山丘上。

第一章始於城市建立之前，解釋巴塞隆納在地中海廣闊的生態背景。時至今日，仍可見羅馬時期的建設基礎，為這個曾在西哥德人（Visigoths）、阿拉伯人和法蘭克人統治下的堅固領地，奠定千年蛻變的基礎。本章可讓遊客到巴塞隆納市中心一遊之際，得以找尋到這些歷史的地理遺跡，並同時讚嘆其成長蛻變。

第二章介紹巴塞隆納作為地中海的重要城市，以及加泰隆尼亞亞拉岡聯合王國（Catalan–Aragonese Empire）的中心地，從伊比利半島延伸到現在的希臘，透過征服、海上貿易、社會關係和豐富的文化而統一。中世紀和文藝復興時期的城市特色在哥德區（Barri Gòtic）、拉瓦爾區和里貝拉區（Ribera）的舊城區得到妥善保存（和改造翻新）。此外，保存下來的文化遺產包括宮殿和教堂，以及各種城市建築，而藝術、文學和音樂也記錄下活躍、多樣化的都市面貌。

然而，巴塞隆納的歷史並非只有一連串的勝利。瘟疫肆虐、蠻族入侵、經濟不確定性，這些都削弱了它的長期發展。第三章介紹巴塞隆納轉型為早期現代化城市的重要關鍵，透過卡斯提亞王國（Castilian）擴張版圖，重心從古地中海轉移至新大陸，另一方面，西班牙國家日漸形成，北歐銀行家、商人和軍隊對伊比利半島的興趣日益增長。因此，十六到十八世紀堪稱是巴塞隆納的成長和悲劇時期，尤其是一七一四年九月十一日在西班牙王位繼承戰中慘敗淪陷為甚，如今，這個日子成了大肆慶祝的加泰隆尼亞民族日（la Diada）。本章結尾處預告了巴塞隆納的第二次加泰隆尼亞文藝復興（Renaixença）的發展。

十九世紀初拿破崙入侵後，巴塞隆納和加泰隆尼亞成為西班牙工業革命的動力引擎。正如第四章中所提及，巴塞隆納號稱「加泰隆尼亞的曼徹斯特」（Catalan Manchester）工業大城，在十八世紀紡織和農業貿易的基礎下，發展成新的生產、金融、貿易和房地產帝國，並拆除曾經用以防禦、卻侷限城市發展的城牆。在這章中將解析不斷發展的城市風貌，以及階級和傳統的嚴重分裂，還有與西班牙政府日趨激烈的衝突，最後，該章節結束於一八八八年主辦世界博覽會。而紀念碑和歷史記憶留存至今，特別是在十九世紀興建的擴展區中。

十九世紀的分裂，在急速發展的二十世紀愈演愈烈，將在第五章深入探討。地方菁英恢復加泰隆尼亞聯邦（Mancomunitat）的傳統，同時，生活條件差的工人，因強烈反對城市剝削而走上街頭，直到米格爾．普里莫．德里維拉將軍（General Miguel Primo de Rivera，一八七〇至一九三〇）接管西班牙政府、進行獨裁統治鎮壓動亂。儘管如此，巴塞隆納於一九二九年再次舉辦世界博覽會，隨著這個獨裁政權垮台和西班牙君主制廢除，西班牙第二共和國（Second Spanish Republic）隨之建立，成為全國改革的時代，同時加泰隆尼亞也再次取得自治權。然而，西班牙內戰（Spanish Civil War）終止這一切的變革，歷時三年的內戰，造成內部各地嚴重分裂，直到一九三九年佛朗哥軍隊及其軸心國盟友進駐巴塞隆納結束內戰。

第六章探討另一個危機時期——近四十年的佛朗哥極權統治，這對反抗心強的加泰隆尼亞人尤其艱難。和早期艱困的現代一樣，雖然城市和周邊地區蓬勃發展，但這個時代沒有太多特別值得紀念的遺跡。一如早期，巴塞隆納人除了要忍受外部控制，在其他方面也面臨許多挑戰：保護社會、文化和建築遺產；重建經濟實力；要求政治和社會權利等。

最後，自一九七五年佛朗哥逝世之後，在過去充滿勝利和挑戰的悠久歷史中，巴塞隆納再次重生。第七章中，面對當代充滿活力的城市，我們試圖理解新事件和建築的意義，並持續對紀念碑、語言、習俗和權利重新評估，我們必須了解所有日常生活元素是如何被創造、產生爭議、受到捍衛，並同時在過去的基礎上重新改造。在這最終章裡，以巴塞隆納二〇〇四年舉辦世界論壇作為創新框架，提出城市公民未來所面臨的問題（圖0.2）。

雖然本書特別關注造訪巴塞隆納的旅人，但我們也希望這些歷史故事（包括額外的參考資料），能吸引讀者進一步了解巴塞隆納作為全球化城市，它所展現的複雜性和當地人的創造力。無論是崛起成為中世紀帝國的首都，或是在戰爭和慘敗之後的努力重建；不論是受到中產階級菁英、無政府主義者、社會主義技術官僚、或是狂熱民眾的主導，巴塞隆納城市的

圖0.2：二〇〇四年論壇公園（Parc del Forum）的鳥瞰圖。照片中亦可見對角線大道（Diagonal）的部分路段、近期才城市化的海濱區和海灘。

轉變和另類願景，一直都很引人注目，如同城市中非凡的歷史遺跡般。希望讀者們會在本書中找到巴塞隆納迷人的資訊。

然而，同樣重要的是，我們將巴塞隆納的蛻變過程視為城市實驗室，而非靜態的城市博物館，從中觀察它的成功與失敗，如何成為世界各大城市的最佳典範。巴塞隆納有如古老的羊皮書卷，不經意間，總是可以在街道和紀念碑找到歷史與文化教材。我們想要分享這座城市，把它當成一種重要的集體參與，或許，也藉此給未來的群體發展做出貢獻。

第一章

地中海城市的演變（至西元一〇〇〇年）

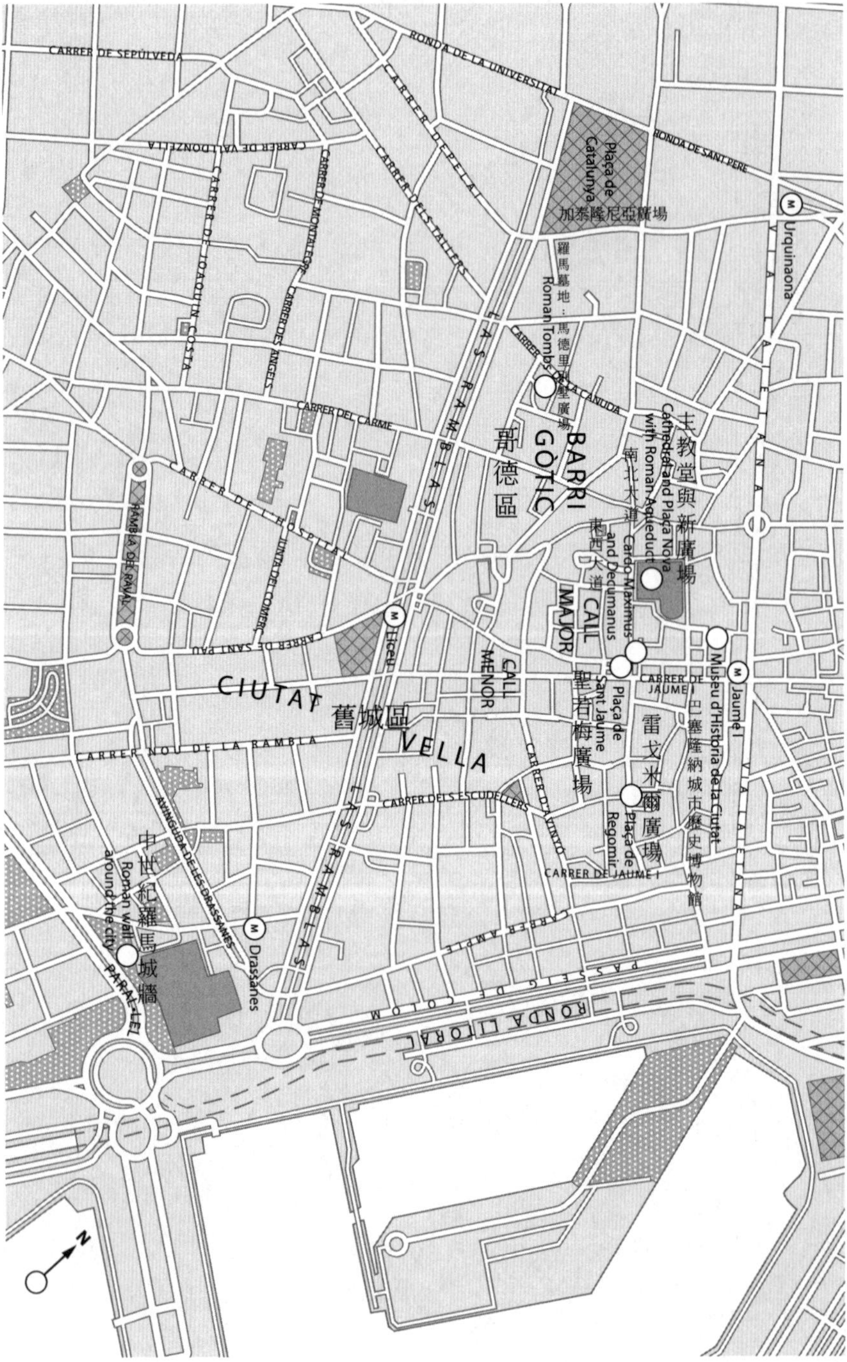

CARRER DE SEPÚLVEDA
RONDA DE LA UNIVERSITAT
RONDA DE SANT PERE
Plaça de Catalunya
加泰隆尼亞廣場
Urquinaona
CARRER DE VALLDONZELLA
CARRER DE JOAQUÍN COSTA
CARRER DE MONTALEGRE
CARRER DELS ÀNGELS
CARRER DE PELAI
CARRER DELS TALLERS
羅馬墓地：馬德里伯爵廣場
Roman Tombs
CARRER DE LA CANUDA
LAS RAMBLAS
CARRER DEL CARME
BARRI GÒTIC
哥德區
主教堂與新廣場
Cathedral and Plaça Nova with Roman Aqueduct
南北大道
Cardo Maximus
東西大道
and Decumanus
CARRER DE L'HOSPITAL
RAMBLA DEL RAVAL
JUNTA DEL COMERÇ
CALL MAJOR
CALL MENOR
Liceu
CARRER DE SANT PAU
Museu d'Història de la Ciutat
巴塞隆納城市歷史博物館
Jaume I
CARRER DE JAUME I
Plaça de Sant Jaume
聖若梅廣場
CIUTAT
舊城區
VELLA
雷戈米爾廣場
Plaça de Regomir
CARRER NOU DE LA RAMBLA
CARRER DELS ESCUDELLERS
CARRER D'AVINYÓ
VIA LAIETANA
AVINGUDA DE LES DRASSANES
中世紀羅馬城牆
Roman wall around the city
Drassanes
CARRER AMPLE
PASSEIG DE COLOM
RONDA LITORAL
PARAL·LEL
N

巴塞隆納源起於地中海。然而，對於「地中海」的認知，絕不只是「城市在蔚藍海洋邊所新開墾的海灘」，或是「地質、氣候、動植物生態豐富獨特的區域」。對於巴塞隆納而言，地中海是個意義深遠的人文生態系統，經過歷史和文化不斷的演變，數千年來，在內海周圍土地上的人類，分分合合，在變動及適應過程中，一再被重新定義。無論是分享地中海的基本美食——小麥、橄欖、葡萄藤、產出的麵包、橄欖油和葡萄美酒，抑或面對知識、政治、貿易和現代化的流動變遷，巴塞隆納都是經由人、商品和創意概念不斷交滙發展而成的。當代巴塞隆納持續重新評估現今地中海的意義和問題——從迫切的環境問題、藝術靈感、再到全球移民危機。因此，地中海也提供了我們開章論述的方向。

本章追溯整個伊比利半島早期人類的發展，特別是西元前二、三世紀，羅馬霸權橫跨地中海的戲劇性擴張時期。我們只有在羅馬帝國時的西元前一世紀末到西元一世紀初，才找到巴爾奇諾（Barcino巴塞隆納）作為羅馬人定居點的首批歷史記錄。在羅馬人統治之下，透過羅馬文化，這座城市呈現與其他羅馬古城相似的雛型，且至今持續形塑巴塞隆納[1]。後

1　關於巴塞隆納最重要的英語參考文獻為菲利普・班克斯（Philip Banks）未出版的博士論文「The topography of the city of Barcelona and its urban context in eastern Catalonia: from the third to the twelfth centuries」(University of Nottingham, 1981)。參見：http://eprints. nottingham.ac.uk/13542。

來，隨著地中海世界面臨幾世紀的戰爭和變革，羅馬人建造的基礎和防禦工事，後來被證明是無價之寶，使巴爾奇諾成為羅馬西班牙人（Hispano-Romans）和西哥德人的宗教、政治和貿易的區域首都。事實上，此一發展甚至克服港口品質不良的問題，諷刺的是，對於長期具重要商業功能的城市而言，巴塞隆納作為地中海港口幾乎沒有「自然」的特徵。

然而，早期城市的自然環境只是決定發展的一部分。羅馬奠基之後的幾世紀，巴塞隆納人努力爭取定位——作為內陸地區和廣闊地中海的貿易與文化聯繫橋梁。事實上，到了西元一千年的後期，位在西班牙軍事緩衝區（Marca Hispanica）的巴塞隆納人，一邊制衡北方不斷擴張的法蘭克王國，一邊抵抗於西元八世紀入侵地中海南部的穆斯林勢力。巴塞隆納經歷一世紀的穆斯林統治，法蘭克人在西元八〇一年征服此地，但在西元九八五年遭穆斯林洗劫，此後形成基督教王國和伊斯蘭教不停相爭的封建城市（幾世紀以來，猶太人一直夾在中間，處境艱難）。由於各王國試圖占據伊比利亞領土並由此向外擴張，因此多方勢力在地中海地區的互動讓巴塞隆納成為兵家必爭之地。

如今在哥德區中，羅馬道路、建築遺蹟和城牆仍然存在[2]，遊客和市民仍隨處可見早期關鍵的城市發展。然而，現今城市景觀可能和從前大不相同：今日的市中心已遠離地中海，在出入限制和使用上，都不同於早期。周圍的山區已經城市化，早期平原上的河流和溪流是具有重要功能的，但其地形輪廓和景色在如今也很難想像了。因此，讓我們從解讀地中海本身開始。

定義地中海地區

地中海一直都是行銷當代巴塞隆納的品牌形象：陽光、海灘、棕櫚樹、以及戶外咖啡館。從地理位置來看，地中海包含海洋、毗鄰的海岸和山脈地區、獨特的氣候，這些形成巴塞隆納與西班牙其他地區、歐洲和北非共享的複雜生態系統[3]。地中海本身是一個相對較小的水域，被陸地包圍，其規模足以提供安全航行，航海者依靠沿岸航行生存數百年。山脈和山谷不只將巴塞隆納與歐洲、非洲和亞洲分隔，也建立彼此的聯繫。

除了自然地理環境外，地中海的文化、政治和經濟意義，也是定位巴塞隆納的重要基礎。偉大的法國歷史學家斐迪南・布勞岱爾（Ferdinand Braudel）對地中海定義的宏觀視

2　巴塞隆納城市歷史博物館（MUHBA, Museu d'Historia de la Ciutat）是遊客參觀的絕佳起點。

3　這些與地中海相關的主要環境特徵，也發生在其他地方，如加州和智利。

野，成為我們研究的基礎，提醒我們地中海的創造力源於不曾間斷的互相交流：「即使在今天，按照現代的標準，當內海只像是一條河流，可輕易透過航空連接，但人文的地中海卻是存在於人類的匠心獨具、努力不斷重新創造的過程。地中海的不同之處不是靠海洋連結，而是靠人民聯繫在一起的」[4]。

同時，地中海也代表感官、文化和隱喻的世界，例如，對加泰隆尼亞民族主義建築大師尼可拉．瑪利亞．盧比歐—圖都里（Nicolau Maria Rubió i Tudurí，一八九一至一九八一）來說，乾燥、銀光閃閃的地中海花園帶點天堂的味道，而巴塞隆納本身也因地中海而達到圓滿[5]。

想要了解地中海對巴塞隆納的複雜關係，可以透過這種方式：想像幾千年來被人類不停重新改造的景觀。早期巴塞隆納的第一個定居點，是在一個丘陵遍布、樹木繁茂的沿海平原上，周圍環繞著大海、低山、以及兩條河流——拉布雷加特河（Llobregat）和巴索斯河（Besòs）。氣候則是隨著時間而產生變化，包括一三〇〇年左右開始的小冰河時期，冬季通常溫和乾燥（平均溫度為攝氏九至十二度，華氏四十九至五十四度），夏季溫暖炎熱但乾燥（平均溫度為攝氏二十度，華氏六十八至八十八度）。因此，現今城市許多居民全年大多仰賴空氣對流通風，會在寒冷的冬季開暖氣，通常不開冷氣，而且偏好微風徐徐的露台和陽台，沿著寬闊的林蔭大道散步，由此看來，巴塞隆納一直都是「可永續發展」的城市。

位於城市南部的蒙特惠克山（Montjuïc）和西北部的蒂比達博山（Tibidabo）——屬於科利塞羅拉山脈（Serra de Collserola）的一部分，海拔高度分別為一百七十七點七二公尺（五百八十三英尺）和五百一十六點二公尺（一千六百九十三英尺）。這兩座山的壯闊程度，遠不及庇里牛斯山（Pyrenees）——從比斯開灣延伸近五百公里（三百一十英里）至地中海，海拔高度約三千四百公尺（一萬一千英尺）。穿越庇里牛斯山的山谷和關口，過去對加泰隆尼亞是極為重要，成為西班牙和法國之間的政治邊界，並形成文化的區隔，其中還有安道爾（Andorra）這個獨立並以加泰隆尼亞語為官方語言的小國家。其他山脈則分布在加泰隆尼亞的西部邊界。

儘管如此，巴塞隆納的山區環繞著沿海平原，居高俯視（蒙特惠克山的位置）。蒙特惠

---

4 Ferdinand Braudel, *La Méditerranée et le monde méditerranéen à l'époque de Philippe II* (Paris: A. Colin, 1949); translated as *The Mediterranean and the Mediterranean World in the Age of Philip II* (New York: Harper & Row, 1972-3), vol. I, p. 276.

5 Nicolau Maria Rubió i Tudurí, *Del paraíso al jardín latino* (Barcelona: Tusquets, 1981); *La pàtria llatina: de la Mediterrània a Amèrica* (1945; republished Abadia de Montserrat, 2006).

克山之名，可能源自「朱庇特之丘」（Mons Jovis），但有些人認為可能與猶太教有關。儘管缺水問題使人無法安穩定居於此，蒙特惠克山卻成為早期沿海居民在危險時的避難所，爾後在大都市中，它依然持續著許多任務，例如，為城市的墓地提供空間，從羅馬時代的猶太墓地，到十九世紀末巴塞隆納的主要墓地。隨著城市現代化的發展，它成為一個防禦和統治的空間，其制高點的優勢，使下面的城市得以受到保護，甚至是在頂點進行轟炸。蒙特惠克山也成為遠離工業城市喧囂的避風港，其森林公園至今仍為密集的城市提供喘息的空間。直至二十世紀，它甚至是城市建築的主要石材來源，還因此被擅自占地者占據並自行挖掘。

自一九二九年世界博覽會以來，蒙特惠克山與城市關係更加緊密，一九九二年奧運會和全年的文化、商業活動，更是強化了彼此的聯繫。西班牙政府終於在二〇〇七年，把聲名狼藉的蒙特惠克城堡歸還給市政府，因而重新改造成博物館和神殿。

鄰近的另一座蒂比達博山，名字源自拉丁語「我會賜給你」（Tibi dabo），意指福音書的一段經文記載，魔鬼將耶穌帶到山頂上，用擺在眼前的世界財富誘惑祂[6]。在巴塞隆納歷史中較少提及的是，由於菁英人士渴求健康生活、遠離擁擠的城市，蒂比達博山於是在十九、二十世紀開始城市化發展。蒂比達博山綠色山坡上有引以為傲的遊樂園；一九〇四年設立了法布拉天文台（Fabra Observatory）；一九〇二至一九六〇年間建造聖心聖殿（Temple

Expiatori del Sagrat Cor），由建築師恩瑞克·薩尼耶（Enric Sagnier）父子兩人接續完成，此聖殿呼應巴黎和羅馬所信奉的耶穌聖心，也是為了彌補一九〇九年悲劇週的罪惡而建造（Setmana Tràgica，悲劇週發生於一九〇九年七月二十六日至八月二日，在社會主義者、共和主義者和無政府主義者的支持下，以巴塞隆納為中心的加泰隆尼亞工人階級，與西班牙軍隊發生了暴力衝突）。

蒙特惠克山和蒂比達博山都成了對外的聯繫管道。蒙特惠克山將市中心與繁榮的自由港（Zona Franca）、機場和洛布雷加特三角洲分隔開。同時，也可穿越科利塞羅拉山脈（自一九九一年隧道開通）與自治大學（Universitat Autònoma）校園相連，中產階級郊區則延伸到加泰隆尼亞內陸的富饒山谷。隨著時間發展，這些山脈引導大都市的成長，幾乎沒有限制其發展，它們的各種功用，代表了人類不斷地去適應城市的每個地域。

如果這些山脈被人類改造，與巴塞隆納相關的原始山丘塔伯山（Mount Taber）——也就是城市主要的羅馬街道路口，就會幾乎消失，除了主教堂和港口之間的斜坡路段。這種略

---

6 這種宗教地名通常由早期僧侶命名，在巴塞隆納很普遍，其他地方還有像是希伯倫谷（Vall d'Hebron/Hebron Valley）和卡梅爾山（Turó del Carmel/Mount Carmel），是十九世紀後最後一個避難所。

微升高的地勢，具有能見度和防禦優勢，對於羅馬前期依靠農業和海產維生的萊耶塔尼人（Laietani）來說較為實用，然而實際定居在此山丘的證據，查無可考。

兩條河流將這片平原包圍在地中海南北兩端的海岸。發源自卡迪山脈（Serra del Cadí）的拉布雷加特河[7]，延伸至城南及蒙特惠克山，最終注入地中海，總長度為一百七十五公里（一百一十英里）。雖然因為水淺、不規則的水流而無法航行，但它一直被拿來當成邊界使用。在羅馬時代，奧古斯塔大道（Via Augusta）上有一座重要橋梁穿越於此，這座中世紀的建設至今仍保存在巴塞隆納以西二十一公里（十三英里）的馬托雷爾市（Martorell）。隨後幾世紀以來，它標誌著基督教和穆斯林之間的領土界限。在近代，拉布雷加特河為加泰隆尼亞早期工業提供了重要的水力資源；到了二十世紀，工業發展使這條河成為西班牙汙染最嚴重的河流之一。

拉布雷加特河在一個肥沃的三角洲與地中海交匯，此三角洲的生態因城市機場和工商業建築而有所改變，從機場到市區的途中，仍可瞥見那裡的小花圃——當中一些在支持加泰隆尼亞的慢食運動。這個三角洲同時也是候鳥的保護區。此外，幾世紀以來，這個河流的出海口一直都是城市的主要活動港口，直到中世紀，這個原始的巴塞隆納港才被另一個更重要的防禦港口所取代。當代需求扭轉了城市中心到拉布雷加特河之間的軌跡，並為歐洲第九大集裝箱港口的擴建設施和物流中心爭取空間。把拉布雷加特河的河口改變成工業和港口用途的計畫，已經爭論了五十多年。同時，洛布雷加特的河岸現也成為巴塞隆納與內陸城市以及市場之間溝通往來的管道；現今河流的兩側都是高速公路、工廠和郊區。

巴索斯河流域[8]是由康戈斯特河（Congost）和莫肯特河（Mogent）匯流而成，形成一條長達五十二公里（三十三英里）的流域，延伸至城市北部的地中海。雖然巴索斯河流量相對有限，但過去曾經是羅馬渡槽（高架的引水道），以及中世紀重要的灌溉渠道。像拉布雷加特河一樣，這條河在現代受到汙染，其河岸也是現代大都市的重要交通走廊。在二十一世紀，河濱區域被重新開墾為公園用地，但有標誌提醒遊客避免接觸汙染水源。

這些河流、山脈和地中海環繞著一片相對乾燥的巴塞隆納平原（pla de Barcelona），遍布橡樹及各種林木。由於乾旱持續不斷造成威脅，因此地中海的許多植物都能適應這種乾燥，包括橡樹、松樹、以及山丘上強韌的銀白葉植物——迷迭香、綿毛水蘇、百里香、和禾本科植物。後來當地的氣候和水資源有利於種植某些作物，特別是取代青銅時代森林的葡萄

7 此河流之名可能源自拉丁語「lubricatus」，字源為「lubricus」，即「泥濘」或「黑暗」之意。

8 河流名稱起源不詳，可能與Barkeno（巴克諾）或Barcino（巴爾奇諾）有關。

藤樹和小麥。這些植物群成了小型哺乳類動物、食肉動物、多種鳥類、和蜥蜴賴以維生的養分。

火對地中海的生態歷史也十分重要。和倫敦、里斯本或芝加哥不同的是，巴塞隆納從未經歷過災難性的大火摧殘。然而，森林火災一直持續構成威脅，在乾燥的夏季，偶爾可見煙霧肆虐城市。乾旱和火災往往會因為暴雨和洪水而中斷；巴塞隆納主要的蘭布拉大道，其名可能源自阿拉伯語 **ar-ramla**，意指沙質或乾燥的河床。

對早期人類很重要的平原環境特徵，現在已不復見，因此很難想像此自然景觀為現代城市發展奠定了生態基礎。事實上，巴塞隆納這個地區，除了氣候相對溫和、水源充足、海陸食物供應充足之外，幾乎沒有為早期人類的定居提供有力的地理優勢。幾千年來，少量人口利用該地的河流、山谷、以及沿海平原作為定居點，之後經過人為改造和加強對外聯繫，最終才改變這地方的價值和意義，成為更適合人的城市居住地。

顯然，對地中海生態系統的任何考證，都會回歸到海洋本身。對於早期居民而言，海洋是魚類和貝類的來源，雖然和其他大陸棚廣闊的海洋相比，地中海大部分地區並沒有特別豐富的漁產。後來，地中海成為十分重要的聯繫管道，透過沿海貿易以長程航行將城市與世界各地連結，一如法國小說家尚．考克多（**Jean Cocteau**）描述的地中海著名特徵——液態大陸（liquid continent，意指包含不同民族、文化和經濟體）[9]的意象。然而，這些連結也帶來了威脅，無論是風暴、瘟疫還是軍隊。隨著二十世紀後期工業濱水區被重新改造成旅遊和娛樂場所後，地中海的意義也不斷在變化。

因此，讓我們重回對地中海的想像。除了地理、氣候、和資源之外，地中海城市也建立在重塑環境特徵的行動、技術和願景上。在此想像中，巴塞隆納是一座完美的地中海城市。

巴塞隆納平原上的人類史

巴塞隆納成為城市的「起源」，經常在城市發展的各個階段被統治者美化渲染，他們重寫歷史讓巴塞隆納人被認為擁有高貴的起源，包括傳說中的希臘人，或是歷史上迦太基的巴卡家族（Barca family of Carthage）。歷史學家菲利普．班克斯（Philip Banks）認為，希臘相關的故事起源於中世紀，是當時的大主教羅德里戈．西梅內茲．德羅達（Rodrigo

9 尚．考克多（Jean Cocteau）所提的「液態大陸」著名意象，參見尼古拉斯．伍茲沃思（Nicholas Woodsworth）地中海三部曲同名著作：Woodsworth, *The Liquid Continent*, 3 vols. (London: Haus Armchair Traveler, 2008)。

Ximenez de Roda，一一七〇至一二四七）提出，大力士海克力士（Hercules）在尋獲第九艘船（Barca Nona）時發現巴塞隆納，據推測就在接近海克力士之柱（Pillars of Hercules）的地方[10]。後來，十九世紀的市政人員把前身為「Behind Sant Just」的中央小街改名為海克力士街（Carrer d'Hèrcules）。此一傳說在一九九二年奧運會開幕式上重新出現在全球舞臺，當時一個巨型的大力士機械人穿越蒙特惠克體育場，把圍繞大海的柱子分開，裝扮成海浪的表演者蜂擁而入，淹沒全場，形成海上颶風，有如高第式的壯闊場面。這場表演奇觀展示出遭受夢魘般攻擊的英勇水手們，他們將地中海想像成一個爭鬥的場域。

第二個中世紀傳說認為巴塞隆納與巴卡家族，即第二次布匿克戰爭（Punic War，西元前二一八至二〇一）中的迦太基英雄相關。迦太基人的利益實際上集中在南方，即現代的安達魯西亞（Andalusia），巴塞隆納與巴卡家族在名字和聲望的相似之處，讓當地歷史學家感到認同，這些形象深受嚮往巴塞隆納軍事活力和帝國擴張時期的懷舊人士之青睞。

還有一些被神話的地方建設，歌頌曾占據平原的伊比利亞特殊部落，同時也在這些遺跡中發現其政治的獨特性。當外來的商人和軍隊抵達後，當中以萊耶塔尼人（Laietani）與平原關係最密切，他們以鑄幣著名，並享有「巴克諾」（Barkeno）之名；而以評論聞名的古典作家斯特拉波（Strabo，西元前二十三年歿）和小普林尼（Pliny，西元前六一至一一三），認為萊耶塔尼人是一群具社會階層的戰士，有防禦性定居點。雖然沒有跡象顯示他們在巴塞隆納實際的定居地，但在二十世紀初期，從城牆外新的擴展區到港口的萊耶塔那大街（Via Laietana），就記錄了萊耶塔尼人與城市中其他伊比利亞人的區別。

由於早期當地定居的遺址挖掘和出版資料有限，我們只能從當時地中海人類遷徙和占領的廣泛背景下，去想像這座城市的史前史。伊比利半島最早的人類遺骸可追溯到四十三萬年前，是在現代布爾戈斯省（Burgos，卡斯提亞—萊昂自治區省分之一）阿塔普爾卡山脈（Atapuerca）的骨頭坑（Sima de los Huesos）洞穴中所發現。舊石器時代的尼安德塔人（Neanderthals）在半島建立定居點，他們五萬五千年前的遺骸，在巴塞隆納以南四十二公里處的錫切斯（Sitges）被發現。智人在西元前四萬五千年進入歐洲，並透過雜交或征服維持其主導地位。舊石器時代的遺址被發現於現今加泰隆尼亞領土的河流邊與洞穴中，包括洞穴壁畫、以及其他外庇里牛斯（trans-Pyrenean）地區共有的文化遺跡。資料一再顯示，巴塞隆納周圍的遺跡，與現今法國南部環地中海民族更密切相關，遠勝於其他在伊比利半島的新石器時代遺址。

---

10 Banks, "Topography", pp. 40ff.

在當代城市的挖掘中，最早定居的遺跡可追溯到西元前五千年，在拉瓦爾區的聖保羅修道院（Sant Pau del Camp），發現了精緻的羅馬式教堂。到了青銅時代（西元前一三五〇至七五〇）的凱爾特族群，其特點是在墓葬中使用骨灰盒，被確認與中歐其他民族的習性有關聯。在西元前六世紀時，外來的研究觀察員也認為伊比利亞沿海民族與內陸區的部落有所不同。

這些外來者也融入深具地中海特色的生活和文化。例如，在伊比利亞進口的地中海植物中，明顯可見文化混雜化，像是萊耶塔尼人種殖的小麥等基本作物，葡萄和橄欖隨著腓尼基和希臘商人一起抵達。橄欖最早是在六、七千年前的地中海東部地區種植，而葡萄則來自西元前五千年外高加索的南部和西部；伊比利半島的肥沃土地正適合這兩種作物的栽種。

西元前一千年，腓尼基商人從家鄉（即現今的黎巴嫩）出航，在地中海沿岸建立網絡。大多數腓尼基人集中在伊比利半島的南端，即現代安達魯西亞的銀礦周圍，他們在加地爾（即現今加的斯Cádiz）建立首都，主要定居於與現在巴塞隆納隔海相望的巴利亞利群島（Balearic island）中的伊波辛島（Ibossin，腓尼基語。加泰隆尼亞語的Eivissa，西班牙語Ibiza，伊維薩島），為穿越地中海的路線提供便利。

反之，加泰隆尼亞沿岸附近的第一批重要建設，則是來自希臘水手所建立的貿易中心，包含六世紀的埃波里奧斯（Empúries，巴塞隆納以北一百四十點四公里處的一座城市）、現今的布拉瓦海岸（Costa Brava）、以及五世紀的羅德（希臘語Rhode，今羅薩斯Roses，在巴塞隆納北方一百六十一公里處）。這些商埠使當地居民與希臘時期的大城馬薩利亞（Massalia，現今法國馬賽）得以相互交流。

早期的這些貿易網豐富了當地文化，但同時也帶來衝突，因為多個帝國皆聲稱自己擁有地中海。腓尼基人在地中海東岸遭到襲擊時，便將統治權讓給其殖民地伽太基（即靠近現代的突尼斯）。同時，希臘商人開始談判並接受羅馬共和國新興勢力的保護，儘管馬薩利亞一直獨立於羅馬統治之外——直到西元前一世紀。

迦太基的海洋帝國與在陸地上不斷擴張的羅馬共和國，兩者在西元前三世紀爆發了布匿克戰爭，並引發地中海世界更多的暴力衝突，這重塑了未來巴塞隆納發展的背景。從西元前二六四到二四一年，兩者首次衝突集中在西西里島和北非，使羅馬得以統治義大利半島，並包圍迦太基。同時，隨著迦太基領袖哈米爾卡·巴卡（Hamilcar Barca，西元前二二八年歿）及其手下在西元前二二七年左右建立新城（Qart Hadasht，後來羅馬命名為新迦太基Carthago Nova，即今日的卡塔赫納Cartagena），迦太基人在伊比利半島南部得到很大的利益。羅馬和迦太基很快確立各自的勢力範圍，以埃布羅河（River Ebro）為界，距離現代巴塞隆納南部約六百五十公里，亦即加泰隆尼亞政府的北部邊界。儘管如此，該邊界以南的凱爾特伊比利亞人——位於希臘城市薩貢托（Saguntum）尋求與羅馬結盟。哈米爾卡・巴卡之子漢尼拔（Hannibal，迦太基有名軍事家，西元前二四七至二〇七）在西元前二一九年圍攻這座城市，使地中海西岸再次陷入戰爭。

第二次布匿克戰爭（西元前二一八至二〇一）最為人熟知的，可能是漢尼拔率領大象和軍隊穿越庇里牛斯山和阿爾卑斯山脈，入侵羅馬本土，而他的兄弟哈斯德魯巴（Hasdrubal，西元前二四五至二〇七）堅定地防禦伊比利亞領土，在西元前二一一年殺死羅馬老將軍普布利烏斯・西庇阿（Publius Scipio）及其兄弟尼埃厄斯（Gnaeus）。然而哈斯德魯巴最終被老將軍之子普布利烏斯・科尼利烏斯・西庇阿（Publius Cornelius Scipio，綽號非洲人Africanus，西元前二三六至一八三）所擊敗，伊比利亞被羅馬人占領，成為羅馬行省西班牙（Hispania）。

羅馬時期的巴塞隆納

擊敗迦太基之後，羅馬開始重整西班牙行省，如道路、城市、勞動、生產和定居點的安排，對象包括士兵、學者、商人、牧師和奴隸在內。在各殖民地複製關鍵的城市樣貌和文化要素，為擴張的羅馬世界提供同質性，並塑造巴塞隆納的城市建設，使當地人民融入帝國生活。

在西元前二世紀，半島的大片地區，西至大西洋加利西亞（Galicia），成為近西班牙（Hispania Citerior）省，首都是塔拉科（Tarraco，現代的塔拉戈納Tarragona）。塔拉科在布匿克戰爭時已經是羅馬人的基地，幾世紀以來，它一直作為帝國城市和首都在進行發展，透過大規模的公共工程美化，帝國時期它的人口數已達到數萬。

同時，富裕的南部半島被規劃成遠西班牙省（Hispania Ulterior），首都位於科多巴（Corduba，現代的哥多華Córdoba）。這個地區中比較古老的重要城市包括加地爾（今加的斯）和新迦太基（卡塔赫納）在內，還有西元前二〇六年由普布利烏斯．科尼利烏斯．西庇阿為士兵建立的伊塔利卡（Itálica），以及伊斯巴力斯（Hispalis，現今塞維利亞Sevilla）。這些城市及其周圍龐大富裕的奴隸莊園，造就出一群在羅馬帝國扮演重要角色的菁英：伊塔利卡出了多位皇帝，諸如圖拉真（Trajan，西元五三至一一七，西元九八年登基），以及哈德良（Hadrian，西元七六至一三八，西元一一八年登基）[11]。

西元二七年，近西班牙省被重新規劃成塔拉戈納（Tarrocenensis）；西元二九三年，被戴克里先皇帝（Emperor Diocletian，西元二四四至三一一）劃定界線，形成與現代加泰隆尼亞更為相似的領土範圍。

巴塞隆納雛形的建立，是在西元前十幾年被羅馬人正名為「Colonia Iulia Augusta Paterna Faventia Barcino」（簡稱為巴基諾Barcino）的殖民地；同時承認與周圍的萊耶塔尼人有點相關。平原上的定居地以拉布雷加特河的港口為區隔，但主要仍然是發揮經濟而非政治功能。此定居地的主要聯繫管道都是在沿海地區，但也增加一條支線：連接塔拉戈納和羅馬內陸的奧古斯塔之路。歷史學家菲利普．班克斯估計當時人口數量大約在三千五百到一萬五之間；到了十一世紀，當城市還有羅馬城牆包圍時，人口估計數量更高[12]。

和其他羅馬古城一樣，這座城市有一個中心廣場，周圍環繞著宗教和市政建築，在現今的聖若梅廣場（Plaça Sant Jaume）附近，仍可看到這些建築遺跡。這個中心廣場是在典型的十字路口，位於貫穿城市的南北大道（稱為cardo）與東西大道（decumanus）相交之處。羅馬城市的架構對現代遊客和居民來說，是隨處可見的。在現今的巴塞隆納，南北商業大道（cardo maximus）的路線可從主教街（Carrer del Bisbe）延伸到市政街（Carrer de la Ciutat）

之間，從現今主教堂附近的城市北門，延伸到雷戈米爾廣場（Plaça Regomir）周圍的羅馬港區。自從十九世紀舊城區的城市規劃後，透過費蘭街（Carrer Ferran）把聖若梅廣場與蘭布拉大道連接起來，加上後來延伸的路段海梅一世街（Carrer Jaume I），看起來更具有十字街道的軌跡。事實上，實際路線比較短，更接近於卡爾街（Carrer del Call）通過中世紀猶太區到**Baixada de la Llibreteria**（巴塞隆納著名雜貨店）之間。這些道路形成網狀分區結構，系統地規劃了全城區域及功能。

城牆是羅馬殖民地的一個重要特徵，在巴塞隆納現存的城牆遺跡，激發許多考古挖掘和解釋（如圖1.1）。巴塞隆納的第一道羅馬城牆大約二公尺厚，環繞範圍約一百公頃，從主教堂的新廣場（Plaça Nova）、萊耶塔那大街、巴努斯街（Carrer dels Banys Nous）／阿維尼奧街（Avinyó）和索瓦迪爾伯爵夫人街（Comtessa de Sobradiel）為邊界。這些城牆配合當地條件圍成理想的矩形平面，大致上在四個主要方位開設四道城門，連接到南北和東西兩條大

11 有關羅馬時期西班牙的概述，參閱下列著作：Michael Kulikowski, *Late Roman Spain and its Cities* (Baltimore: The Johns Hopkins University Press, 2004); Margarita Diaz-Andreu & Simon Keay, eds., *The Archaeology of Iberia: The Dynamics of Change* (London: Routledge, 1997)。

12 Banks, "Topography," p. 103.

道。雖然最初的城牆建立於較為和平的時代，但是隨著羅馬帝國勢力在第三世紀變得更加不穩定，這些城牆因而得到擴展與加強。大規模的防禦工事，結合先前的基礎建設、廢棄的建築物、甚至墓地，在某些地段達到四公尺厚、九公尺的高度。這座城牆有七十八座塔樓守衛，每隔六至八公尺就有一個駐點，高達十八公尺。

從新廣場沿著巴塞隆納主教座堂（Avinguda de la Catedral）到拉蒙・貝倫格爾三世廣場（Plaça de Ramon Berenguer el Gran）、索斯納瓦拉街（Carrer del Sots-Tinet Navarro）和塔拉吉斯廣場（Plaça dels Traginers），仍可看到這座城牆的部分遺跡。通往港口的東西大道城門遺跡，

圖1.1：萊耶塔那大街上的羅馬城牆遺跡及皇宮地鐵站（Palau Reial）

倖存於雷戈米爾街（Carrer Regomir）的帕蒂利莫納市政中心（Patí Llimona Civic Center）。目前尚不清楚這些防禦工事當時究竟有多成功，雖然過去這座城市曾被西哥德人、穆斯林和法蘭克人征服，但它很少遭遇攻擊。儘管如此，正如現代評論家所指出的，這種建築具有意義：「在宗教和政治上，將城牆轉化為『統一公眾制度』的體現」[13]。

在城市內，生產和貿易以當地資源為主。雖然一開始會從羅馬中心地區進口葡萄酒和其他商品，但到了西元前一世紀中葉，開始在近西班牙省生產葡萄酒，並透過其港口出口到地中海周圍各地，遠至不列顛尼亞（Britannia）。橄欖的生產以遠西班牙省為主，不過巴塞隆納是以生產由鹹魚製成的魚醬而聞名。這些辛辣的調味品開發了廣大的帝國市場；魚醬工廠的遺址現保存於照明充足的巴塞隆納城市歷史博物館（MUHBA, Museu d'Història de la Ciutat）的地基之下（圖1.2）。正如歷史學家斐迪南·布勞岱爾所說，地中海水手的視線往往不會偏離陸地，因此，雖然巴塞隆納缺乏一個受保護的港口，但它卻成為沿海商業往來窗口之一，而不是主要的貿易點。

13　Ricardo Mar, A. Garrido & J. A. Beltrán-Caballero, "Barcino y el urbanismo provincial romano," *Presència i lligams territorials de Barcelona. Vint segles de vida urbana. BHQ* 18 (2012): 61-112, p. 76.

我們可以藉由現今城市的各種私人和公共空間來說明羅馬時期巴塞隆納的經濟取向。其中包括蒂比達博山和巴索斯河山坡的渡槽（在Plaça Vuit de Març、以及主教堂對面的會吏長之家Archdeacon's House附近，仍然可見此遺跡）。根據班克斯的說法，似乎沒有任何遺跡能顯示出主要的公共娛樂場所，如圓形露天劇場或馬戲團，這些都是羅馬重要大城如塔拉科（現稱塔拉戈納）的主要特徵。然而，普通公民卻留下了城市發展的印記，例如，執政官盧修斯．米尼丘斯．納特利斯（Lucius Minicius Natalis），和同袍羅馬人圖拉真，一起征服達契亞（Dacia），並在巴塞隆納捐贈一個公共浴場，大概位於

圖1.2：現今城市歷史博物館（Museu d' Història）內的羅馬古城遺跡

現代的聖米克爾廣場（Plaça San Miquel）附近。由於城牆內部的空間界線分明並經常重建，因此很少有私人房屋被挖掘出來。然而，在城牆外，有一些接受考古研究的莊園別墅就有發現葡萄園和橄欖壓榨機。城牆外部地區還為死者提供空間，包括現在市中心馬德里別墅廣場（Plaça Vila de Madrid）的墓葬區。因此，學者馬爾（Mar）、加里多（Garrido）和貝爾特蘭—卡瓦列羅（Beltrán-Caballero）概述羅馬巴塞隆納如下：

> 超大規模的公共建築，縮小了城市的其他建築規模，大家族陵墓以及如宮殿般的住宅內有列柱中庭，真實反應出社會菁英和一群殖民者公民確實存在過，這些指標幫助我們理解巴塞隆納的原始狀態，一如勢力強大的社會族群完美融入新興帝國的政權網絡的結果[14]。

這種空間和關係在帝國後期，由於宗教更迭、政治轉型和新的人類變遷而產生了變化。

基督教信仰、入侵和分裂

巴塞隆納和其他羅馬古城一樣，隨著羅馬帝國在四、五世紀的衰落，也面臨嚴峻的

---

14 同前，p. 111。

挑戰。許多較古老的城市在全球帝國中失去作用和安全防禦，甚至不復存在：「那些倖存下來的城市，如巴塞隆納，變得更加貧窮、規模變更小，明顯可見到中上階級的大房子（domus）改造成較小的住宅，成為城牆內未開發的貧困、幽靈地區。」[15]同時，考古遺跡和歷史文獻證明，在宗教領域特別出現了新的機構和關聯。

隨著基督教在整個帝國的傳播，宗教成為城市變革的主要特徵。自腓尼基和希臘時代以來，伊比利半島已融入地中海地區許多的宗教潮流，因此很難確定當地基督教的起源。而起源往往都是傳說的故事。可證實的早期烈士包括在塔拉戈納的聖福魯特圖奧斯（Saint Fructuous，西元二五八或二五九年殉道）、吉羅納城的聖費利克斯（Saint Felix，三〇四年）、甚至是聖庫庫法特（Saint Cucufate，又名聖庫加特Sant Cugat，三〇四年，紀念於蒂比達博山外的本篤會修道院中），這代表三世紀時，有組織的區域性基督教團體已存在，即使當時並不被社會接受。巴塞隆納對聖歐拉利婭（Santa Eulàlia）守護神十分崇拜，她的事蹟幾乎也是在同一時期出現，但很可能與梅里達（Mérida，即埃斯特雷馬杜拉Extremadura自治區首府）另一位同名殉道者的故事被混為一談。從西哥德時代以來，她的聖體一直受到敬拜，最終進入主教堂。然而，似乎沒有任何證據顯示她在巴塞隆納生活過，另一位巴塞隆納的聖人聖塞維爾（Sant Sever）狀況亦然。

西元三一三年，米蘭詔書（Edict of Milan）正式承認基督教信仰是帝國合法的宗教，巴塞隆納的基督教領袖便迅速取得公共權力。城市內出現了一個宗教區，位置遠離市中心廣場，在城牆附近，大約位於現今主教堂。雖然早期的教堂地下室部分遺跡在巴塞隆納城市歷史博物館中可見到，但由於後來不斷重建，這些重要建築的起源仍然模糊不清。教會還與民政當局共同控制城門和收入。到四世紀末，巴塞隆納推崇聖帕西亞（Sant Pacià，三一〇至三九一，三六五至三九一年擔任巴塞隆納主教）為全球高級主教，他與猶太人、異教徒進行辯論，同時照顧基督教徒，贏得聖傑洛姆（Saint Jerome，三四七至四二〇年）的讚譽。同時期，另一位四處傳教的重要基督教人物諾拉的保利努斯（Paulinus of Nola，三五四至四三一），市民試圖逼迫他擔任當地牧師和主教，也許是為了取得他的財富。在他與詩人奧索尼烏斯（Ausonius，三一〇至三九五）往來的書信中，還讚揚城市的美好。

此時，猶太人也來到巴塞隆納。猶太區中的猶太教會堂可能在羅馬時代就已經存在；畢竟，猶太人早在二一二年就被羅馬皇帝卡拉卡拉（Emperor Caracalla，二一一至二一七年獨

15 Eduard Riu Barrera, "Barcelona entre els segles V i XI, de la desurban- ització a la formació d'una capital," *Prèsencia i lligams territorials de Barcelona. Vint segles de vida urbana. BHQ* 18 (2012): 113-46, p. 142.

自執政）列為帝國公民。帕西亞主教在各種書信中稱猶太人是沒有認出救世主的第一批基督徒，但他並沒有像其他批評家一般詆毀猶太人。猶太人在城市中的商業和生活，一直處於微弱的地位，直到中世紀晚期。

這些宗教的發展是在帝國衰落的背景下發生。在三世紀時，不斷擾亂羅馬帝國領土的侵略者，橫掃伊比利半島，使羅馬的西班牙領地被分割給不同部族。蘇維匯人（Suevi）接管伊比利亞西北部礦產豐富的加萊爾西亞（Gallaecia，現代加利西亞）；汪達爾人（Vandals）占據南方；西哥德人則取得地中海沿岸勢力。在這裡，一位出類拔萃的女性，呈現出五世紀初羅馬帝國與巴塞隆納周圍外來者之間複雜的互動關係。加拉．普拉西蒂亞（Gal.la Placidia，三八八至四五〇）是一位迦克墩基督徒，她是三位羅馬皇帝的女兒、妻子、和母親。在四一〇年時，羅馬被西哥德國王阿拉里克（Alaric，三七〇至四一〇）掠奪之際，她被俘虜後成為繼任者阿陶爾夫（Ataulf，三七〇至四一五）的配偶。由於羅馬海軍封鎖海岸，導致阿陶爾夫及其軍隊無法穿越地中海前往北非，於是他便從納波馬蒂烏斯（Narbo Martius，現今法國納博訥Narbonne）越過庇里牛斯山，進入伊比利亞；他在四一五年成為西哥德國王，駐於巴塞隆納防禦要塞。巴塞隆納離羅馬帝國中心拉溫納（Ravenna）夠遠，這讓羅馬和其他人都能挑戰逐漸衰落的中央勢力。但同時也被安全的防護著，遠離伊比利亞中部的人（但巴塞隆納最終還是受其控制）。普拉西蒂亞女王的現代傳記作者將此時的巴塞隆納描述為「權力轉移中的城市，有可趁之機，讓許多外來侵略者都想占據此城為首都[16]」。

阿陶爾夫和普拉西蒂亞為了狄奧多西（Theodosius，兩人早夭的繼承人）的誕生，選擇定居於巴塞隆納。阿陶爾夫不久後被暗殺，於是普拉西蒂亞重回羅馬，在逐漸衰落的帝國中又經歷數十年的政治權謀更迭。阿陶爾夫的私生子和其他人後來試圖要在巴塞隆納宣示王權。這表示人們越來越傾向以巴塞隆納為要塞，更勝於古老的帝國首都塔拉科，同時代表權力遠離了納波馬蒂烏斯、以及戰火頻繁的伊比利亞中部地區。

儘管有秩序的西哥德王國最後統治整個伊比利半島，並把中部的托雷多（Toledo）設為首都，但仍是危機四伏，萬巴國王（King Wamba，六四六至六八八）就面臨了叛亂——從比斯開灣越過庇里牛斯山到地中海而來。此外，西哥德殖民者的人數可能不多，他們對巴塞隆納的影響微不足道，因此延用羅馬體制和建築結構——如城牆。直到西元五八九年間，雖然羅馬西班牙人和亞流教派的哥德人衝突不斷，但根據現今保存於巴塞隆納城市歷史博物館的羅馬後期古城遺跡，我們發現在教堂地下室的墓穴建築中，能看出巴塞隆納主教制度是發

16 Hagith Sivath, *Galla Placidia: The Last Roman Empress* (Oxford University Press, 2011), p. 44.

展於此期間。雖然伊比利亞的勢力轉移到中部高原，但巴塞隆納已成為地中海地區的首都。

伊斯蘭時期的巴塞隆納和加泰隆尼亞

徹底改變伊比利半島的劇變，是發生在八世紀的幾十年前，源起於現今的沙烏地阿拉伯。七世紀初，先知穆罕默德（五七一至六三二）在阿拉伯半島宣揚以服從阿拉真主為基礎的新宗教。到了八世紀初，伊斯蘭教在中東和北非地區迅速崛起，把城市和人民轉變成一個新興的宗教帝國，將意識形態和阿拉伯語——非天主教拉丁語——聯合統一。

七一四年，倭馬亞王朝的指揮官塔里克·伊本·扎伊德（Tariq ibn Zayid，六七〇至七二〇）渡過直布羅陀海峽（直布羅陀名稱源自阿拉伯語Jabal Tariq，意思是「塔里克山」），並襲擊弱勢的西哥德領地。幾年之內，阿拉伯軍隊征服了整個半島，包括現代加泰隆尼亞的領土（塔拉戈納在激烈的爭鬥中奮戰不懈）。在安達盧斯省（Al-Andalus）的新領袖阿卜杜勒·拉赫曼（Abdul Rahman Al Ghafiqi，七三二年歿）領導下，這些阿拉伯人越過庇里牛斯山，在七三二年的圖爾戰役（Battle of Tours，又名普瓦捷戰役）中，被查理·馬特（Charles Martel，六八六至七四一）及其法蘭克軍隊擊退。這導致零星衝突不斷發生於庇里牛斯山的兩側邊境區域，就是加洛林王朝的西班牙地區（Marca Hispanica），以及後來成立的科爾多瓦酋長國Al-Afrany（Land of the Franks，法蘭克人之地）。羅馬時期的首都科爾多瓦再次成為伊斯蘭大都市，無論翻山越嶺或透過海洋河流的航行，離巴塞隆納都很遙遠，位於其西南方約八百七十公里處。巴塞隆納占據於邊緣位置，使其公民具有談判的籌碼。

雖然阿拉伯人統治著巴塞隆納及其周圍地區，但如同之前的哥德人一樣，他們的人數相對較少。從廣泛的伊比利亞研究中得知，一些當地居民改變信仰，特別是那些想在伊斯蘭統治下獲得新地位的人；其他人則逃到庇里牛斯山區或翻山越嶺，尋求與加洛林法蘭克人結盟。還有一些人則留在城市和農村，在文化和宗教混雜之中經營此地。

在伊斯蘭之境（Dar-al Islam，伊斯蘭教具主導地位）和戰爭之境（Dar-al Harb，當地居民絕多大多數非穆斯林）的邊緣，也就是伊斯蘭教和基督教世界的破碎區，是伊斯蘭教徒、基督教徒、混合兩者的社會政治運動孵化地。早在七三〇年，穆努薩（Uthman ibn Naissa/Munussa）就已反抗科爾多瓦，預謀建立獨立的領地。他得到岳父阿奎坦奧多公爵（Duke Odo of Acquitaine）的協助，而他的岳父與法國實質統治者查理·馬特爾爭鬥不斷。當阿卜杜勒·拉赫曼向北掃蕩時，穆努薩戰敗並被處決。正當其他阿拉伯人持續爭奪勢力，西班牙邊境引起了法蘭克人越來越濃厚的興趣，他們跨越庇里牛斯山、派軍遠征。法國史詩《羅蘭之歌》（*The Song of Roland*）講述的就是查理大帝（Charlemagne，七四二至八一四）的遠征部隊，在庇里牛斯山隘口的龍塞斯瓦耶斯（Roncesvalles/Roncevaux）戰役中遭受巴斯克軍隊擊敗的故事。查理大帝企圖奪取內陸薩拉戈薩（Zaragoza），在七七八年再次失敗。但在七八五年，吉羅納（巴塞隆納以西一百公里）的人民反抗阿拉伯統治，建立了一個效忠法蘭克的新郡，然而阿拉伯人持續不斷攻擊，且遠至庇里牛斯山北部的魯西永／羅塞洛（Roussillon/Roselló）。

在八〇〇年，法蘭克王國的國王虔誠者路易（King Louis，七七八至八四〇）發動一次對巴塞隆納的遠征，將之圍困於羅馬城牆內數月，最後在八〇一年四月攻陷。法蘭克軍隊聯合在穆斯林統治下有時改變忠誠度的西班牙哥德人，持續進逼南方，最後在托爾托薩（Tortosa）被擊敗。在位於橫跨庇里牛斯山的領地，法蘭克人任命塞普提曼尼亞伯爵家族（Count of Septimania）治理，這形成舊加泰隆尼亞（Catalunya Vella）地區，在九世紀的數十年間，該地區一直是穆斯林和基督徒的戰場。

巴塞隆納僅在九世紀時被穆斯林短暫奪回，但至西元九七六年，遭到阿拉伯新崛起的阿爾曼索爾（Abu Aamir Muhammad mad bin Abdullah ibn Abi Aamir, Almanzor，九三八至一〇〇二）襲擊，九八五年時他們偷走主教堂的大鐘，並綁架繼承人的子爵。然而，不同於伊比利半島其他地區，巴塞隆納再也沒有受到穆斯林統治。因此，這段時期的遺跡很少，有別於其他在加泰隆尼亞—亞拉岡聯合王國中扮演重要角色的城市，像是：薩拉戈薩、瓦倫西亞（Valencia）、和馬約卡島帕爾馬（Palma de Mallorca）。

和巴塞隆納同樣重要的王國首都塔拉戈納遭到入侵者的蹂躪，且一直處於穆斯林統治之下，長達三個世紀。到之後以巴塞隆納為據點的新政權擴展成新加泰隆尼亞（Catalunya Nova）時，巴塞隆納才獲得重建。因此，當巴塞隆納領導人在伊比利亞基督教世界中開始擴張時，附近沒有大都市成為競爭對手。

在十世紀末期，巴塞隆納反而在全球帝國中占據了一席之地。最初全球的伊斯蘭是由大馬士革的先知後裔所控制，後來經歷短暫的科爾多瓦哈里發統治（Caliphate of Córdoba，九二八至一○三一），到了一○○○年，巴塞隆納人口超過一百萬，成為世界上最大的城市之一，成為融合多種文化的國際和政治中心。然而，庇里牛斯山北部的局勢發展，像是巴黎的卡佩王朝（Capetian Paris）和羅馬天主教，也都改變了巴塞隆納的歷史軌跡。

建立城市、版圖和帝國

早期巴塞隆納伯爵的出現和繼承，與加洛林王朝的內鬥和衰落、庇里牛斯山兩側的地方鬥爭、以及四分五裂的穆斯林不斷的突襲威脅，都有密切關係。雖然早期的巴塞隆納伯爵都是被分封的領導者，但在八七八年，長毛威爾弗雷德（Wilfred the Hairy/Guifré el Pilós，八四〇至八九七）聲稱其家系來自卡爾卡松（Carcassonne），具哥德人血統，成為巴塞隆納的世襲領主，更強大的地方政府因而成形。威爾弗雷德可能是出生於蘇涅爾（Sunyer）的弗雷德後裔，曾在法蘭克國王、神聖羅馬皇帝禿頭查理（Charles the Bald，八二三至八七七）的統治下擔任伯爵。威爾弗雷德效忠於加洛林王朝，反對先前任命的巴塞隆納伯爵，即塞普提曼尼亞的伯納德（Bernard of Septimania，七九五至八四四）。在擊敗伯納德之後，威爾弗雷德於八七〇年受封成為烏格爾伯爵（Count of Urgell），隨後於八七八年受封為巴塞隆納和吉羅納伯爵；他的兄弟成為魯西永伯爵。八九七年，威爾弗雷德在對抗阿拉伯人圍攻列伊達（Lleida）時戰死沙場，他的兒子瓜分領地，並且未經衰弱的加洛林王朝批准，就擅自建立世襲繼承。巴塞隆納伯爵的男性繼承一直持續到十五世紀。

威爾弗雷德及其後代傳人統治的領土，包括魯西永等跨庇里牛斯山領地，但不包括加泰隆尼亞南部地區的拉布雷加特河和卡多納河（Cardoner）〔作者註：加泰隆尼亞Catalunya名稱直到後來才普遍流行〕。威爾弗雷德有如神話人物般打下基礎，代表城市和自治區旗幟徽章上的金黃色底紅色條紋，也許他有關：根據普遍流傳的傳說，法國國王以沾滿威爾弗雷德血液的手指划過盾牌，從而創造獨特標誌，現今仍遍布全城。實際上，此盾牌可能出現在十一世紀。

新領土的封建組織中包括武裝貴族和越來越多的自由農民，重新被占領的平原吸引了這些人，而人口回流的因素也影響著幾個世紀的社會關係。在中世紀早期，生產也仰賴各種形式的農村奴隸制；奴隸是與安達盧斯（穆斯林與阿拉伯統治底下的伊比利半島）貿易網絡的重要元素，雖然這些在十世紀後期產生了多樣變化。隨著奢華的絲綢和貿易商品銷入北方，包括奴隸和未加工的原物料在內，也都販賣到伊斯蘭世界。

透過本篤會修道院，例如威爾弗雷德埋葬之所里波爾（Ripoll），天主教在加泰隆尼亞領土重新復甦。雖然里波爾圖書館在九四七年只有六十七本館藏書，但這些修道院卻成了歐洲的知識中心。自羅馬時代以來，牧師和教會機構一直都致力於保存歷史和文學，並且透過歐洲場域更廣泛的辯論，得到更多的充實與改革。而與羅馬（以及教皇制度背後的統治者）的關係，得以對法國有制衡力量。

隨著法國加洛林王朝的衰落和卡佩王朝的崛起，巴塞隆納在博雷二世伯爵（Count Borrell II，九四七至九九二）的統治下，於十世紀結束長久以來對加洛林王朝所宣誓的效忠——雖然一直未經正式承認。直到一二五八年，法王路易九世（Louis IX of France，一二一四至一二七〇）與加泰隆尼亞和亞拉岡的統治者海梅一世（Jaume I，一二〇八至一二七六）簽署科貝爾條約（Treaty of Corbeil），路易九世放棄法國在庇里牛斯山南部的領地權，亞拉岡聯合王國則放棄在圖盧茲（Toulouse）、尼姆（Nimes）、普羅旺斯（Provence）、現今法國南部其他地區的權利。博雷二世透過外交的多重手段，挑戰拿邦大主教的教會繼承問題，同時與科爾多瓦酋長國、羅馬教皇兩方維繫關係，並於九七〇年訪問羅馬。隨著他的兒子拉蒙·博雷（Ramon Borrell，九七二至一〇一七）繼任，巴塞隆納和巴塞隆納伯爵領地進入了新的主權和擴張階段。

與此同時，此地區的政治和經濟取決於阿拉伯世界不斷演變的鬥爭。由於哈里發的衰落，巴塞隆納伯爵得以擴大在內陸列伊達的領地。然而，當科爾多瓦的新貴曼蘇爾（Al-Mansur）囚禁一位弱小的哈里發，並試圖維護自己的勢力時，這又讓巴塞隆納陷入易受攻擊的境地。最終，曼蘇爾及其子女成功破壞了團結穩定的伊斯蘭政權，該政權於一〇三一年垮台，分裂成小王國taifas，他們容易受到伊比利亞基督教政治擴張的影響，包括巴塞隆納伯爵及其繼任者。

愛德華・里奧巴雷拉（Eduard Riu Barrera）描述一〇〇〇年的巴塞隆納是個成熟的中等城市，處於變化不斷的關卡：「它還不是城市中心，而是有古老城牆、堅固防禦的世俗和宗教力量的貴族領土。」同時，由於封建化的過程，以及巴塞隆納伯爵在更廣泛的領地和領主之間樹立權威，城牆附近內、外的轉型都大大加速。舊城區內的城市化速度加快，特別是在商業活動的地區。

事實上，在這個不斷發展的首都中，城牆很快就被納入教堂管理[17]。我們將在下一章中討論巴塞隆納的這段成長時期。

結語

在西班牙內戰的艱難時期，當巴塞隆納堅決抵抗佛朗哥極權時，歷史學家喬亞金・普拉・卡戈爾（Joaquim Pla Cargol，一八八八至一九七八）提醒，「海洋一直是加泰隆尼亞主

17 Riu Barrera, "Barcelona," p. 144.

要的血液動脈。因此，當加泰隆尼亞在海上占有主導地位時，顯得強大無比，而當地中海不再是已知世界的中心海洋時，加泰隆尼亞也隨之衰退[18]」。回顧巴塞隆納的遺產和建設基礎，有必要避免海力克士或巴卡家族的神話傳說。反之，早期殖民地和人民透過地域的轉變、連結和分離、地中海世界的分裂和統一，創造成一個更小、更謙遜的羅馬城市，城市的起源就不那麼英勇了，而是更加人性化，或許也更具吸引力。

展望未來，這種地中海背景具有進一步的意義：界定了掌控王國或帝國的人類與制度，帶來經濟和文化的巨大變化。這種繁榮發展改變了城市的實體面貌，即擴大城牆；建立新的組織結構，包括造船廠和港口；豐富城市的藝術遺產，這些至今仍然可見。

---

18 Joaquim Pla Cargol, *La terra catalana* (Gerona, 1936), p. 38.

第二章

巴塞隆納首府（一〇〇〇至一五〇〇年）

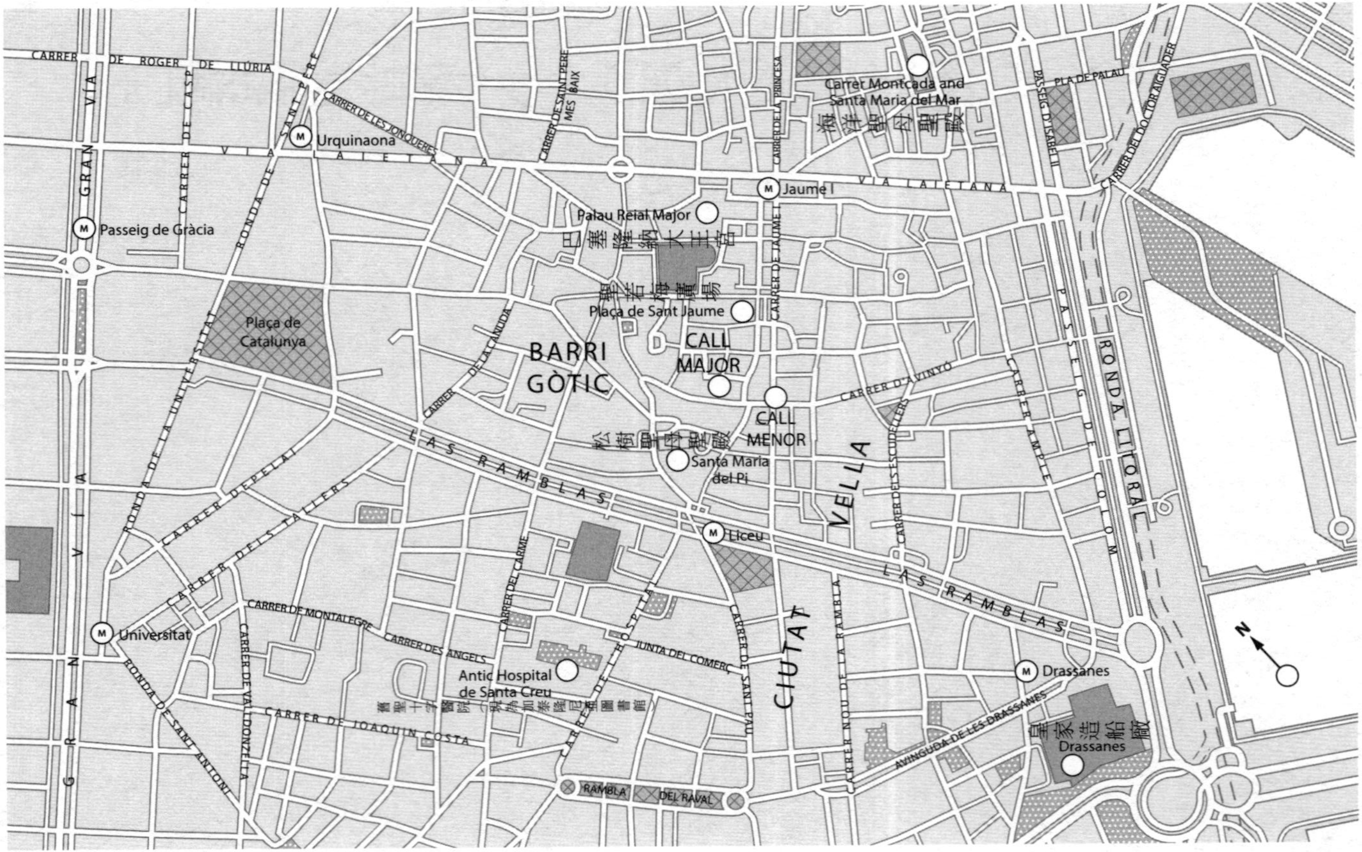
GRAN VÍA
CARRER DE ROGER DE LLÚRIA
CARRER DE CASP
RONDA DE SANT PERE
CARRER DE LES JONQUERES
Urquinaona
VIA LAIETANA
CARRER DE SANT PERE MES BAIX
CARRER DE LA PRINCESA
Carrer Montcada and Santa Maria del Mar
海洋聖母聖殿
PLA DE PALAU
PASSEIG D'ISABEL II
CARRER DEL DOCTOR AIGUADER
Jaume I
Passeig de Gràcia
Palau Reial Major
巴塞隆納大王宮
聖若梅廣場
Plaça de Sant Jaume
CARRER DE JAUME I
Plaça de Catalunya
RONDA DE LA UNIVERSITAT
CARRER DE LA CANUDA
BARRI GÒTIC
CALL MAJOR
CALL MENOR
CARRER D'AVINYÓ
CARRER AMPLE
PASSEIG DE COLOM
RONDA LITORAL
松樹聖母聖殿
Santa Maria del Pi
VELLA
CARRER DELS ESCUDELLERS
LAS RAMBLAS
CARRER DE PELAI
CARRER DELS TALLERS
Liceu
CARRER DE MONTALEGRE
CARRER DEL CARME
CARRER DE L'HOSPITAL
Universitat
CARRER DELS ANGELS
JUNTA DEL COMERÇ
CARRER DE SANT PAU
CIUTAT
CARRER NOU DE LA RAMBLA
Drassanes
Antic Hospital de Santa Creu
舊聖十字醫院（現為加泰隆尼亞圖書館）
RONDA DE SANT ANTONI
CARRER DE VALDONZELLA
CARRER DE JOAQUIN COSTA
AVINGUDA DE LES DRASSANES
皇家造船廠
Drassanes
RAMBLA DEL RAVAL
N

巴塞隆納皇家造船廠（Reials Drassanes）是在十三世紀由亞拉岡國王和巴塞隆納伯爵佩德羅二世（Pere II el Gran，一二三九至一二八五）所建造。該計畫意在促進海軍艦隊發展，有利於巴塞隆納和廣大帝國在整個地中海擴張軍事以及商業的海上利益。它至今仍是歐洲最大、保存最完善的民間哥德式建築之一，規模揭示了當時的強大帝國勢力。如今，透過博物館的展覽，參觀遊客可以探索巴塞隆納的海洋遺產，但比起博物館，皇家造船廠的建築和歷史則能透露更多（圖2.1）。這項偉大計畫取代早期雷戈米爾廣場附近的造船業，並成為要塞港口建設中的一部分，符合巴塞隆納全球地位。到了一三八一年，完成八個中殿主體構造，寬度大約在七到十公尺（二十五到三十五英尺）之間，哥德式拱門高高聳立。一三九〇年，亞拉岡國王胡安一世（King Joan I el Caçador，後人稱之獵人，一三五〇至一三九六）把這座建築讓出給興盛的巴塞隆納，後來人們對其所有權產生了爭議。

平凡的巴塞隆納港最初以稅收為主要收入來源，因此幾乎沒有系統化的發展，直到中世紀後期，擴大的貿易、戰爭、競爭，使得船隻和改良防禦港口設施的需求增加。之前，大型船隻需要將貨物卸載到較小的船上，或以龐大人力成本拖到海灘上，而暴風雨來襲時也會造成損失。因此，便有了在蒙特惠克山城市區興建優質港口的需求，這使得阿方索五世（Alfons V El Magnánim，一三九六至一四五八）於一四三五年發布興建特許，雖然港口建設更晚才開始。如今這個港口被稱為舊港（Port Vell），經過幾個世紀的重建，能處理更繁重的現代貨物和運輸，舊港在一九九二年奧運會之前，經過徹底改革，成為當代城市熱門的海濱休閒區。

儘管如此，就在皇家造船廠開始施工時，時空背景也發生了變化。在十五世紀，加泰隆尼亞—亞拉岡面臨繼承危機、內戰和瘟疫。一六四〇年，在加泰隆尼亞發生第一次反抗統一的西班牙王室後，皇家造船廠被列為軍事管轄。接著，在一七一四年加泰隆尼亞起義失敗之後，有人提議把此建築改建成另一個堡壘要塞，以控制整座城市。一七四五年，西班牙的波旁王朝在加的斯整合所有的造船業，這讓皇

圖2.1：皇家造船廠的鳥瞰圖，背景為波布塞克（Poble Sec）和蒙特惠克山。

家造船廠成為衰敗的軍營。後來，由於工業化城市需要更好的交通運輸，這座城市的海濱城牆和防禦工事被拆除，碼頭也擴建了，而造船廠的部分區域則改建成新的林蔭大道。十九世紀時，塞達（Cerdà）的城市拓展計畫預計讓皇家造船廠完全消失。

直到一九二〇年代，加泰隆尼亞野外健行俱樂部（Centre Excursionista）和相關建築師才制定計畫拯救皇家造船廠，西班牙軍隊最終把它讓給市政府。海事博物館於一九四一年開幕，一直致力於保存中殿和位於平行大道（Avinguda del Paral.lel）路段附近的十四世紀城牆遺跡。雖然其他城牆和防禦工事已不復存在，但皇家造船廠的建築仍呈現出巴塞隆納號稱海上霸主的權威感，有助於從中了解巴塞隆納中世紀晚期和文藝復興的黃金時代。

從十一到十六世紀這段時期，見證了加泰隆尼亞（和加泰隆尼亞—亞拉岡王國）的全球擴張，成為政治獨立和貿易網重心，以及加泰隆尼亞藝術、文學和建築的光榮時代。同時，一波波內外的衝突和衰退，也對巴塞隆納造成威脅，並改變了城市的未來。在羅馬和中世紀奠定的基礎之下，巴塞隆納的菁英和許多公民相互競爭，創造出一個新的國際大都市，憑靠的是地中海帝國對農業、手工生產、貿易和戰爭的資源和需求。從十三到十五世紀，市政府重建、擴展城牆和城市其他建築，在十六和十七世紀進行現代化改造，公共工程看似無窮無盡。同時，在教會、修道院、宗教團體的支持下，以及位處城市核心外的里貝拉區中不斷擴大的商業和家庭手工業，加強了國王和貴族對城市化的努力。

早期的成長，與整個伊比利半島和附近的巴利阿里群島（Balearics）的軍事擴張有關，這是對動盪的伊斯蘭世界發動十字軍東征的成果。加泰隆尼亞人為了在法國和義大利的領土而戰，而著名的加泰隆尼亞傭兵軍（Almogavars）[1]甚至遠到達了拜占庭。同時，商人和傳教士航行於多元文化的地中海。即使面對著威尼斯人、熱那亞人、比薩人和法國挑戰者的競爭，巴塞隆納仍是通往安達魯西亞的門戶。

家族和同盟者的菁英戰略也改變了巴塞隆納和加泰隆尼亞。一一三七年，拉蒙・貝倫蓋爾四世伯爵（Count Ramon Berenguer IV，一一一四至一一六二）與亞拉岡一歲的女繼承人佩德羅尼拉（Petronilla，一一三六至一一七三）聯姻，促使巴塞隆納伯爵的軍隊與亞拉岡王國合併[2]。三個世紀後，男性繼承的中斷和新國王的選擇，建立起與卡斯提亞王國好幾世代的聯合關係。本章結束於天主教國王的統治，亞拉岡與加泰隆尼亞的繼承人費蘭（費爾南多、斐迪南二世），以及卡斯提亞和萊昂的女王伊莎貝爾（Isabel of Castile and León），兩人於一四六九年聯姻，最終使得亞拉岡和加泰隆尼亞，與新興的西班牙以及複雜的政治歷史，連結在一起。

巴塞隆納在這一時期成為全球地中海的首都，這個過往如今呈現於令人驚嘆的宗教和市政建築遺跡中。在一三七八年的壁爐稅（fogatge）普查中，巴塞隆納共有七千四百六十五個壁爐，人口約為四萬人，範圍大約在皇家造船廠和海洋聖母聖殿（Santa Maria del Mar）之內。到十六世紀末，儘管發生了瘟疫災難，人口數可能上升至七萬五千人。然而，歷史學家史蒂芬・班屈（Stephen Bensch）對這座偉大的城市提出一個重要觀點：它當時既沒有被賦予港口任務，也沒有長期定居於此、擁有多個宮廷和冒險經歷的君主。反之，「加泰隆尼亞這個最大的城市，缺乏皇家顯赫排場和大主教的威嚴氣派，卻以冷靜的效率和組織獲得彌補。巴塞隆納為王朝統治提供了記憶寶庫」。什麼意思呢？「從早期開始，這些伯爵就習慣將最重要的文件存放在巴塞隆納的宮殿中。雖然中世紀作家很少分析巴塞隆納的政治重要性，但實際上，它卻是最有利的觀察點，無論在中世紀或是今日，可從中審視整個亞拉岡王國[3]」。

1　編注：Almogavars名稱源自阿拉伯語，但原始出處不確定；到了十世紀，被用來指稱身手矯健的穆斯林襲擊者；後來，這個詞也用來指稱基督教士兵和傭兵。

2　統治者擁有許多頭銜，但巴塞隆納仍然是由伯爵統治的郡（伯爵領地後來被混淆稱為公國）。加泰隆尼亞從來不曾是王國，雖然統治者是亞拉岡、馬約卡島、瓦倫西亞和其他領地的國王。

3　Stephen P. Bensch, *Barcelona and its Rulers, 1096-1291* (Cambridge University Press, 1995), pp. 43-4.

同時，巴塞隆納也展現出不斷擴大的文化世界。加泰隆尼亞的傳統方言出現在詩歌、歷史、小說、和宗教著作中，藝術家則是十分活躍，他們汲取了義大利、北歐、和古典世界的思想和風格。我們可以聽到和看到當時人們的個人意見出現在詩歌、皇室自傳、繪畫、和民眾抗議中。無怪乎十九和二十世紀的知識分子將此一時期視為黃金時代，在藝術和文學多所模仿，並成為政治復興的創始神話。事實上，巴塞隆納對民間和宗教建築的保存和美化，創造了輝煌的哥德區，儘管後來其中一些遭到破壞，但卻喚起人們對過去歷史的鮮明記憶（即使是古老元素有時也重新融入到新建築中）。

雖然巴塞隆納與許多地中海城市一起發展，但與各城市也有所不同。有別於熱那亞或威尼斯這些知名（和競爭）的義大利城邦，巴塞隆納屬於帝國的一部分。這意味著，城市競爭也發生在加泰隆尼亞和亞拉岡的統治王國內。雖然塔拉戈納和列伊達都沒有挑戰巴塞隆納的霸權，但被征服的薩拉戈薩、瓦倫西亞、馬約卡島帕爾馬、和拿坡里（Naples）等城市，都是財富和權力的中心，對國王和宮廷而言，尤其具吸引力。國王和朝臣選擇居所的問題，遠不同於商業和文化勢力的問題，但與這一時期的宗教和民間建築相比，巴塞隆納的宮殿和皇家遺跡似乎相當少，更別提與歐洲皇室首都相提並論[4]。

然而，透過紀念碑和珍藏的寶藏來解讀巴塞隆納，很可能會忽略底層的社會和文化變化，這些變化標示著新興手工業和資產階級制度的發展、以及城鄉階級之間的緊張關係。雖然加泰隆尼亞的藝術和文學，一直蓬勃發展到十六世紀，但貿易、衛生和公民治理，在十五世紀成為市民的危機，一如破壞城市及地區的內戰。

回到現在，巴塞隆納的歷史至今在舊城區附近隨處可見，新的建築和功能已融入於舊有建築當中。教會和政治當局，透過城市和帝國中不斷變化的政治、經濟和文化意義，建構出當地的歷史記憶檔案。在檢視了主教堂、皇家宮殿、猶太區、和聖若梅廣場周圍的行政中心後，我們接下來看兩側的拉瓦爾和里貝拉地區，因城市的擴展，出現了新的社交空間。然而，要了解這些發展，就必須將巴塞隆納置於不斷變化的地中海世界，以及不斷擴大的帝國主義脈絡之中。

4　君主到訪時，宮殿一直是個問題。在現代早期，一間位於港口附近宮殿廣場（Pla de Palau）上的羊毛倉庫改建成總督和皇室的宮殿，一八七五年被燒毀後，市政廳被迫暫時徵用，一九二九年世界博覽會之前，企業家歐塞比·奎爾（Eusebi Güell）捐贈一座位於佩德拉韋斯郊區（Pedralbes）的新皇家宮殿，而君主的官方建築師，則在蒙特惠克山建造了一座與波旁風格不協調的小宮殿，供皇室活動用，後來成為音樂博物館和城市的官方招待所。以加泰隆尼亞鋼琴家和作曲家艾薩克·阿貝尼茲·帕斯桂爾（Isaac Albéniz Pascual，一八六〇至一九〇九）命名的阿貝尼茲宮，在現代被用作皇家宮殿。

幾世紀的擴張和變革

在庇里牛斯山脈以南，舊加泰隆尼亞領土的鞏固和新政體的發展，取決於十一、十二世紀統治階層的凝聚動力，以及穆斯林在伊比利亞勢力的分裂。一一一四年，對穆斯林統治的馬約卡島（距離巴塞隆納約二百公里）發動的襲擊，一開始是成功的，但最後卻還是守不住這個對於控制地中海航運十分重要的島嶼。一一一八年，拉蒙・貝倫蓋爾三世伯爵（一〇八二至一一三一）重新奪回塔拉戈納，完成了教皇烏爾班二世（Pope Urban II）所發起的十字軍東征。加泰隆尼亞的注意力轉向列伊達——這個從長毛威爾弗雷德時代以來一直是戰場的內陸城市；這座城市於一一四九年落入拉蒙・貝倫蓋爾四世伯爵之手，在他領導下進一步鞏固了領土，征服位於拉布雷加特河以南的「新」加泰隆尼亞，包括埃布羅河上的城市托爾托薩，並將基督教騎士和農民重新安置在這些地區。

「征服」促進文化的鞏固，包括天主教、教會的建立和本土方言的傳播。拉蒙・貝倫蓋爾一世（一〇二三至一〇七六）把許多富甲一方的貴族納入他的管轄，奠定和平與秩序基礎，使他的後代能夠繼續擴張領土。到了十二和十三世紀，巴塞隆納基本法（Usatges）的編纂，確立羅馬法律的實踐傳統以及新的相關研究，為整個加泰隆尼亞帶來秩序。正如歷史學家唐納德・卡加（Donald Kagay）所說：「這些法律有效界定加泰隆尼亞本身、以及其統治了五個世紀的王朝。這些來自於完全不同的封建習俗、和平與停戰法規、羅馬和西哥德法典的摘錄，成為加泰隆尼亞所有法律的源頭[5]」。加泰隆尼亞法律仍然是其後代子孫身分認同的有力象徵。

隨著加泰隆尼亞領地的擴大，伊比利亞各地其他基督教國王和侵略者取得優勢，哈里發勢力瓦解，四方林立的小王國經常試圖以進貢和妥協來取悅基督教國王。儘管基督教於一〇八五年在托萊多（Toledo，卡斯提亞王國收復該城）贏得重大勝利，但收復失地運動（Reconquest，亦稱為復國運動、復地運動，是七一八至一四九二年間，位於伊比利半島北部的基督教各國逐漸戰勝南部穆斯林摩爾人政權的運動。）帶來了一場漫長的鬥爭，由此可以看出穆斯林、猶太人和莫扎拉布人（Mozarab，精通阿拉伯語的基督教教徒），數百年來在這些地區彼此深耕共存。來自非洲的穆斯林新勢力也壯大陷入困境的王國，阻礙了基督教的擴張。儘管如此，亞拉岡和潘普洛納（納瓦拉Navarra）國王阿方索一世（Alfonso the

---

5 Donald Kagay, *The Usatges of Barcelona: The Fundamental Law of Catalonia* (Philadelphia: University of Pennsylvania Press, 1994), p. 2.

Batller，一〇七四至一一三二）在一一一八年重新奪回內陸的薩拉戈薩，並以此城市為首都。

第二次快速擴張時期是在征服者海梅一世（Jaume I the Conquerer，一二〇八至一二七六，於一二一三年成為伯爵／國王）的長期統治之下。隨著伊比利亞穆斯林的阿爾摩哈德王朝（Almohads）勢力衰退，海梅一世再次轉向巴利亞利群島。由於伊斯蘭教和基督教之間的船隻衝突，海梅一世召開加泰隆尼亞公國議會（Corts），支持海軍遠征馬約卡島。征戰數月後，馬約卡島帕爾馬的穆斯林投降，但在內陸地區的爭鬥仍未停止，數十年都無法征服伊維薩島和梅諾卡島（Menorca）。然而，海梅一世和貴族們憑藉著新占領的城市和王國而充實壯大。

基督徒和穆斯林也在爭奪地中海南部沿岸三〇三公里（一八八英里）的瓦倫西亞，此地十一世紀時曾由熙德（Ruy Diaz de Vivar，el Cid，一〇九九歿）短暫統治。一二三八年，海梅一世攻占了這個擁有二十萬人口的富裕王國。幾世紀以來，這些穆斯林人口一直保持生產力，再次吸引亞拉岡—加泰隆尼亞國王選擇居住於此，而非選擇巴塞隆納。此一擴張的同時，卡斯提亞國王奪取穆斯林科爾多瓦（一二三六年）以及重要首都塞維亞（一二四八年），僅在格拉納達（Granada）留下一個小的伊斯蘭王國。基督教的勢力在伊比利半島的其他區域包括大西洋葡萄牙，以及中、南部的卡斯提亞和萊昂，而亞拉岡國王海梅一世放棄征服莫夕亞（Murcia）之後，便將注意力轉向地中海。

家族的政治聯姻與伊比利半島的戰爭和分裂，是緊密相關的。亞拉岡—加泰隆尼亞王室與卡斯提亞—萊昂、納瓦拉和葡萄牙的統治者之間經常聯姻，有時涉及這些家族中有權勢的女性。同時，雖然加泰隆尼亞人在法國的領地受到來自法國的強大挑戰，但伯爵／國王們透過聯姻和戰爭的繼承來穩固地位，像是一二〇四年時，佩德羅二世在捍衛領地時被殺，而後續繼承人的軍隊卻在跨庇里牛斯山的魯西永和佩皮尼昂（Perpignan）擁有穩固地位，直到一六五九年。[6]

義大利半島上的競爭對手如熱那亞和威尼斯，帶來了不同的挑戰。一二八二年發生西西里晚禱事件（Sicilian Vespers），這場草根叛亂推翻了於法國出生的安茹王朝查理一世（Charles of Anjou，一二二七至一二八五）的統治，加泰隆尼亞趁機控制了西西里島。加泰隆尼亞—亞拉岡的佩德羅三世（Pere el Gran）透過妻子康絲坦斯（一二四九至一三〇九）——前西西里國王妹妹的這層關係，強力要求得到西西里王位繼承權；當叛亂爆發時，佩德

6 儘管全國法語教育占主導地位，這些地區仍保留加泰隆尼亞語作為當地語言和地名。

羅「碰巧」帶著一支戰爭艦隊前往突尼斯途中。由於教皇並不接受這樣的繼承方式，佩德羅在有所妥協之下成為國王，也就是西西里島接受加泰隆尼亞—亞拉岡聯合王國的治理，而這種控制長達了幾世紀。隨著一四四二年征服拿坡里，王國軍事據點再度擴大。而拿坡里王國幾世紀以來一直是加泰隆尼亞／西班牙和法國爭奪利益的戰場。

一二九七年，教皇介入，把地中海科西嘉島（Corsica）和薩丁尼亞島（Sardinia）授予加泰隆尼亞—亞拉岡聯合王國，完全不顧當地居民的反對，尤其是薩丁尼亞島。與加泰隆尼亞對抗的熱那亞人也不認同，於是迫使他們與威尼斯人結盟。雖然加泰隆尼亞人輸掉了這場戰爭，卻仍然保有這些領地，當佩德羅四世（Pere IV）贏得雅典公國（Duchy of Athens）時，這些領地成為他們前進東地中海的墊腳石。時至今日，加泰隆尼亞語仍通行於薩丁尼亞島的阿爾蓋羅鎮（Alguer/Alghero）。

因為僱傭兵的關係，讓亞拉岡—加泰隆尼亞的影響力可以延伸得更遠，他們共同征服了馬約卡島、瓦倫西亞、和西西里島。當擴張停止時，這些僱傭兵轉而尋求和拜占庭帝國締結契約和婚姻。在十四世紀初期，一些人在希臘建立起小小的領地，他們為了得到西西里島的幫助，付出了犧牲主權的代價。當時這些首領的名字——羅傑・德弗洛爾（Roger de Flor）、伯納特・德羅卡福（Bernat de Rocafort）、貝倫蓋爾・恩滕薩（Berenguer d'Entença），現今在巴塞隆納擴展區都可見到。但是，當時他們的領地並不穩定，因衝突和暴力而四分五裂，最後在十五世紀落入鄂圖曼土耳其人（Ottomans）之手。

巴塞隆納成為這個廣闊的政治空間的一部分，也因此發展成為貿易中心。猶太旅行家圖德拉的班傑明（Benjamin of Tudela，一一三〇至一一七三），他在一一六五年時前往以色列和巴格達，途中經過巴塞隆納，他特別提到：

> 這座城市位於海邊，小而優美。商人匯集於此，有來自世界各地的熱賣商品：希臘、比薩、熱那亞、西西里島、埃及的亞歷山大、巴勒斯坦和鄰近的國家。每天都有船隻抵達，帶來絲綢、香料、玻璃器皿和珠寶。所有商人對巴塞隆納的風景綺麗都讚不絕口，一如猶太旅行者和詩人所頌讚的城市一樣[7]。

在十世紀，阿拉伯地理學家早已將巴塞隆納和塔拉戈納定位為「安達盧斯的門戶」，暗示了這座城市做為連結貿易往來的地位和軍事冒險一樣重要。從十到十二世紀，對穆斯

7 Sandra Benjamin, *The World of Benjamin of Tudela* (Madison: Fairleigh Dickinson University Press, 1995), p. 57.

林商人而言，安達魯西亞是廣大地中海穆斯林世界的富裕邊緣地帶，尤其是穆拉比特王朝（Almoravids）和阿爾摩哈德王朝控制著非洲領土，穆斯林商人於此主導了貿易、並把黃金帶入市場。除了安達魯西亞的絲綢、皮革、食物和香料外，黃金也用來換取奴隸、毛皮和其他商品；猶太商人也活躍於這些邊界地區。

到了十三世紀，基督教對巴利亞利群島和西西里島的控制，打開了橫跨地中海的安全通道。於是絲綢開始從義大利、拜占庭和中國進口，日益削弱安達魯西亞的產量。不久，基督教歐洲控制貿易，商人航行到穆斯林控制的馬拉加（Málaga）和塞維亞。加泰隆尼亞—亞拉岡國王介入干預巴塞隆納的出航管制規則；正如歷史學家奧莉維亞・瑞米・康斯塔保（Olivia Remie Constable）所說：「亞拉岡王國的保護主義，比半島其他地方更為明顯，表現在亞拉岡的政治、領土擴張、和地中海商業願景之間的緊密關係」[8]。同時，加泰隆尼亞的商業冒險活動，在君士坦丁堡、亞歷山大、英格蘭、和法蘭德斯（Flanders）也紛紛湧現。

一如早期加泰隆尼亞政治領域的整合一樣，這種擴展的商業貿易網路需要組織、信貸和風險管理。海洋領事館（Consolat de Mar）出現於十三世紀，既是解決商人糾紛的仲裁機構，亦是廣義的海事習俗法令條文，一四九四年在巴塞隆納出版，全名為《巴塞隆納的海洋習俗》（*Les costums marítimes de Barcelona universalment conegudes per Llibre del Consolat de mar*，普遍認為是海洋領事館的記錄）。此出版品得到亞拉岡國王的贊助，被翻譯並傳播於全歐洲。海洋領事館仲裁委員會在海洋貿易館（Llotja del Mar）以及地中海周圍類似的中心舉行會議。海洋貿易館為歐洲存活時間最長的證券交易所，一直運作到二十世紀，它於十四世紀晚期完工，於十五世紀中期在偉大的建築師馬克·薩芬特（mestre d'obra Marc Safont）[9]的指導下擴建，當中包括寬敞的海洋領事館。一七一四年被國家徵用為軍營後，海洋貿易館在十八世紀後期被重新翻修，並增設一所設計學校[10]，培養出年輕的畢卡索和胡安·米羅（Joan Miró）。

然而，在帝國和貿易的勝利中，疾病也伴隨海上航行而來。黑死病從一三四八到一三五一年襲擊了巴塞隆納，當時四萬名居民中，可能就有一萬人因此喪生，包括許多領導人在內，甚至對多產農村造成了極大衝擊。儘管市政委員會（Consell de Cent）努力控制疫情損

8 Olivia Remie Constable, *Trade and Traders in Muslim Spain: The Commercial Realignment of the Iberian Peninsula, 900-1500* (Cambridge University Press, 1994), p. 248.

9 mestre d'obra 一詞意指建築師。

10 這個機構現在是聖喬治皇家美術學院（Reial Acadèmia de Belles Arts de Sant Jordi），仍然與巴塞隆納商會共用空間，在後期建築和現代功能中，隱含了哥德式核心風格。

失，但黑死病在一四〇八年和一四一〇年再度肆虐，此後幾乎每十年復發一次，直至十六世紀。據估計，巴塞隆納在十五世紀時的城市人口減少了將近一半，這加劇了政治鬥爭和全球經濟的轉型。

隨著十五世紀亞拉岡—加泰隆尼亞王朝的結束，被卡斯提亞皇室出身的特拉斯塔馬拉王朝（House of Trastamara）所取代，由此引發出許多政治問題。長毛威爾弗雷德家族中的最後一位國王是胡安一世（Joan I，一三五〇至一三九六）、以及兄弟人道者馬丁（Martí l'Humà，一三五六至一四一〇，因其人道主義傾向而得名）。人道者馬丁致力於解決西西里島和熱那亞人的海上威脅。他的兒子馬蒂諾一世（Martí el Jove，一三七四至一四〇九）比他還早去世。因此，沒有合法子嗣的人道者馬丁留下了王位繼承爭議，每個爭取大位的人都各有帝國地方派系的支持。繼承者最終由一個專家小組解決——分別來自亞拉岡、瓦倫西亞和加泰隆尼亞——他們選擇的新王儲是斐迪南一世（Ferran I d'Antequera，一三八〇至一四一六），亦即卡斯提亞胡安一世的兒子和人道者馬丁的侄子。此事受到馬丁的表弟——烏格爾的海梅二世（Jaume II，一三八〇至一四三三）強烈反對，其妻為人道者馬丁的妹妹伊麗莎白（Elisabet，一四〇九至一四五九）。在卡斯提亞影響力下所簽署的「卡斯佩妥協方案」（Compromise of Caspe，一四一二），一直是後世加泰隆尼亞歷史學家爭論的關鍵點，雖然可以看出對皇家權威的談判限制是經過其他效力的約束認證〔例如：加泰隆尼亞公國議會和被稱為契約協定（pactisme）的法律〕。

斐迪南一世的繼任者阿方索五世更心繫於他在義大利的王國，而不是加泰隆尼亞。阿方索的兒子和繼承人，也就是拿坡里國王費蘭，捲入瓦倫西亞的波吉亞家族（Borjas/Borgias）的王朝政治，此家族顯赫，曾出了多位瓦倫西亞大主教，如教皇加里斯都三世（Calixtus III，一三七八至一四五八）和亞歷山大六世（Alexander VI，一四五八至一五〇三）以及多位傳奇的冒險家和士兵。

隨後的動盪發生於亞拉岡國王胡安二世（Joan II，一三九八至一四七六）在位之時，他是阿方索五世的兄弟，在卡斯提亞出生和長大，阿方索五世在爭取義大利王位繼承權時，他在亞拉岡擔任阿方索的攝政王。胡安二世在第一段婚姻中與納瓦拉的碧安卡（Bianca/Blanche，一三八七至一四四一）所生的兒子是維亞納親王卡洛斯（Carlos，Prince of Viana，一四二一至一四六一）。碧安卡去世後，父子兩人爭奪王權，引發了納瓦拉內戰（一四五一至一四五五）。卡洛斯戰敗後，隨即被監禁，在一四六一年獲釋數週後便神秘死亡。

王朝之間的戰爭與加泰隆尼亞內部的菁英鬥爭交織在一起，在加泰隆尼亞主要有Biga（主要是當地舊有貴族和地主）和Busca（希望保護和促進城市商業經濟的新興商人和工匠）

兩派的鬥爭。城外則是在一四六〇到一四八〇年發生農村動亂，助長了土匪行為和大規模的農民起義，包括沒有結果的農奴戰爭（War of the Remensas，一四六二至一四七二）。

雖然不同的群體在城市中進行著爭奪權力，但到十五世紀中葉，隨著Biga保衛加泰隆尼亞公國議會和眾議員委員會（Diputació）的地位，Busca分裂變得更加嚴重，因為Busca選擇與市政委員會的市政府結盟，支持國王。胡安二世試圖控制公國，而Biga的領導人也在尋找其他王位繼承人，來自卡斯提亞、葡萄牙、和安茹王朝的候選人擴大了衝突，使情勢變得更加混亂。胡安二世本人最終號召法國和卡斯提亞盟友的協助，於一四七二年取得勝利，極力鞏固能讓他兒子費蘭二世在一四七九年繼承的王國。然而，巴塞隆納城市和公國因戰爭變得虛弱：舊有的貴族路線終止，而Busca商人和工匠取得越來越高的地位，不過仍舊不穩定。整個地中海的發展，在不斷擴張的鄂圖曼土耳其帝國、法國的壓力、以及熱那亞和威尼斯商人的競爭下，加劇了人口和財富的損失。

聖城：羅馬天主教和猶太教

與歐洲其他羅馬天主教首都一樣，巴塞隆納成為許多宗教建築的所在地，包括教堂和修女／修士的修道院，遍及全城大部分的地區。然而，不同於伊比利半島其他的重要城市，如薩拉戈薩、瓦倫西亞、科爾多瓦、塞維亞、和格拉納達，巴塞隆納缺乏伊斯蘭教的實質存在。儘管如此，自羅馬時代以來，猶太人長久在這座城市中的寶貴存在，提供了不同的信仰和社會文化，卻在中世紀後期出現悲慘的結局。

在經歷了幾世紀的破壞後，巴塞隆納的核心仍然保留著名的哥德式教會建築，包括聖安娜教堂（Church of Santa Anna，十二世紀開始的聖墓會僧侶修道院，有個庭院隱藏在加泰隆尼亞廣場Plaça de Catalunya附近）、在費蘭街上的聖三一教堂（Church of the Trinity，一三九四年，現今為聖詹姆斯教區）、以及附近的聖胡斯特牧師教堂（Church of Sant Just i Pastor）。所有的這些教堂都是大型建設工程的遺跡。

相比之下，松樹聖母聖殿（Santa Maria del Pi），這個建造於十四世紀、質樸又輝煌的哥德式教堂，在其寬闊的單一中殿、和鮮明的主立面上醒目的玫瑰窗，體現出熙篤會（Cistercian）傳統加泰隆尼亞哥德式風格的典範[11]。教堂周圍是引人注目的後期建築物，包括聖血會（Archconfraternity of the Most Holy Blood）。這是一個成立於十五世紀後期的宗

11　https://basilicadelpi.com/?lang=en.

教團體，為那些被判處死刑的人提供安慰並協助處理遺體；當中的成員會參加所有的公開處決，並擁有為遭處刑的人請求寬恕的權利，一直到十九世紀末。他們在一五四七年搬進現在的建築物，在松樹聖母聖殿設有一座小的附屬禮拜堂。在教堂對面是零售商同業公會（revenedores），成立於一四四七年，為銷售稻米、蜂蜜、麵條、醃漬魚、無花果、紅棗、葡萄乾、和其他商品的人提供服務。直到一六七八年，這些商人才從耶路撒冷聖母院（Our Lady of Jerusalem）的修女那裡取得同業公會會所，並在十年內完成新建築，該建築牆面上裝飾有十八世紀流行的雕刻圖案（esgrafiats），至今仍完整保存。自一八四七年以來，這個同業公會一直是零售商的互助社團。

巴塞隆納天主教的核心，是位於羅馬時期城市北端所發展的主教座堂。目前的哥德式主教座堂尊崇聖十字架（Holy Cross）或是聖歐拉利婭（其遺體在主祭壇下方受敬拜），現今的主體建築是當地第三座重要的建築。原本是一座古老的基督教聖殿，後來在一〇五八年時，由拉蒙．貝倫蓋爾一世伯爵及妻子馬凱阿莫迪絲（Almodis de la Marca，一〇二〇至一〇七一）贊助興建成羅馬式大教堂。倖存下來的羅馬式尖拱門口到迴廊是這座建築的重要元素，牆面上還有伯爵和他妻子的墳墓冠飾。

一二九八年開始興建一座符合富裕首都形象的主教堂，但由於教會的分裂、政治和經濟因素，迴廊和其他建築元素直到十五世紀中葉才完工[12]。這座宏偉的教堂和迴廊，採用蒙特惠克山採石場的材料建造而成，幾世紀以來，一直是皇家慶典和重要城市活動的場所。中央的唱詩班席位裝飾有卡洛斯一世（同時是神聖羅馬帝國的查理五世）於一五一九年在此召集金羊毛騎士團（Order of the Golden Fleece）的勳章。教士會禮堂（Sala Capitular/Chapterhouse）被改造成大型的聖體禮拜堂，裡面保存著勒班陀的十字架（Christ of Lepanto），根據傳說，在一五七一年激烈的勒班陀戰役中，祂顯示神蹟支持西班牙軍方，把土耳其人趕出東地中海。十字架懸掛在聖奧萊加留斯（Saint Olegarius，一〇六〇至一一三七）——即巴塞隆納和塔拉戈納主教（一一一六至一一三七）的陵墓上方，這位改革者重建新加泰隆尼亞的教堂，並促成拉蒙·貝倫蓋爾四世伯爵和亞拉岡佩德羅尼拉的聯姻。

這個令人耳目一新的迴廊還有更受歡迎的城市傳統。那裡飼養了十三隻鵝，據說代表烈士聖歐拉利婭殉教時的年齡。每年春天噴泉都會有跳舞蛋（l'ou com balla）的傳統，以慶祝基督聖體聖血節（Corpus Christi），節慶的特點是把蛋殼放在噴泉上方，讓蛋自行「跳

12 目前的外觀雖然是法國建築師查爾斯·高爾特（Charles Galtés）於一四〇八年所設計，但直到一九一三年，在銀行家曼努埃爾·吉羅納·亞瓜菲爾（Manuel Girona Agrafel，一八一七至一九〇五）資助下，才真正完工。

舞」。在巴塞隆納，這個宗教節日的另一個特色是從主教堂出發的大規模城市遊行，而雞蛋代表著在人群中升起的聖餐。這種舞蛋傳統可能始於十七世紀初的主教堂附近（主教堂網站稱一六三六年），但已遍及城市和鄉村。

主教堂內的禮拜堂、迴廊、藝術瑰寶和唱詩班席位，都值得細細觀賞[13]，周圍地區更是印證天主教的力量和中心地位。主教堂正門的一側是聖露西亞（Santa Llúcia）禮拜堂，由主教阿努．德古布（Arnau de Gurb）於一二六七年起建造，用來紀念這位四世紀時傳說中的烈士：她挖出自己的雙眼，拒絕把童貞獻給異教的領主。對有眼疾的人來說，這座禮拜堂一直是朝聖之地，特別是在她的節慶日（十二月十一日），每年都會舉辦為期一個月的市集，有無數的露天攤位出售耶穌誕生馬槽的模型建築、人物、和應景裝飾，精心呈現出耶穌誕生的場景，這已成為加泰隆尼亞家庭和教區信仰的一部分。這個節慶會在新廣場舉辦，不但空間遼闊，還有引以為傲的羅馬城牆和渡槽遺跡。禮拜堂附近是主教宮（Palace of the Bishop，地址主教街5號），建於一六八一年，中庭和畫廊透露著十三世紀建築的根源。

主教堂對面是副主教之家（Casa de l'Ardiaca i del Degà），在十五世紀晚期被改建成宮殿，承襲了新廣場上的羅馬風格、甚至是原始的羅馬建築元素。一如中心地區許多其他哥德式建築一樣，它在十九世紀經歷大規模改建翻新，隨後在一九〇二年變成城市檔案館，運作至今，自豪擁有一座美妙的庭園和頻繁的展覽，也歡迎研究人員的到訪。主教堂前的大型現代廣場另一邊是皮亞阿爾莫尼納（Pia Almoina），這是一〇〇九年就成立的慈善組織，其建築歷史可追溯至一四二三年（後來加上新建的建築）。

主教堂周圍的街道，包括主教街（Carrer del Bisbe/Bishop’s Street）、虔誠街（Carrer de Pietat/Piety’s Street）、虔誠廣場（Plaça de la Pietat/Piety’s Square）、天堂街（Carrer del Paradís/Street of Paradise），還林立著自治區首長官邸（Cases dels Canonges/houses of the canons），其中大部分都是在十四世紀開始作為主教堂教士會成員（擔任主教的顧問和監督者）的民間建築。雖然這些建築物延續了巴塞隆納文藝復興時期的氛圍，但浪漫主義者和歷史學家必須注意到的是：大多數建築在二十世紀初進行了重大改造，而連接到加泰隆尼亞自治大樓（Palau de la Generalitat）的橋梁，是在一九二八年由胡安・魯比奧（Joan Rubió i Bellver，一八七〇至一九五二）所建造。

13 https://catedralbcn.org/index.php?lang=en.

猶太人的巴塞隆納：另一個聖城

主教堂和市政中心附近有一個區域，呈現出巴塞隆納中世紀和文藝復興時期的宗教對立面。在羅馬人、阿拉伯人和西哥德人統治時期，猶太人成為伊斯蘭教和基督教之間貿易的中間人。在十二世紀，他們擔任伯爵的代理人，作為執法和掌管財政的管理者，並獲得運輸摩爾人囚犯和贖金的權利。猶太人在巴塞隆納擁有財富和權力地位，但他們意識到少數民族權力地位的不穩定性，非常謹慎地在巴塞隆納的檔案卷裡註記權利和義務。他們還從事對加泰隆尼亞貿易網十分重要的借貸工作：「雖然猶太人的財源還不足以能支持巴塞隆納的經濟動力，但確實提供了流動性，使貿易運作平穩並高速運轉[14]」。他們與地中海周圍其他猶太人的聯繫，也促進了貿易的發展。

許多猶太人住在Call Major（源自希伯來語kahal，意為「社區」），過去靠近羅馬中心、主教堂和加泰隆尼亞政府的一個封閉區域。Call Major的空間能喚起對過去的回憶，當中狹窄黑暗的街道，讓人們重新關注猶太人存在的歷史，雖然有些街道名，如Sant Domènec del Call（在更早期稱為猶太會堂主街道），是紀念致力於宣教改宗或消滅猶太人的道明會（Dominican order）創始人。猶太區占全市五%的人口數、一%的空間。Call Manor是後來擴建，有人認為猶太人不需要住在那裡，但為了安全考量而選擇隔離，並以此界定他們在城市和帝國中的地位，在那裡擁有財產和建立事業被視為一種特權。

在十二世紀，圖德拉的班傑明描述了猶太人模糊的地位：

> 城裡有一些十分傑出的猶太人，猶太社區在此區域非常重要。有些猶太人擁有城牆外的土地，而且是好農民；據說巴塞隆納及其周邊地區每三、四個莊園中，就有一個是猶太人所有。然而猶太人的地位不如其他人，雖然這裡的猶太人可以擁有任何想要的土地，但伯爵實際上才是擁有猶太人的主人。他們只不過是伯爵的附庸，而不是自由人[15]。

在眾多知名的社區機構中，慈善之家（標示在Carrer de Sant Ramon和Carrer de Marlet街道上的一座紀念碑）和城牆外的公眾浴室，始建於一〇六〇年，一直倖存到十九世紀[16]。猶太人在現今聖安娜教堂附近興建花園，並管理蒙特惠克山上的一座古老墓地（起源不確

---

14 Bensch, *Barcelona*, p. 286.

15 Benjamin, *The World*, p. 59.

16 海洋聖母聖殿（Santa Maria del Mar）附近的街道名稱（Banys Vells／意指舊浴場）讓人回想起基督徒淨身的浴池。

定）。雖然猶太人會鑄造硬幣，能夠處理黃金白銀，但圖德拉的班傑明在總結回顧時還是寫到：「許多巴塞隆納猶太人擔心會被迫放棄自己熟練的技能[17]」。

隨著海梅一世擴大他的多語言帝國，猶太人的地位及其信仰，引起羅馬天主教教長，例如聖拉蒙・佩亞福（Saint Ramon Penyafort，一一七五至一二七一）、拉蒙・柳利（Ramon Llull，一二三二至一三一六）和阿諾・德維拉諾瓦（Arnau de Vilanova，一二三八至一三一一）等人的關切。一二六三年，海梅一世贊助了一場辯論，由道明會傳教士（也是改變信仰的猶太人）巴勃羅・克里斯蒂安尼（Pablo Christiani）和吉羅納城的拉比摩西・本・納赫曼（Moses ben Nahman，人稱納赫蒙尼德Nachmanides，一一九四至一二七〇）兩人，針對《塔木德》（*Talmud*，猶太教的經典宗教文獻）提出解釋。連續三天，這些教士對彌賽亞的本質和身分進行辯論。納赫蒙尼德雖然被判定為失敗的一方，最終離開加泰隆尼亞，但他在國王所保障的自由下表現傑出。見證辯論過程的國王隨後和納赫蒙尼德一同在猶太區的猶太會堂發表談話[18]。

巴塞隆納另一位重要的猶太教捍衛者是拉比施洛莫・本・阿德雷特（Rabbi Schlomo Ben Aderet），人稱拉什巴（Rashba，一二三五至一三一〇），是伊比利亞偉大的猶太思想家邁蒙尼德斯（Maimonides，一一三五至一二〇四）的學生。當巴塞隆納基本教義派的伊斯蘭政權崛起後，他的老師離開科爾多瓦，流亡摩洛哥和埃及。他的主要對手是道明會傳教士雷蒙·馬丁尼（Raymond Martini，一二一五至一二八五），為了教化異教徒皈依而學習阿拉伯語和希伯來語。

對自然或宗教的爭論，或許沒有干擾到日常貿易往來或銀行業務。然而，在一三九一年夏天，一連串的騷亂橫掃伊比利半島，猶太人和其他巴塞隆納人之間的緊張關係，在十四世紀末達到最高峰。面對被迫改宗、財產和生命的損失，許多猶太人逃離城市，猶太人社區直到十九世紀才重新返回巴塞隆納、到一九五四年才建立新的猶太會堂。在費蘭街上的聖三一教堂，是由皈依後的猶太人在猶太區土地上所建立的。

民間力量匯聚之地

雖然巴塞隆納是充滿活力的宗教中心，但能夠體現此一時期民間力量的建築，除了城牆

---

17 Benjamin, *The World*, p. 61.

18 Albert Chazan, *Barcelona and Beyond: The Disputation of 1263 and its Aftermath* (Berkeley: University of California Press, 1992).

和皇家造船廠等防禦工事外，其他建築也遍布市中，包括引領巴塞隆納和加泰隆尼亞數百年歷史的機構。這些機構的建築空間配置以及功能差異，揭露了加泰隆尼亞—亞拉岡王國和後來的西班牙國家、各種中間人、當地貴族、商業階級、以及不斷升高的民意之間的緊張關係。

位於國王廣場（Plaça del Rei）的巴塞隆納大王宮（Palau Major Reial）建築群，展示了建立在羅馬和西哥德基礎下的城市傳統和皇家遺產。如今可透過巴塞隆納城市歷史博物館參觀這些建築；有時會舉行音樂會的廣場，也透過城市中倖存建築物的建築元素來進行完善的重建。值得參觀的景點是十四世紀優雅豪華的蒂內爾接待大廳（Saló del Tinell），由建築師基林·卡博內爾（Guillem Carbonell）為佩德羅四世所建造，後來的國王還修改過，據說伊莎貝爾和斐迪南曾在此接待哥倫布。

聖亞加皇家禮拜堂（the royal chapel of Santa-Àgata）的建築基礎為早期主教宮殿和十一世紀的拱頂，由海梅二世於一三〇二年建造，延伸至羅馬城牆，還有宗教藝術大師喬莫·烏格特（Jaume Huguet）在十五世紀時增添上的主顯節祭壇畫。這座建築在一五五五年擴建了一座醒目的瞭望塔，以人道者馬丁國王為名（Mirador of King Martin）。一七一四年後，此建築被送給了貧窮修女會（Poor Clares），取代她們因建造城堡公園（Ciutadella）而被摧毀的修道院。

大王宮建築群座落的廣場上，還有後來興建於一五四九至一五五五年的總督宮（Palau del Lloctinent），展現出哥德式風格進一步的演變。這座建築物讓人回想起在西班牙歷史中，不停更換的亞拉岡國王和作為國王代表的總督。再加上佛德里克・馬雷斯藝術雕塑博物館（Museu Frederic Marès），這些歷史建築群於一五四二年逐漸成為中央當局的活動中心，包括宗教裁判所（Inquisition），和國王的司法代表皇家審問院（Reial Audiència）。伊比利半島的宗教裁判所設立於一四八七年，取代一直在主教管轄外的地方辦事處；掌管者為改宗的猶太人修士阿隆索・德埃斯皮納（Alonso de Espina，一四一二至一四九一），他是薩拉曼卡大學校長和《信仰堡壘》（*Fortilitium fidei*）的作者，並嚴厲指責猶太人[19]。

卡斯提亞和亞拉岡的最高王權機構是亞拉岡皇家最高委員會（Consell d’Aragó），成立於一四九四年，作為總督和國王的諮詢委員會，直到一七一六年頒布的《新基本法令》（*Nova Planta*，見第三章）為止，早期是以皇家顧問為基礎，但委員會日漸依賴法學家

19 這個單位不受歡迎，十七世紀不斷被驅逐出城市。它的徽章至今仍展示在佛德里克・馬雷斯藝術雕塑博物館的入口處，銘文寫著 Exurge Domine et Judica Causam Tuam（意指上前來接受你的審判）。

（letrados）。在當時，無論路途多麼遙遠，國王都需要來到巴塞隆納尋求金援，所以此限制激怒了十六和十七世紀鼓吹君主專制的相關人士。

雖然國王的代表占據了皇家建築，但附近的其他建築卻體現出地方統治的動態。聖若梅廣場上的加泰隆尼亞政府宮（Palau de la Generalitat）源自於公國議會組織，該組織藉由不定期會議（當國王來此尋求金援或是分配好處時）監督加泰隆尼亞的管理。它的名稱來自加泰隆尼亞眾議員委員會（Diputació del General/de Catalunya）。此建築象徵貴族和神職人員的權威，他們曾為國王提供諮詢建議，並於一二八九年開始進行年度大會。由於國王四處遊走，加上為了避免地方磋商談判，會議變得不那麼頻繁；因此，較小的常設委員會便接手了控制權。隨著時間發展，十四世紀皇家的城市代表，包括某些富有的商人，加入了原是貴族和神職人員組成的組織。

加泰隆尼亞公國議會和眾議員委員會一直持續運作，直到一七一六年由皇家審問院接管為止。在加泰隆尼亞聯邦（一九一四至一九一五）和西班牙第二共和國（一九三一至一九三九）期間，該建築重新獲得後又再度失去加它的主要功能——提供加泰隆尼亞政府運作。自一九七七年以來，此建築和周圍的大廳成為加泰隆尼亞自治政府的行政運作之處，雖然議會實際上是在城堡公園（Parc de la Ciutadella）的舊時軍械庫舉行。

加泰隆尼亞政府宮是歷史悠久的遺產，座落在十五世紀時從猶太區徵用的土地上。它最古老的門面位於主教街，由馬克．薩芬特建造，馬克同時也是建造內部天井、樓梯和中央的聖喬治禮拜堂。工程在整個十六世紀一直持續進行，直到一五九六年，佩雷．布萊（Pere Blai）為其設計了面向聖若梅廣場的文藝復興時期風格的外觀門面後，才算最終完成建造。雖然該建築的各部分在風格和連接上大不相同，但卻是個充滿複雜之美和令人驚喜之地，包括當中著名的橙色天井，令人回想起阿拉伯南方。

寬闊的聖若梅廣場矗立著市政廳（Casa de la Ciutat）。這個廣場大致位於古羅馬時期南北和東西大道的交匯處，給人一種典型的公共空間印象，如今，若舉行抗議和慶祝活動，都會影響整個廣場的交通流量。然而，它實際上開發於十九世紀，且夷平了早期的建築物，包括聖詹姆斯教堂（Church of Saint James）、皇家市長所（Batllia Reial）及其毗鄰的墓地。廣場經過幾十年才發展成現今的輪廓，這也開通了橫向街道（費蘭街和海梅一世街），還有讓附近建築物的門面更現代化。

儘管有著十九世紀的外觀，但市政廳的核心是始建於一三七三年的著名百人委員會大廳（Sala del Consell de Cent），它原是用來容納在一二四九年由海梅一世特許成立的城市政府。十九世紀時才重新大力修復，這個大廳體現出幾個世紀以來的城市統治，是現代城市的核心。這個市政委員會（Consell de Cent意指由一百人組成的委員會，但實際的會員人數有彈性）是源自於城市富商主導的諮詢委員會，他們選出少數顧問來治理這座城市，並與其他地方當局維持更廣泛的互動——甚至挑戰皇室的決定。市政委員會作為地方政府和限制民主的機構，很快就面臨到來自尋求認同的行會和工匠的挑戰；這些團體最終取得資格有限的重要諮詢角色，特別是在十五世紀的危機之後。

和加泰隆尼亞政府宮一樣，市政委員會大廳是巴塞隆納歷史上多重風格交織的建築，在雷戈米爾街有重要的舊城牆、哥德式中庭、以及其他的十六世紀元素，且經過十九世紀的多重改造，包括華麗的台階。甚至被改造來當成一八八八年博覽會的皇家宮殿。在二十世紀初期和中期，附近新建了一些非觀光景點的建築，以滿足重新獲得民主基礎、日益強大的市政府的需求。

這個地區另一個主要的城市菁英機構是金融貨幣交易所（Taula del Canvi），一四〇一年在海洋貿易館（Llotja）成立。這是歐洲第一家公眾銀行，持有市政資金、稅收和全市各地的融資計畫，包括投資哥倫布航行。這個地方後來被一八四四年成立的巴塞隆納儲蓄貸款銀行接管，現今在聖若梅廣場上的建築物是興建於一八九九至一九〇二年間。

當然，在中世紀和文藝復興時期，這些有所的市政建築都與繁華都市的狹窄街道、商業以及活動，緊密地交織在一起，包括猶太區和眾多教堂。然而，這一切都顯示出政權、宗教和世俗間的密切與差異，卻又相互作用，也代表著城市和公國發展的問題。教會與市政當局接近，但保持獨立，而皇家宮殿改作它用，交給了代理人，包含總督、皇家審問院和宗教裁判所，尤其是在亞拉岡—加泰隆尼亞和卡斯提亞—萊昂統一之後。擁有更多菁英利益的加泰隆尼亞公國議會和加泰隆尼亞政府宮，以及市政委員會大廳，都成為反對的民眾聚集（或表達憤怒）的場所，我們必須在這些中央建築之外尋找他們的足跡。

城市的人民：拉瓦爾區和里貝拉

港口和這些教會、皇室、貴族和商業菁英中心，把中世紀和文藝復興時期的巴塞隆納塑造成首都和商業轉口港，城市的規模和複雜程度也越來越大。例如：拉瓦爾區，即早期城牆和後期防禦工事之間的空間，在一三五九年被納入新建的城牆之中。這個地區主要是教堂、修道院、和花園（城牆外有些風評不佳的地方，包括旅行者和怪異人士的旅館）。在十九世紀的工業繁榮時期，這裡許多房屋被摧毀，改建成工廠和住房，而聖十字醫院（Antic Hospital de la Santa Creu i Casa de Convalescència）仍然是融合哥德式建築和公民美德的紀念碑。一四〇一年，該機構將市政當局和教會的醫院服務結合在一起，以早期恩科隆醫院（Hospital of En Colom）為基礎，建造一棟新的大型建築。相對簡單且宜居的建築構造，兩層樓、大型拱形長廊，環繞著賞心悅目（又受歡迎）的遮蔽中庭。幾世紀以來，這個建築群從醫院街（Carrer de l'Hospital）擴展到卡梅街（Carrer del Carme），包括產科病房、藥房、最後是療養院，主要是十七世紀風格，有鋪飾多彩花磚的小型中庭。現今，還有加泰隆尼亞圖書館（Biblioteca de Catalunya）和其他文化組織。

同時，在市中心的另一邊，里貝拉區見證了活躍的手工業和商業人口成長，他們的積極角色在後來幾世紀的奮鬥中變得更加明顯。一七一四年，巴塞隆納淪陷後，為了建造城堡公園，摧毀掉十八世紀這個反叛社區的五分之一，後來的公主街（Carrer de la Princesa）和萊耶塔那大街把密集的道路分割開來，沿著倖存至今的蜿蜒交叉街道和拱門之間漫步，就會想起富裕的企業家、日常工匠、僱傭和家庭所經營的生產和貿易之重要性。事實上，街道名稱依舊使人自豪地回憶起這些行業——銀匠（l'Argenteria）、修補匠（Calderers）、棉花商（Cotoners）、羊毛毯製造商（Flassaders）、製革商（Assoanadors）、鞋匠（Boters）等等。

這些行會將工人組織起來，並區分階層，同時彼此相互競爭，爭取皇室青睞、城市地位、和禮儀優先權。家庭把住房和工作場所混合在一起，學徒與主人及其家人住在一起。行會參與了菁英分子間的內部鬥爭，例如在十五世紀撕裂加泰隆尼亞社會的Busca新興商人工匠與Biga貴族地主之間的鬥爭，但這些行會也捍衛自己，抗議不符合大眾利益的行為，不管是透過發出正式聲明，或是走上街頭示威，都要求保障民生基本需求。這些行會也不是只接受菁英階級的統治。例如：一二八五年，工匠貝倫格・奧勒（Berenguer Oller）襲擊當地菁英並占領這座城市；根據伯納特・德斯克洛（Bernat Desclot）的當代編年史，奧勒及其領導人計畫處決貴族、神職人員和猶太人，並將城市交給法國人。國王佩德羅二世阻止了這個陰謀，把城市奪回、處決領導人。然而，行會通常靠著請願和捐獻慢慢建立起來，在市政委員會中取得會員資格並擔任主要顧問。

這些行會本部現今大多不復存在，只有十六世紀的修理匠和製鞋工人的房屋倖存，並搬遷到哥德區聖菲利浦內里廣場（Plaça Sant Felip Neri）。教會舉行的守護神宗教慶典也可能會在行會的其他遺跡中舉行，像是過去兄弟會郵局的馬爾庫斯羅馬教堂（Capella d’en Marcús，以捐贈者而非聖人之名命名）。這座小教堂位於卡德爾斯街（Carrer dels Carders，意指羊毛梳理工）和里貝拉中心的蒙卡達街（Carrer de Montcada）交匯處。

蒙卡達街的發展起於十二世紀的城市規劃，是拉蒙・貝倫蓋爾伯爵特許給蒙卡達領主吉勒姆・拉蒙（Guillem Ramon de Montcada），讓他把海濱地區（Vilanova del Mar）與北部的波里亞（Boria）手工業區連接起來。到了十四世紀，蒙卡達街成為城市菁英大道，它的重要性後來被和哥德區港口平行的安普大街（Carrer Ample）取代，直到十九世紀，又被擴展區的格拉西亞大道（Passeig de Gràcia）和蘭布拉的林蔭大道取代。幾世紀以來，在這條狹窄的街道上，大家族重新整修自家豪宅，之後成為博物館、藝廊和文化中心。這些文化機構仍保留幾世紀以來一直存在的菁英住宅的基本安排：一樓有儲藏室或僕人房間的入口庭院，以及通往樓上寬敞典雅房間的禮儀台階。在里歐侯爵宮（Palau del Marquès de Llió，蒙卡達街十二號）中，我們可以看到始於十三世紀的跨世紀整修中，這些特徵不斷地在演變。想要鑒賞這些社會階層的室內空間，可以參觀蒙卡達街十五號的貝倫格爾・達吉拉爾宮（Palau Berenguer d'Aguilar）從十二到十五世紀間的精心改造。當中的優雅畫廊與十八世紀重要的卡斯特雷特宮（Palau Castellet）相連，如今是畢卡索博物館的所在地[20]。

海洋聖母聖殿聳立在蒙卡達街的盡頭，這座哥德式教堂宏偉壯觀，可與主教座堂相媲美，或許堪稱是加泰隆尼亞哥德式建築最優雅的代表，它的中殿在歐洲教堂當中是最寬敞的，連接細長拱門的高聳廊柱下形成了一個寧靜的空間（圖2.2）。它始建於一三二九年，在一三八四年竣工，一如伊德方索・法康尼斯（Ignacio Falcones）二〇〇六年的虛構小說《海上教堂》（*Cathedral of the Sea*，英文版於二〇〇八年出版）所描述，其建築結構是里貝拉人的合力之作——富人要求顯赫的建築物，工匠們便從港口運送石頭以建造教堂。它有超過一百位的教士，曾是許多富裕商行的所在地。玫瑰窗是在十五世紀添增的，塔樓於一四九六和一九〇二年完工。在十八世紀巴塞隆納被圍困期間受損，所有的室內裝飾幾乎在內戰初期的一場大火中被摧毀，如今空曠明亮的空間幾乎沒有裝飾[21]。

圖2.2：哥德式風格的海洋聖母聖殿內部

20 www.museupicasso.bcn.cat/en.

21 www.santamariadelmarbarcelona.org/home.

幾世紀以來，海洋聖母聖殿和里貝拉一直是巴塞隆納的生活核心之地，兩側是中世紀以來的商業、交易和娛樂空間。教堂附近是波恩區（Born）的市場，活動包括騎士競技、市集、農村小販叫賣食物等。除此之外，水手和漁民的危舊房舍住宅，形成了里貝拉和城市本身的複雜面貌，這些後來都遭受到西班牙國家內戰和城市破壞後的摧殘。如今，這個地區有許多博物館、特色餐廳、商店和酒吧，再次成為蓬勃發展的文化區，此地有一個後佛朗哥時期的桑椹之墓（Fossar de les Moreres）紀念碑，紀念十八世紀戰爭中為保衛城市而殉難的烈士們。此地還有波恩中心。這些都讓我們思考促成巴塞隆納黃金時代的關鍵要素：文化。

國際城市的語言、藝術和文化

現存最古老、用加泰隆尼亞方言寫成的文獻，是來自內陸地區的司法協議，顯示出十一和十二世紀出現新羅曼語的自覺意識，融合了曾在此地的其他民族（包括哥德人和阿拉伯人）的語言特色。當然，作家還是使用拉丁語進行教會和學術研究，而早期詩人則是受到來自法國南部的奧克語所影響。然而，有鑑於語言從民族抗爭延續至今的重要性，我們必須切記，語言與政治、貿易的緊密關係，在巴塞隆納基本法和翻譯的海洋領事館法條等文件中可見一斑。

在不斷擴張的富裕帝國內，加泰隆尼亞人生成的文學作品和政治文件中，可以特別看到，加泰隆尼亞詩人不再採用奧克語，而巴利亞利群島和瓦倫西亞則出現了新方言。拉丁語還是加泰隆尼亞人溝通的語言之一，例如，聖拉蒙·佩亞福（一一七五至一二七五）編寫的教會法典，在整個基督教世界中廣為人知。然而，加泰隆尼亞語從古至今都是一種全球語言，因著許多文體變得更加豐富完善：描繪城市中市井小民的聲音、形象、以及建築，並揭露城市和帝國的政治經濟歷史。

加泰隆尼亞豐富的詩歌傳統在十二和十三世紀出現，並蓬勃發展了數百年，英語讀者也許不熟悉加泰隆尼亞早期的主要作家，如伯納特·梅傑（Bernat Metge，一三四〇至一四一三）、喬迪·德·聖喬迪（Jordi de Sant Jordi，一三九九至一四二四）和奧西亞斯·馬克（Ausiàs March，一三九七至一四五九）。然而，在十九世紀的加泰隆尼亞文藝復興運動（第四章）中，詩歌再度成為加泰隆尼亞語的主要媒介，也是反抗佛朗哥極權統治的一種文體。

另一個典範人物是拉蒙·柳利（英文以Lully為人所知），一二三二年出生於帕爾馬（馬約卡島）。在他三十多歲時，一連串的神啟異象使他重新走上一條神秘的知識之路，並向穆斯林傳播基督教。在接下來的十年裡，他鑽研阿拉伯語和冥想靈修的生活起源，在他四十多歲時，開始創作數百本概論豐富的書籍，包括小說和詩歌、神學福音傳單、神秘冥想，也穿插他在北非向穆斯林傳道（但遭到強烈拒絕）的旅途日誌。柳利被公認為加泰隆尼亞文學和思想的創始人之一：他於一八六七年受冊封真福品位（天主教會追封已過世人，尊崇其德行），一九九〇年，巴塞隆納一所新的私立大學以他的名字命名。但他在全球的聲譽忽起忽落：一些著作甚至被認為是異端邪說。然而，德國數學家和哲學家哥特佛萊德·萊布尼茲（Gottfried Leibniz，一六四六至一七一六）研究並撰寫關於柳利的論文、柳利的計算系統、以及他為連接宗教思辯元素所創建的輪狀圖，這與後來的選舉理論、數學和電腦運算的發展都有相關。

加泰隆尼亞的著作反映出帝國不同的公民聲音。十三和十四世紀有四部重要的編年史提出了罕見的文學和政治觀點，包括獨特的海梅一世皇家自傳（Llibre dels fets of Jaume I），其他偉大的編年史家包括伯納特·德斯克洛特（Bernat Desclot）、拉蒙·蒙塔納（Ramon Muntaner）、以及佩德羅四世（Pere el Cerimoniós）[22]。

柳利在一二三八年創作了神秘小說《布蘭克納》（*Blanquerna*），不過，朱亞諾·馬托雷爾（Joanot Martorell，一四一三至一四六八）創作的《白騎士蒂朗》（*Tirant lo Blanch*），書中對人性的描述以及幽默筆觸，才是對西班牙偉大作家塞萬提斯（Miguel de Cervantes）的著作《唐吉訶德》（*Don Quixote*）有真正的深入影響。《白騎士蒂朗》於一四九〇年以瓦倫西亞方言出版，現有英文譯本，使讀者得以一窺十五世紀加泰隆尼亞人的迷人風貌。

隨著巴塞隆納成為知識和商業中心，加泰隆尼亞語也讓古典時期和義大利文藝復興時期的作品，透過翻譯觸及到更廣泛的讀者。儘管在中世紀時期巴塞隆納就已存在各種研究機構，但成立大學的時間比歐洲其他城市還要晚，人道者馬丁和阿方索五世主導成立了一所大學，一四五〇年時，阿方索五世統一了所有學系，創建巴塞隆納通識大學（**Estudi General de Barcelona**），即現今巴塞隆納大學的前身。

雖然這一時期的文學、歷史和法律對英語讀者來說可能不太容易取得，不過加泰隆尼亞藝術的蓬勃發展，展現在加泰隆尼亞國家藝術博物館（**Museu Nacional d'Art de Catalunya**）的收藏中，該建築大廈高聳立於蒙特惠克山，大廳包括羅曼式壁畫家的作品，表現出深刻的宗教觀，其他後期作品保存在畫廊中，作品多源自庇里牛斯山教堂羅曼式濕壁畫，再現原始的庇里牛斯山脈。

---

22 《拉蒙．蒙塔納編年史》（*The Chronicle of Ramon Muntaner*）有古登諾女士（Lady Goodenough）翻譯的英譯本，PDF 檔保存於約克大學：www.yorku.ca/ inpar/muntaner_goodenough.pdf。

到了十四世紀，費雷爾・巴薩（Ferrer Bassa，一二八五至一三四八）和喬莫・塞拉（Jaume Serra，一四〇五年歿）成為風格獨特的藝術家。十五世紀則有加泰隆尼亞宗教藝術大師，包括喬莫・烏格特（一四一二至一四九二）、喬莫・威格斯（Jaume Vergós，一四二四至一五〇三）及其子拉斐爾・威格斯（Rafael Vergós，一四六〇年生）和保羅・威格斯（Pau Vergós，一四六三至一四九五）。路易斯・達爾莫（Luis Dalmau，一四〇〇至一四六一）把加泰隆尼亞人與義大利、法蘭德斯的藝術潮流聯繫起來。雖然其他藝術作品在全城各地、教堂和巴塞隆納城市歷史博物館中都能看到，但對於想要了解這座城市及隨後藝術復興的人來說，這裡的館藏特別值得參觀。

巴塞隆納的興衰

著名歷史學家菲利普・費南迪茲─阿梅斯托（Felipe Fernández-Armesto）在他的巴塞隆納歷史論述中，指出城市和帝國問題的分歧，這些問題改變了巴塞隆納自中世紀到現代初期的命運。他首先指出：

巴塞隆納在十三和十四世紀的驚人發展，並不是商業化的起源。自十世紀以來，巴塞隆納的命運取決於伯爵君主的青睞。在官僚主義越來越盛行的時代，行政上最先進的歐洲君主國家中，加泰隆尼亞公國議會吸引了數百人及依附者；它所提出的要求，規模不僅是加泰隆尼亞其他城市前所未見的，精細程度也是無可比擬。

然而，後來：

> 在十五世紀後期統治巴塞隆納的國王，具卡斯提亞血統傳承，對巴塞隆納幾乎沒有什麼感情。第一位是斐迪南一世（Fernando de Antequera）……因為被要求支付原本對神職人員和貴族豁免的漁獲市政稅，這讓他非常生氣，從此再也沒有到巴塞隆納謁見朝臣。阿方索四世（Alfonso IV）……寧願住在拿坡里。胡安二世……威脅要將宮廷搬遷到塔拉戈納。天主教徒斐迪南……在他統治期間只到過巴塞隆納六次[23]。

23 Felipe Fernandez-Armesto, *Barcelona: A Thousand Years of the City's History* (London: Trafalgar, 1992), pp. 103-4.

幾世紀以來，在機構、建築和文化方面的奮鬥掙扎，可以作為解讀「當今城市及公民所面臨的問題」的基礎。巴塞隆納成為全球樞紐，極力爭取市場競爭力和影響力，尤其在整個地中海地區。這種發展伴隨而來的，是國家和全球政治的複雜性——戰爭、王朝婚姻和繼承、競爭和決擇，都可能會改變整個城市的未來。同時，在這些關鍵的世紀中，我們看到了機構、空間和文化的整合，持續創造和重建這座城市：建築房屋和神殿、生產和銷售商品、創造藝術和文學、制定法律、治理和保衛城市、促進家庭和群體發展。然而，經過十一到十六世紀的激烈擴張時期，巴塞隆納和加泰隆尼亞很快就面臨到對他們健康福祉的威脅。這些危機，以及人民、機構和國家的不同反應，將主導隨後的三個世紀。

第三章

從衰落到復興（一五〇〇至一八〇〇）

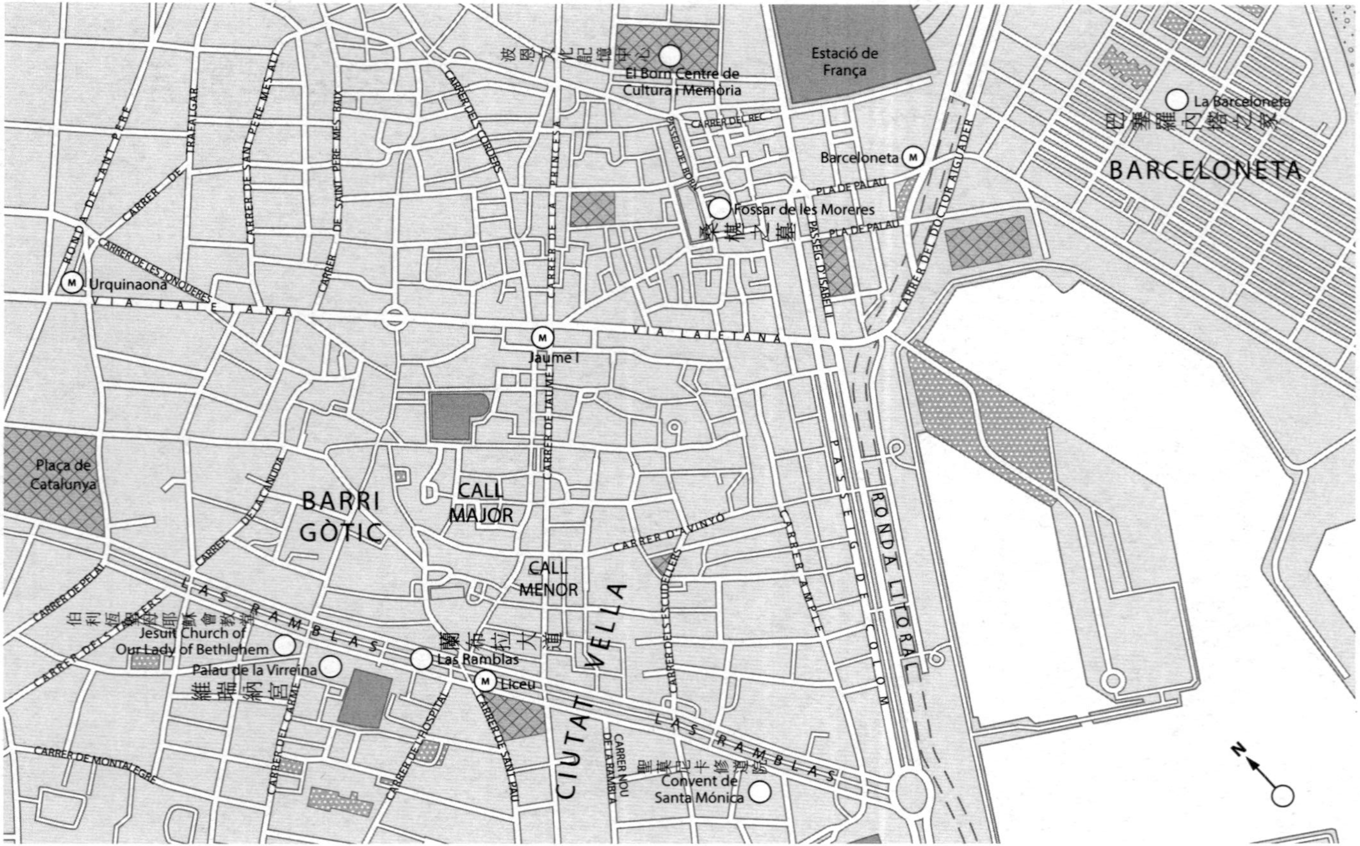
波恩文化記憶中心
El Born Centre de Cultura i Memòria
Estació de França
La Barceloneta
巴塞羅內塔之家
BARCELONETA
Barceloneta
Fossar de les Moreres
桑樹之墓
Urquinaona
Jaume I
Plaça de Catalunya
BARRI GÒTIC
CALL MAJOR
CALL MENOR
CIUTAT VELLA
伯利恆聖母耶穌會教堂
Jesuit Church of Our Lady of Bethlehem
Palau de la Virreina
維瑞納宮
蘭布拉大道
Las Ramblas
Liceu
聖莫尼卡修道院
Convent de Santa Mónica
RONDA DE SANT PERE
CARRER DE TRAFALGAR
CARRER DE SANT PERE MES ALT
CARRER DE SAINT PERE MES BAIX
CARRER DELS CORDERS
CARRER DE LA PRINCESA
CARRER DE LES JONQUERES
VIA LAIETANA
CARRER DEL REC
PASSEIG DEL BORN
PLA DE PALAU
PASSEIG D'ISABEL II
CARRER DEL DOCTOR AIGUADER
CARRER DE JAUME I
CARRER DE LA CANUDA
CARRER D'AVINYÓ
CARRER DELS ESCUDELLERS
CARRER AMPLE
PASSEIG DE COLOM
RONDA LITORAL
CARRER DE PELAI
CARRER DELS TALLERS
LAS RAMBLAS
CARRER DEL CARME
CARRER DE L'HOSPITAL
CARRER DE SANT PAU
CARRER NOU DE LA RAMBLA
CARRER DE MONTALEGRE
N

當巴塞隆納人在十九世紀透過工業化和金融發展獲得新的財富和權力時，藝術家、城市規劃專家、政治家和作家們，懷舊地回顧起哥德式和文藝復興時期的輝煌城市。新加泰隆尼亞文藝復興（第四章）的想法，凸顯出期間幾世紀所面臨的困難，從早期商業輝煌時期到受工業化刺激的浪漫復興之間，這些世紀見證了經濟實力、政治權利和文化的衰退。在伊比利亞王國聯盟之後，整個加泰隆尼亞陷入衝突和瘟疫中，最明顯的危機也許是十八世紀早期加泰隆尼亞人起義的失敗。然而，這場鬥爭已被重新定位為巴塞隆納的歷史分水嶺：歷時一年的巴塞隆納圍城戰，在一七一四年九月十一日城市淪陷後，每年的紀念活動已成為代表民族主義議程和宣傳獨立前景的試金石[1]。

現代歷史學家認為，這些世紀實際見證了連貫、成長發展、衝突和苦難。作為加泰隆尼亞—亞拉岡首都的巴塞隆納，在經歷過整個公國的艱難時期後，成為未完全統一的西班牙帝國的一部分。當卡斯提亞—萊昂開啟遠征新世界、無與倫比的輝煌時代時，這使得亞拉岡王國變虛弱了。即使西班牙和神聖羅馬帝國皇室的歐洲冒險讓所有人民付出昂貴代價，他們關

1 這段紀念歷史的詳細記載參見：Stéphane Michonneau, *Barcelona: Memòria i identitat. Monuments, commemoracions i mites* (Vic: Eumo Editorial, 2001/2)。

注的還是北方哈布斯堡王朝的利益，而非加泰隆尼亞長期以來的地中海活動。儘管如此，在全球不斷變化的背景下，巴塞隆納仍然是一個相對多產富裕的商業城市。雖然這座城市在十六世紀不算貧窮，但都沒有展現出前一時期或後來工業擴張時期的活力。

保守主義延伸到建築方面，巴塞隆納延續哥德式風格的建造，幾乎不接受新的巴洛克風格。事實上，巴塞隆納在此一時期並沒有增加重大的城市建設，而是經常裝修美化，正如歷史學家艾伯特・賈西亞・埃斯普切（Albert García Espuche）所觀察的：「由細長柱子分隔、舊式較小的中世紀窗戶，不再受人喜愛，全新和宏偉的直線型窗口象徵著現代化。從十六世紀末開始，他們開始擴充舊窗口，也建造更大型的窗戶，因此，一七〇〇年的巴塞隆納充斥著寬廣的窗戶，甚至是陽台落地窗」[2]。十六和十七世紀的許多重要建築，通常只有擴建而非新規劃（或為現代遊客規劃的「新穎」景點）[3]，包括位於拉瓦爾區聖十字醫院、哥德區的總督宮，它們只有新增城牆、港口和發展其他基礎設施。

位於蘭布拉大道的伯利恆聖母耶穌會教堂（Església de la Mare de Déu de Betlem），是城市在一七一四年以前少數幾個創新巴洛克風格的例子之一，它創建於一五五三年，在巴塞隆納肩負耶穌會教育的使命，一六七一年時被燒毀，隨後於一六八〇至一七二九年期間重建。四十年後，在一七六七年，耶穌會士被驅逐出西班牙，他們的財產被沒收；伯利恆成為一個教區教堂。在波旁王朝一系列的城市化改革下[4]，巴塞隆納第二道內部城牆被破壞，當代林蔭大道開始形成，可以說這座教堂實際上塑造了蘭布拉大道。

儘管經濟發展遲滯且政治動盪不安，卻是巴塞隆納城市人民成長和變革的時代，在一七一四年的陰影下，這個生存過程不容忽視。例如，歷史學家詹姆斯・阿梅朗（James Amelang）記錄下這幾世紀以來，菁英文化的改變和新公民貴族的出現。艾伯特・加西亞・埃斯普切把一五五〇至一六五〇年這段時期稱為「決定性的世紀」，認為巴塞隆納在加泰隆尼亞較小的城市網路中，占據了新的中心地位，這成為隨後區域經濟發展的關鍵。西班牙研究人員伊萬・阿曼托洛斯・馬丁奈茲（Iván Armenteros Martínez）證明了加泰隆尼亞人——包括散居在瓦倫西亞、里斯本和塞維亞的加泰隆尼亞人，是如何與新世界建立聯繫的。最後，現代歷史學家路易士・科特蓋拉（Luis Corteguera）也強調，人民和當局持續的分裂造

---

2 Albert García Espuche, *Barcelona 1700* (Barcelona: Empùries, 210), pp. 61-2.

3 儘管如此，這一時期的建築還包括令人印象深刻的防禦工事，如保存至今的米格迪亞堡壘（Baluard del Migdia）遺跡，是在港口附近舊海關大樓後面挖掘出來的。事實上，這些遺跡在十九世紀城牆拆除後，被後期建築掩埋了好幾個世紀，直到二〇〇七年才被重新發現。如今成為一個模糊但有趣的窗口，幫助我們了解過去的歷史。

4 十六世紀期間，蘭布拉大道以前的另一座創新建築是首長劇院（Teatre Principal），後來經過多次重建。

成了激烈的城市權力競爭，以及一六四〇年六月被稱為「血腥身體」（Corpus de Sang）的叛亂[5]。

十六至十八世紀的考古遺跡、男女形象的豐富描述，以及他們所面臨的問題，現在都被保存在波恩文化記憶中心（El Born Centre de Cultura i Memòria），這裡是與里貝拉和城堡公園相連的波恩區振興中心（圖3.1）。

經過多年的爭議，該中心於二〇一四年開放，展示十八世紀前當地蓬勃發展的住宅和商行的考古遺跡。當時勝利的波旁王朝統治者下令居民摧毀自己的社區、清理土

圖3.1：波恩文化記憶中心的內部，展示里貝拉區的考古遺跡

地，以此建造令人厭惡的城堡要塞。

然而，這座位於波恩區的雄偉建築，本身也成為城市演進發展的一部分，讓人回想起波恩文化記憶中心曾作為城市市場的過往歷史。歸還給市政府的城堡要塞地區，在十九世紀中期被夷為平地，大部分新的非軍事區域成為一八八八年國際博覽會的場地。此外，這座巨大鐵鑄結構的市場（由建築師安東尼．羅維拉．特里亞斯Antoni Rovira i Trias設計；約瑟普．豐塞雷．梅斯特Josep Fontserè i Mestre建造），於一八七八年開始營運，成為城市綜合市場體系的主力[6]。

一九二一年，這座龐大的建築遠遠超過社區所需，成為供應全市蔬菜水果的中央市場，類似於法國的巴黎大堂（Les Halles）。它的作用一直持續到一九七一年，當局把這個市場遷移至市郊的自由貿易區，即佛朗哥時代另一個城市現代化的區域。因此，在一九七〇到一九

5 James Amelang, *Honored Citizens of Barcelona* (Princeton University Press, 1986); *Flight of Icarus* (Stanford University Press, 1998); Luis Corteguera, *For the Common Good: Popular Politics in Barcelona, 1580-1640* (Ithaca: Cornell, 2002); Iván Armenteros Martínez, *Cataluña en la era de las navegaciones: La participación catalana en la primera economía atlántica* (c. 1470-1540) (Barcelona: Millenio, 2012).

6 Montserrat Miller, *Feeding Barcelona, 1714-1975: Public Market Halls, Social Networks, and Consumer Culture* (Baton Rouge: Louisiana State University Press, 2015).

八〇年代，這棟美麗的鐵鑄穹形館成為有待尋找新功能的歷史建築，為社區協會所有，最後成為新的地方圖書館。然而，當考古挖掘工作開始時，大量出土的十八世紀房屋和街道遺跡，再次改變此建築的定位。同時，對這段過去的解釋，也陷入加泰隆尼亞民族主義復興的爭議之中。經過激烈的討論，該中心成為一個更平和的記憶場所，包括大規模的考古遺跡、歷史展品、電影和參觀導覽。

該中心擁有巴塞隆納一七〇〇年的鮮明記憶[7]。與加泰隆尼亞內陸相關的農業出口，依然超越手工業和製造業出口，不過後者的發展卻改變了日後的巴塞隆納。中世紀的民間機構在城市治理下不斷演變，年長有土地的貴族被法學家、商人和其他新興菁英給取代；特別是在拉瓦爾區，在城牆內發展出新的住宅和花園，大片空地成為修道院。舊機構繼續發展，像是里貝拉附近富裕的海洋聖母聖殿教堂地區；而不斷發展的港口（和鄰近港口）使巴塞隆納得以與世界接軌。

在這座文化中心當中，市井小民的生活與十七、十八世紀時戰爭對加泰隆尼亞造成的影響，形成鮮明對比。最令人印象深刻的可能是，這個地方占了全城將近二〇%的住宅，是財富的中心，卻在一七一四年之後被摧毀，僅留下一文不值的斷垣殘壁。事實上，許多居民都沒有受到妥善的重新安置，這種情形長達一個世代以上，直到一七五三年，巴塞羅內塔建設了新社區，這項巴洛克建設計畫展現出法國（波旁王朝）的思維，以及新王室治理西班牙統一王國的影響力。

的確，雖然波旁王朝嚴厲懲罰了巴塞隆納和加泰隆尼亞，但帶來許多寶貴的改革，包括使加泰隆尼亞商人和新興工業家加入新大陸經濟中，以及蘭布拉大道的現代化、關閉城市公墓等基礎設施改革。這一切都促進了巴塞隆納在接下來幾世紀的工業復興和城市重生。和城市發展一樣，這座文化中心展現了在城市核心所強調的建築環境、城市社會文化的多種涵義，以及對於未來之路的不確定感。

為了解開這幾個世紀的變化，本章首先概述十六世紀巴塞隆納的重新定位，這座城市在漫長的伊比利亞王國中經歷的多次政權更迭，還有數十年來老百姓因不滿而激起的叛變。本章節提供的是歷史背景，不是重新探索這座城市，特別適合在波恩區、巴塞羅內塔或蘭布拉大道上品嚐咖啡時閱讀，不是需要漫步深思的章節。相反的，本章探討一七一四年前後的關鍵事件，這些事件仍然在城市樣貌和公民意識中留下深刻的印記。最後，相對於文化壓迫和

7 Albert García Espuche, *Barcelona 1700*, Manuel Guàrdia Bassols, *Ciutat del Born* (Barcelona: Ajuntament, 2010) and *Espai i societat a la Barcelona pre-industrial* (Barcelona: Edicions de La Magrana Institut Municipal d'Història, 1986).

軍國主義的集權統治，我們強調城市的啟蒙現代化，以及造成重要轉型的變革，並預示了工業城市的重生。

「附庸城市」的政治和社會全貌

歷史學家菲利普．費南迪茲—阿梅斯托得出結論認為，在卡斯提亞和亞拉岡的結合下，巴塞隆納成了一個「幻想之城」，擁有首都的記憶和虛榮，但這並不現實，他還指出，相關文獻把這個大都市稱為「附庸城市」（widowed city）[8]。這種不斷變化的政治地位，並沒有讓巴塞隆納陷入窮困，但是它曾為地中海大都市的頂峰已經衰落。事實上，工匠和商人嚴格控制了市場機制，除非全歐洲普遍陷入危機，否則只允許適度成長。加泰隆尼亞商人與法國和熱那亞商人競爭，但沒有前幾年那麼成功，因為後者成功掌控了卡斯提亞的羊毛貿易。同時，城市菁英們都會努力保護自己免受外面世界的影響。正如阿梅朗所指出的，「僵化、持久不變、缺乏靈活度，這些經濟秩序的主要特徵與創新是公開敵對的，且在本質上受到保守精神的支配。在這種情況下，最強大的變革壓力來自外部，而非來自內部」[9]。

天主教國王在巴塞隆納的蒂內爾接待大廳接見哥倫布，並同意贊助他的航行計畫後，卡斯提亞迅速崛起成為全球大國，加泰隆尼亞的蕭條停滯似乎就更加明顯了。哥倫布最初承諾開拓的新天地很快地得到實現，西班牙於一五一九至一五二一年間征服墨西哥阿茲特克，一五三〇年間征服印加帝國，為卡斯提亞的國庫增加了領土、人民、和金銀進貢。期間，伊莎貝爾（一四五一至一五〇四）和斐迪南（一四五二至一五一六）在沒有男性繼承人的情況下相繼去世[10]，王位由女兒胡安娜（Juana，人稱la Loca「瘋婦」，一四七九至一五五五）及丈夫勃艮第美男子菲利普（Philip the Fair of Burgundy，卡斯提亞菲利普一世Philip I of Castile，一四八七至一五〇六）繼承，再傳給其子查理五世（Charles，一五〇〇至一五五八，即西班牙國王卡洛斯一世），他統一整個西班牙帝國的領土，掌控低地國的瓦盧瓦王朝（House of Valois），以及神聖羅馬帝國的王冠，擁有一個橫跨各大洲的富裕帝國。他實際登基是在一五一九年，當時盛大光榮地進入巴塞隆納，並召集加泰隆尼亞公國議會，不過關注力卻被他的多重身分給分散了。

帝國的力量同時也樹立了敵人；為了維護領土，與法國、英格蘭和奧地利等維持亦敵亦

---

8 Fernandez-Armesto, *Barcelona*, p. 105.

9 Amelang, *Honored Citizens*, p. 42.

10 在伊莎貝爾去世後，斐迪南和新配偶仍努力誕下繼承子嗣。

友的變動關係，對整個歐洲不斷發動勞民傷財的戰爭，西班牙的輝煌時代因此而傷痕累累。儘管有來自新大陸的寶藏，政府仍常常陷入財政困難。因此亞拉岡和加泰隆尼亞自行轉向當地菁英控制稅收和契約。在奧利瓦雷斯公爵（Gaspar de Guzmán y Pimentel Ribera y Velasco de Tovar, Conde-Duque de Olivares，一五八七至一六四五）的領導下，對法國持續不斷發動戰爭，君主對財政的要求變得尤為緊迫[11]。

在此期間，不重視巴塞隆納的多元化帝國政府所帶來的疏離感和不平衡，促使當地不斷對抗權威。巴塞隆納的不同族群求助於由資產階級組成的市政委員會、地位古老的眾議員委員會、或向遠方的國王本人，來表達他們的訴求。正如路易士・科特蓋拉指出的，不論男女、工匠和勞動者，他們在政治中發聲，經常為了具體的日常問題而抗議，如小麥的價格和供應情況、外國競爭對手、或對加泰隆尼亞貿易的明顯限制。對金錢或兵役的需求，形成另一種持續的刺激，對城市菁英和工匠們都是挑戰[12]。

在不斷發生不同規模和衝擊的叛亂當中，一六四〇年的「血腥身體」特別與眾不同。此事件始於農村叛亂，起因是反對西班牙軍隊的這個舉動：為了與法國作戰，西班牙軍隊駐紮數千軍團於加泰隆尼亞。這導致巴塞隆納四周村民和軍隊（以及皇家特工）之間產生了致命的小衝突。一些皇家軍隊逃往城市，但遭到懷有敵意的武裝農民追趕；整個衝突因權力混亂而加劇，其中包括在遠方不知民間疾苦的國王、有爭議的地方代表、以及分裂的加泰隆尼亞貴族和市政委員會的成員。

六月七日，為了對抗皇家審問院的成員，在安普大街爆發了群眾暴力。在接下來的幾週內，五名法官被殺，他們的房屋被摧毀。一些領導者躲到港口船隻或當地修道院尋求保護，當時的總督聖科洛馬伯爵（Viceroy Dalmau III de Queralt，Count of Santa Coloma，一六四〇歿），沿著岩石海岸欲逃離皇家造船廠，被暴動者逮捕，並在那裡遭到殺害。包括水手和婦女在內的巴塞隆納人，連續數週追捕當局權貴，有時在殺死國王的親信時，還大聲宣誓效忠國王。儘管暴動的組織亂無章法，但叛亂分子還是擊敗了試圖鎮壓城市的西班牙軍隊。到了年底，叛亂分子首領向法國輸誠，交出城市和公國。直到十二年後，在殘酷的圍城後，巴塞隆納才再次回歸西班牙[13]。

---

11 J. H. Elliott, *The Revolt of the Catalan: A Study in the Decline of Spain, 1598-1640* (Cambridge University Press, 1963)在這方面研究卓越。其他有關治國、帝國和文化的著作亦然，如*Imperial Spain, 1469-1716* (London: Edward Arnold, 1963)。

12 Corteguera, *For the Common Good.*

13 Luis Corteguera, *For the Common Good*對此事件有精采的描述。

城市的暴力行為是對於各種關注議題所激發出的反應，這些議題有：在加泰隆尼亞的皇家駐軍、傳統的正義觀念、統治者和法官的職責，以及捍衛祖國的必要性，這些都促使群眾參與抗議的行動。換句話說，謀殺巴塞隆納及近郊地區著名王室官員的行動，背後兼具政治、經濟和社會文化的動機。反叛分子聲稱要保衛這片土地、決心懲罰總督及法官這些叛徒，企圖迫使國王改變他的政策。這些事件至今仍留存於加泰隆尼亞的民族頌歌《收割者》（*Els Segadors*/The Reapers）：

凱旋的加泰隆尼亞
將回復往日的富庶和美麗！
我們要把那些自負
而又卑鄙的人趕出去！
〔副歌〕手起鐮刀落！
手起鐮刀落！保衛這片土地的人啊！
手起鐮刀落！

原始歌曲讓人想起十七世紀的口述傳統，它的現代歌詞是由埃米里·瓜亞文斯（Emili Guanyavents，一八六〇至一九四一）創作，在一八九九年由加泰隆尼亞主義聯盟（Unió Catalanista）政黨召集的歌曲競賽中獲勝。然而，過去的歷史隨著後來情勢的演變，又再度發生變化。

一七一四年：第二次叛亂的結果

雖然巴塞隆納在一六五二年後再度加入西班牙帝國，但分裂巴塞隆納和加泰隆尼亞的問題幾乎沒有得到解決。不久，加泰隆尼亞以外的事件導致另一場戰爭和叛亂，由於沒有子嗣的查理二世（Charles II，一六六一至一七〇〇）死亡，讓狀況加速惡化。西班牙王位的繼承人選，一位是法國波旁王朝的安茹公爵菲利普（Bourbon Philip of Anjou，一六八三至一七四六）；另一個是哈布斯堡王朝的奧地利大公爵查理（Habsburg Archduke Charles of Austria，一六八五至一七四〇）。

兩位人選都是經由母系與西班牙哈布斯堡王朝產生關聯，由於兩人也都是「在地王朝」的潛在王位繼承人，因此引發了西班牙與其他歐洲大國的恐懼。菲利普擊敗其他候選人於一七〇〇年登基，成為卡斯提亞—萊昂的菲利普五世（Philip V）和亞拉岡—加泰隆尼亞的菲利普四世（Philip IV）。歐洲捲入的這場全球戰爭，史稱「西班牙王位繼承戰爭」[14]。

在決定選擇哪位繼承人對巴塞隆納更有利時，當地和全球的問題都很重要。加泰隆尼亞與法國的經歷在十七世紀變得複雜，當時法國人先是保護加泰隆尼亞，後來又背棄它，在一六五九年的庇里牛斯條約中，西班牙把歷史悠久的加泰隆尼亞領土魯西永和塞達尼亞（Cerdanya）割讓給法國[15]。當然，加泰隆尼亞很難接受哈布斯堡王朝，因為其無視加泰隆尼亞—亞拉岡的契約協定主義（pactisme）——也就是加泰隆尼亞在帝國當中是一個獨立運作的政體。事實上，自一五九九年以來，由於中央集權日益明顯，沒有任何國王召開過加泰隆尼亞公國議會。

菲利普在一七〇一至一七〇二年召開新的加泰隆尼亞公國議會，實際解決了一些加泰隆尼亞的問題，包括在巴塞隆納建立一個自由港，允許兩艘船每年航行到美洲，以及保護重要的貿易商品，如葡萄酒、烈酒和紡織品。然而，其他的問題，像是軍隊駐紮和干預官員甄選，仍然沒有解決。商業資產階級持續擔心波旁王朝的中央集權和專制主義，一些教會也宣揚反對法國人。當整個歐洲爆發戰爭時，巴塞隆納偏向那些支持查理、並希望與奧地利和英國結盟的人。因此，一七〇五至一七〇六年的加泰隆尼亞公國議會拒絕支持菲利普。

相反的，查理利用這個地區作為行動基地，特別是在一七〇八年失去對馬德里的控制後。查理於一七一一年成為神聖羅馬帝國皇帝，他把注意力轉移到了東方。他留下一七〇八年在海洋聖母聖殿結婚的妻子布倫瑞克—沃芬比特爾親王國的伊麗莎白·克莉斯汀（Elisabeth Christine of Brunswick-Wolfenbüttel，一六九一至一七五〇），前往擔任加泰隆尼亞總督一職，直到一七一三年。

當歐洲各國之間正在談判多項條約之際，英國的輝格黨於一七一〇年失勢，來自英方的支持逐漸消失。巴塞隆納漸漸被全球和平給孤立，甚至更甚於全球戰爭時期，在一七一三年七月到一七一四年九月間，巴塞隆納被當成「共和國的實質首都」遭到圍攻。巴塞隆納公民進行著一場沒有國王的繼承戰爭，在孤立無援的情況下，西班牙波旁政權正好伺機攻擊。

敵軍在一七一三年末包圍巴塞隆納，但一直無法攻克，直到效忠路易十四的英國流亡者——貝里克公爵詹姆斯·菲茨詹姆斯（James Fitz-James，一六七〇至一七三四）於一七一四年七月率領兩萬援軍抵達，才成功進攻。在這幾個月，局勢變得更加緊張，儘管歷史學家一

---

14 北美歷史稱為安妮女王戰爭（Queen Anne's War）。

15 Peter Sahlins, *Boundaries: The Making of Spain and France in the Pyrenees* (Berkeley: University of California Press, 1989).

直在爭論：當時的巴塞隆納人是試圖在聯邦制度中捍衛其歷史權利，還是為了獲得獨立。貴族和富人紛紛逃離這座城市，而宗教領袖則煽動狂熱的氣氛。最後，波旁軍隊於九月十一日清晨攻破了巴塞隆納歷史悠久的城牆。最後一位總督拉斐爾・卡薩諾瓦（Rafael Casanova i Comes，一六六〇至一七四三），以及加泰隆尼亞軍隊領導人安東尼・維拉魯埃爾・佩萊茲（Antoni de Villaroel Pelaez，一六五六至一七二六），都在這場戰役中受傷。第二天進行了和平談判，卡薩諾瓦和維拉魯埃爾都倖免於難，但後者在監獄中遭受巨大痛苦後死亡；而卡薩諾瓦在經過多年的懲罰後重回法律界。兩人都成為加泰隆尼亞愛國主義和自治的象徵[16]。

城市淪陷的下場是殘酷的：主要領導人被處決，另有數千人遭監禁或流放，有些人則是逃亡，包括奧地利宮廷和其周圍定居的人，他們甚至在匈牙利建造了新巴塞隆納。如今，戰死沙場的人士在桑樵之墓受人追悼（圖3.2）。佛朗哥去世後，位於海洋聖母聖殿旁的空間，於一九八八年被重新修復為城市紀念碑。

除了個人和家庭的苦難之外，巴塞隆納和加泰隆

圖3.2：二〇一〇年，桑樵之墓廣場上的加泰隆尼亞民族日，紀念一七一四年巴塞隆納的陷落。

尼亞主要的歷史機構被解散，像是市政委員會、加泰隆尼亞政府、加泰隆尼亞公國議會、眾議員委員會，貴族頭銜和特權被取消，被採用卡斯提亞語的新政府接管一切。除了戰爭的破壞和里貝拉成千上萬的房屋被摧毀，經濟負擔也很沉重，包括部隊的稅收和開支。地籍記錄（**Catastro**）是政府對土地和財富的全面普查和登記紀錄，從資料中找出之前透過議會與國王談判財政捐助的人口，對他們徵收新稅。這些稅收被當成是為了附庸所做的支付，而不是基於加泰隆尼亞公國議會共同決定的結果[17]。而卡斯提亞語則是官方註冊採用的語言。

地籍記錄是菲利普於一七一四至一七一六年間頒布的加泰隆尼亞公國皇家審問院《新基本法令》的一部分，該法令在加泰隆尼亞及其他城市樹立起法國波旁王朝所熟悉的由上而下的治理方式；類似的法令中止了瓦倫西亞、亞拉岡和巴利亞利群島的傳統權利。在公共領域

16 在擴展區有以兩人命名的街道。現今，在九月十一日的民族日慶祝中，有一個重要的獻花活動，正是為了紀念卡薩諾瓦（Casanovas），他的雕像現位於聖佩雷圓環路（Ronda de Sant Pere）、阿里貝街（Carrer d'Alí Bei）和吉羅納路（Carrer de Girona）的交匯處。由於這座雕像讓人聯想起加泰隆尼亞主義，故在內戰後被移除，因被市政僱員藏起來而得以倖存。一九七六年被重新發現後，於一九七七年回歸原來位置。

17 Joaquim Albareda, *Catalunya en un conflicte europeu. Felip V i la pèrdua de les llibertats catalanes (1700-1714)* (Barcelona: Edicions 62, Generalitat de Catalunya, 2001) and "*El cas dels catalans*". *La conducta dels aliats arran de la guerra de Successió (1705-1742)* (Barcelona: Fundació Noguera, 2005).

中，加泰隆尼亞語的使用漸漸地被抑制、出版物也被控制，這些改變反而使文化和公民意識更為集中加強。

該法令還關閉了巴塞隆納的大學，由內陸新的塞爾韋拉大學所取代，由皇室選擇任職的教授；這一切措施都激發起人民的抵抗。從塞爾韋拉大學教授的異議寫作和教學，到其他的農村或城市動盪，研究現代早期西班牙的傑出歷史學家約翰·艾略特（J. H. Elliott），他把這次的征服與一六四〇／一六五二加泰隆尼亞重新回歸西班牙的結果，進行鮮明的對比。一七一四年，「沒有任何喘息的機會，亞拉岡王室長期保存的特權被有計畫地剝奪了，加泰隆尼亞成為波旁王朝的一個地區」[18]。

正如我們指出的，一七一四年巴塞隆納的淪陷，雖然與歐洲的戰火有關，但隨著時間發展，越發強化了當地的象徵性關聯：九月十一日（Diada）這天已成為國家記憶和慶祝的日子；二〇一七年的加泰隆尼亞民族日，就有一百萬人上街頭慶祝。一六四〇年的叛亂事件雖然是由長期問題所造成，但西班牙的國家身分和國際地位的改變，為加泰隆尼亞帶來更加複雜的後果。此外，一七一四年後，對巴塞隆納和加泰隆尼亞的懲罰，試圖將加泰隆尼亞納入更加同質化的國家，這是一個重要的轉捩點。我們必須理解到，在歷史記憶、敘述和紀念館中，一七一四年的重要性未曾抹滅，如本章提及的波恩文化記憶中心。對十九世紀的加泰隆尼亞文藝復興來說，「為爭取自由而奮鬥、反抗者的英雄主義、政治鎮壓，這些都引起許多作家的關注」[19]。這些也讓人想起佛朗哥對加泰隆尼亞的懲罰、以及該政權在內戰後對語言和文化的壓制。正如中世紀成為巴塞隆納記憶中的黃金時代一樣，一七一四年則成為加泰隆尼亞的磨難。

一七一四年之後：重生的經濟樞紐

巴塞隆納在此時期受到的鎮壓，以及因中央集權和軍事化帶來的陰影，成為十八世紀發展的框架，特別是對於新的秩序、經濟和創新。再次強調，這一切都是建立在早期的基礎上，包括港口、區域聯繫、城市生產力、更廣泛的知識交流。巴塞隆納再度復甦成為加泰隆尼亞區域的經濟樞紐，同時把葡萄酒和加工品等農產品出口到西班牙市場，包括新大陸殖民地在內。人口方面成長了三倍，圍城之後約三萬四千人左右，這是因人為因素造成的低點，

---

18 Elliott, *Revolt*, p. 548.

19 Albareda, "*El cas dels Catalans*," p. 119.

到一七八七年增加到十一萬一千人以上。這些發展成為後來在十九世紀改變巴塞隆納城市的工業發展的基礎，一如歷史學家皮埃爾．維拉（Pierre Vilar）在他經典的專著《現代西班牙的加泰隆尼亞》（*La Catalogne dans l'Espagne moderne*，一九六二）中所闡明的過程。

十八世紀為加泰隆尼亞農村帶來了重大變化。新的農業技術，如農作物輪作和專業化，使盈餘和資本得以積累，這是成為加泰隆尼亞資產階級的基本要素。例如，加泰隆尼亞的沿海地區專門生產堅果、葡萄酒和烈酒，由於特別以國際市場為定位，所以刺激了商業資產階級的發展。經濟活力擴展到整個加泰隆尼亞領土，包括農村地區和提供市場的中小城市。即便是在戰爭結束後、巴塞隆納仍受到特別限制時，其他地區的實力一樣促進了經濟成長。

初期工業活動的出現，與提供皇家軍隊制服和武器等有關，由此產生了第一個工業資產階級和早熟的城市無產階級。戰爭結束後，商業機會成倍增加，在半島其他地區設立了代表，不僅分銷農產品，還有紡織品，最初是羊毛和亞麻，後來是加工進口棉花。紡織品成為加泰隆尼亞和巴塞隆納工業化的關鍵領域，雷烏斯、比拉諾瓦和格爾特魯（Vilanova i la Geltrú）、阿雷尼斯（Arenys）、比拉薩爾（Vilassar）、馬塔羅（Mataró）和聖費柳—德吉克索爾斯（Sant Feliu de Guíxols）等城市都成為重要的經濟發展地。巴塞隆納也加入發展行列；一七三七年左右出現的第一批製造商品，即所謂的「印地安紡織」（印地安納或印刷棉紡織品，全球化的稱號成為製造商名字）。到一七八五年，有一百二十五家工廠設在新港（**Portal Nou**）和巴塞斯德聖彼雷地區（**Basses de Sant Pere**），在此利用蒙卡達的水源。其他一些工廠則擴散到拉瓦爾區的空地。

第一批的工廠和住宅建築需要容納蜂擁而至的勞動人口，由此產生的影響改變了城市的面貌。這種新的生產打亂了巴塞隆納以手工藝為特色的多功能空間，即工作場所結合勞動力、主人和學徒共用同一棟建築。最好的情況是，業主就住在城市中新形態的工廠住宅（**casa-fábrica**）；伊拉斯謨・戈尼瑪（**Erasme de Gònima**，一七四六至一八二一）是一位專門生產棉織物的城市大亨，他在一七八七年建造了工廠住宅綜合體，該建築遺跡現保存於里埃拉奧塔街（**Carrer Riera Alta**）和拉瓦爾區的卡梅街附近[20]。

戈尼瑪五歲時從加泰隆尼亞中部的莫亞（**Moià**）來到巴塞隆納，成為馬加洛拉紡織廠的學徒，最後成立了自己的紡織廠，僱用一千多名員工，並在附近提供工人住房。他的孫子伊拉斯謨・賈內・戈尼瑪（**Erasme de Janer i de Gónima**，一七九一至一八六二）於一八四六

20 拉瓦爾區其他的工廠住宅綜合體有：里厄瑞塔街（Carrer de la Riereta）的Can Seixanta（the Tarruella factory，一八三二至一八三三）；廠房街（Carrer dels Tallers）的Magarola（一七七九）；威爾弗雷德街（Carrer de Guifré）的Marimon-Costa工廠（一八五七）。

年擔任巴塞隆納市長。

當國王查理三世（Charles III，一七一六至一七八八）允許加泰隆尼亞港口與西班牙殖民地之間直接貿易時，農業和工業產品的商業化促使經濟得到進一步的擴展。這個殖民地市場補足既有的區域和半島內部市場，以及倫敦、阿姆斯特丹、地中海小麥和棉花產地的國際市場。

最初，加泰隆尼亞的產品只能透過加的斯市的商業壟斷進入殖民地。一七五六到一七七八年，當自由貿易法令結束了加的斯的壟斷後，加泰隆尼亞商人便成為美洲貿易的一部分。自此之後，直接貿易往來刺激了葡萄酒、烈酒、堅果和印刷棉紡織品產量的增加。因此產生越來越多的商業和製造業資產階級，他們成為城市中最活躍的社會群體，也成為加泰隆尼亞的經濟重心。這造成的結果就是：除了工廠林立之外，城市風貌也不斷地在改變。

一七一四年之後：現代城市再現

雖然波旁王朝建立起一道封鎖線，禁止城牆周圍地區成長，壓抑了城市發展，但地方政府的改革大幅改變了蘭布拉大道中心及其周邊地區，以及所謂的巴塞羅內塔濱海區，為巴塞隆納帶來新的「歐洲式」現代化，呼應城市重生成為經濟樞紐。

巴塞羅內塔具有方便又迷人的優勢，讓遊客得以想像過去城市的休閒娛樂。在過去，經常會開發一些建築來安置因建蓋城堡要塞而無家可歸的人，但從一七一五到一七五四年，任何諸如此類的安置補償其實都停滯不前。當時，在卡斯提亞的加泰隆尼亞總督米納侯爵（Marqués de la Mina，海梅．古茲曼—斯皮諾拉 Jaime de Guzmán y Spinola，一六九〇至一七六七）的積極作為下，只出現過一批房屋，建造於連接港口區和馬安島（Illa de Maians，現今的保羅維拉廣場 Plaça Pau Vila）的新土地上。

巴塞羅內塔是由軍事工程師胡安．馬丁．塞曼諾（Juan Martín Cermeño，一七〇〇至一七七三）所設計，街道和房屋整齊劃一的布局呈現出優雅的巴洛克風格，展示了隨後不斷擴大的工業城市的方形計畫。這種風格的轉變，展現於一七五三至一七五五年由塞曼諾之子佩德羅（Pedro，一七二二至一七九〇）設計、興建在港口的聖米格爾教堂（Sant Miquel del Port）及廣場。然而，正如城市的其他地方一樣，現代遊客看到的巴塞羅內塔經歷持續的變化，在最近的旅遊熱潮之前，一、二層樓的房屋就已被加蓋或改建。早期住房的建築結構，其中一個保存在一七六一建造的巴塞羅內塔之家（Casa de la Barceloneta），它是一棟兩層樓建築，現在是文化中心，位於聖卡洛斯街六號（Carrer Sant Carles, 6）[21]。

巴塞羅內塔的居民、以及當中的機能，都隨著時間而產生變化。位在不斷擴建的港口和新工業化的發展之間，陸續出現了大規模的工廠，如海陸重型機械工廠（La Maquinista Terrestre i Marítima，一八五五年成立，巴塞羅內塔中的工廠設施一直倖存到一九六〇年代）。十九世紀時，工人和船員混雜居住在不斷向上加蓋的建築中。到了二十世紀，鐵路系統把此地和城市分隔開來，整個地區漸漸地聲名狼藉，汙染的海灘被茅棚屋／酒吧（chiringuitos）占據，他們專門提供更衣室和廉價的海鮮飯。

巴塞隆納在一九九二年奧運會之前重建港口，開放的海濱區成為充滿活力的公共空間，並建設了通往奧林匹克港口的海濱長廊，之前的髒汙亂象都被清除。然而，雖然海灘開拓了巴塞羅內塔的公共娛樂空間，但這些變化同時也導致旅遊業和休閒服務業嚴重的流離失所，考驗著該社區的獨特人文風格，並在二十一世紀衍生出重大的政治和社會問題[22]。

巴塞羅內塔的北部是巴塞隆納的舊公墓（Cementiri Vell），這個於十八世紀規劃的衛生和美化專案，再次借鑒北歐的現代化。這個空間的設計，正如接下來的世紀所呈現的，在空間上劃分出社會階層：城牆外是貧民窟（和新教徒區）、壁龕象徵著租借家居的中產階級、萬神殿有如上層階級的新興菁英。雖然遊客很少參觀這個遺址（儘管城市努力發揚它的藝術價值），但這個建築對巴塞隆納造成的影響十分廣泛，因為它清理了城市周圍的教區墓地，讓巴塞隆納在密集的結構中，得以建立迫切所需的廣場，包括聖若梅廣場、以及周圍的松樹聖母聖殿和其他教堂[23]。

離開巴塞羅內塔，沿著港口漫步到蒙特惠克山，就可以走到巴塞隆納全城最具標誌性的蘭布拉林蔭大道——於波旁王朝統治時期所形成。在近代早期，它一直是一個在城牆外的空間，是與市中心區隔的城牆，直到一七七五年後總督進行都市改革時才被摧毀。此時，城門周圍的空間，如博蓋利亞，被充當為城市的市場，不過當溪流沿著原路徑出海時，卻會面臨淹水問題。位於波塔費里沙街二號（Carrer Portaferrisa 2）的噴泉建於一八一八年，一九五九年的整修，讓人想起十七世紀的內部圍牆大門。

一七一四年之前，市政委員會已經開始沿著這條路線規畫，甚至進行初步種植和建設。該世紀末，米納侯爵再次接受塞曼諾的協助，開始對林蔭大道進行有系統的城市更新：拆除

21 http://ajuntament.barcelona.cat/casadelabarceloneta1761/ca.

22 22 Mercé Tatjer, *La Barceloneta del Siglo XVIII al Plan de La Ribera* (Barcelona: Saturno, 1973).

23 Gary McDonogh, *Good Families of Barcelona* (Princeton University Press, 1986) discusses this cemetery plan and its meaning in some detail——書中詳細探討了這個墓地的計畫和涵義。

內牆，擴大林蔭大道。新的土地開放建設後，宏偉的私人建築隨之開始發展。此時期的建築遺跡包括雷烏斯的馬克之家（Casa March de Reus，Rambla Santa Monica 8，海港附近，一七七五至一七八〇）、莫亞宮（Palau Moja，Portaferissa 1，一七七四至一七八四）、以及伯利恆聖母耶穌會教堂（其所在地實際上擾亂了林蔭大道的輪廓）。

同時期，另一座引人注目的建築是維瑞納宮（Palau de la Virreina），一七七二至一七七七年間由曼努埃爾·德馬特（Manuel d'Amat i de Junyent，一七〇七至一七八二）建造，他在一七六一至一七七六年曾擔任秘魯總督。他把這棟建築留給妻子瑪麗亞·弗朗西斯科·費佛里耶（Maria Francesca Fiveller de Clasquerí i de Bru，一七五六至一七九〇），她還保有古加泰隆尼亞貴族的名字，宮殿的命名表現出她的地位[24]。

當代蘭布拉大道還有許多其他的熱門古跡遺址，包括博蓋利亞市場、利塞奧大劇院（Liceu）、皇家廣場（Plaça Reial），這些在十八世紀時仍受到宗教團體的控制，他們統治著拉瓦爾區，使用蘭布拉大道進行宗教聖像巡遊。十九世紀城市房地產、菁英財富和機構發展的一個主要特徵就是：徵收這些宗教空間。

現今遊客所暢遊的蘭布拉大道，是一條廣闊的海濱長廊，從加泰隆尼亞廣場延伸到海邊。蘭布拉（加泰隆尼亞語為Rambles）是很多元的，由此延伸出去的每一路段都擁有不同的歷史和記憶。

在蘭布拉大道中，位於加泰隆尼亞廣場旁邊、舊城區與城牆交匯處的是「蘭布拉卡納雷特斯街」（Rambla de Canaletas，命名來自Font de Canaletes，即「卡納雷特斯噴泉」）。十九世紀的卡納雷特斯噴泉取代早期的原始噴泉，紀念供水給內陸蒙卡達和所有路過旅人的過往歷史（至今依然如此）。根據傳說，喝了噴泉水的人將再次回到巴塞隆納。之前提過，它現在是全城慶祝足球賽事的聚會場所。這個路段結束於聖安娜街（Carrer de Santa Anna）和卡努達街（Carrer de la Canuda）。

往港口方向前進，「蘭布拉學院街」（Rambla dels Estudis）是早期巴塞隆納通學（Estudi General）關閉前的校址，一八三七年重新回歸附近的大學廣場（Plaça de la Universitat）。蘭布拉大道的這個路段，在伯利恆聖母耶穌會教堂和莫亞宮之間變窄，因為這些既有的建築限制了有規則的發展。

蘭布拉大道下一個路段的「蘭布拉花街」（Rambla de les Flors），是以花店林立集中而

---

24 經過世代傳承後，該建築成為住宅，有著各種商店。最終由市政府接管，並開發成公共空間和博物館等現有功能，於一九四一年成為國家紀念碑。

聞名，街上的售貨亭仍是巴塞隆納最著名的花店，自十九世紀以來，一直在戲劇和歌曲中被人稱頌。安達魯西亞詩人費德里科・賈西亞・洛卡（Federico García Lorca）於一九三五年在巴塞隆納獻上他的最後一部戲劇時，曾歌頌蘭布拉大道這一路段：「任何到訪巴塞隆納的人，都無法忘懷這條街道，花朵把此地變成令人驚豔的溫室，鳥兒鳴唱聲宛如莫札特狂想曲，使人驚奇不已」[25]。附近則是熱鬧的博蓋利亞中央市場，市場內部井然有序。

蘭布拉大道的另一路段「蘭布拉嘉布遣街」（Rambla dels Caputxins），是為了紀念一座不復存在的建築，也就是被熱鬧的皇家廣場取代的嘉布遣修道院。此路段從米羅的馬賽克磁磚拼貼作品（Pla de l'Os/The Plaza of the Bone，一九七六）延伸到皇家廣場，博蓋利亞市場的大門座落於此。現在當中的主要特色是利塞奧大劇院（Gran Teatre del Liceu）。

最後，靠近港口時，先後拆除的城牆和防波堤打造出一條寬闊的濱海大道——「蘭布拉聖莫尼卡街」（Rambla de Santa Mònica），名稱來自聖莫尼卡修道院（Convent of Santa Mónica）。此修道院在一六三六年由赤足奧思定會（Discalced Augustinians）修建，除了伯利恆聖母耶穌會教堂之外，這是蘭布拉大道上唯一保存的教會建築。修道院在荒廢多年之後，於一九八七年成為城市的藝術和展覽空間。利塞奧昔日的競爭對手——首長劇院（Teatre Principal）也在這個路段上。蘭布拉大道延伸路段的最後終點，是知名的「海上蘭布拉」（Rambla del Mar），艾里歐・皮紐（Helio Piñón）和艾伯托・比拉普拉納（Albert Vilaplana）的木製幻想設計在一九九四年開放，將蘭布拉大道帶入二十一世紀的城市空間。

結語：巴塞隆納的衰落與崛起

詩人劇作家賈西亞・洛卡曾把蘭布拉大道譽為「世界上唯一一條我希望永無止境的街道」[26]，這是幾世紀以來居民和遊客共同的感覺。然而，一如其他地區一樣，我們必須要了解蘭布拉大道是如何發展、以及何時開始發展，才能了解巴塞隆納長久以來的韌性。早期的巴塞隆納，蘭布拉大道是城外廢棄泥濘、不發達的交易地區。十八世紀初，當城市被圍困和淪陷之後，外部任命的總司令（城市陷落後新成立的職務）提出戲劇性的改革，使得這條街道得以重新整頓。此舉本來是為了對城市進行統治和軍事控制，但巴塞隆納人把此街道變成

25　Anon., "Las palabras que García Lorca dedicó a las Ramblas," *El Universal*, August 18, 2017, n.p., www.eluniversal.com.mx/cultura/letras/las-palabras-que-garcia-lorca-dedico-la-rambla.（蘭布拉大道過去曾有鳥類和小型寵物的買賣，經歷一百五十年，直到二〇一三年通過新的加泰隆尼亞動物保護法後，才宣告終止）。

26　出處同上。

城市重要的中央動脈，在騷亂、炸彈、戰爭、旅遊、甚至當代恐怖主義中倖存下來。

從加泰隆尼亞—亞拉岡獨立王國的「終結」，到巴塞隆納被圍困和淪陷之後，對巴塞隆納人來說，這是一段艱難的時期，同時也是一個持續緩慢成長、改變、甚至現代化的時期，不僅加強了城市與全球的聯繫，也呈現出當地複雜的經濟和政治。我們能從以下現象中發現這段時期的影響：在十九世紀的分裂和鬥爭中，城市反差地成功發展，此外，地方、人民、全球化和創造力，在接下來的幾世紀中也從未間斷地持續發展著。

第四章

工業大城（一八〇〇至一九〇〇）

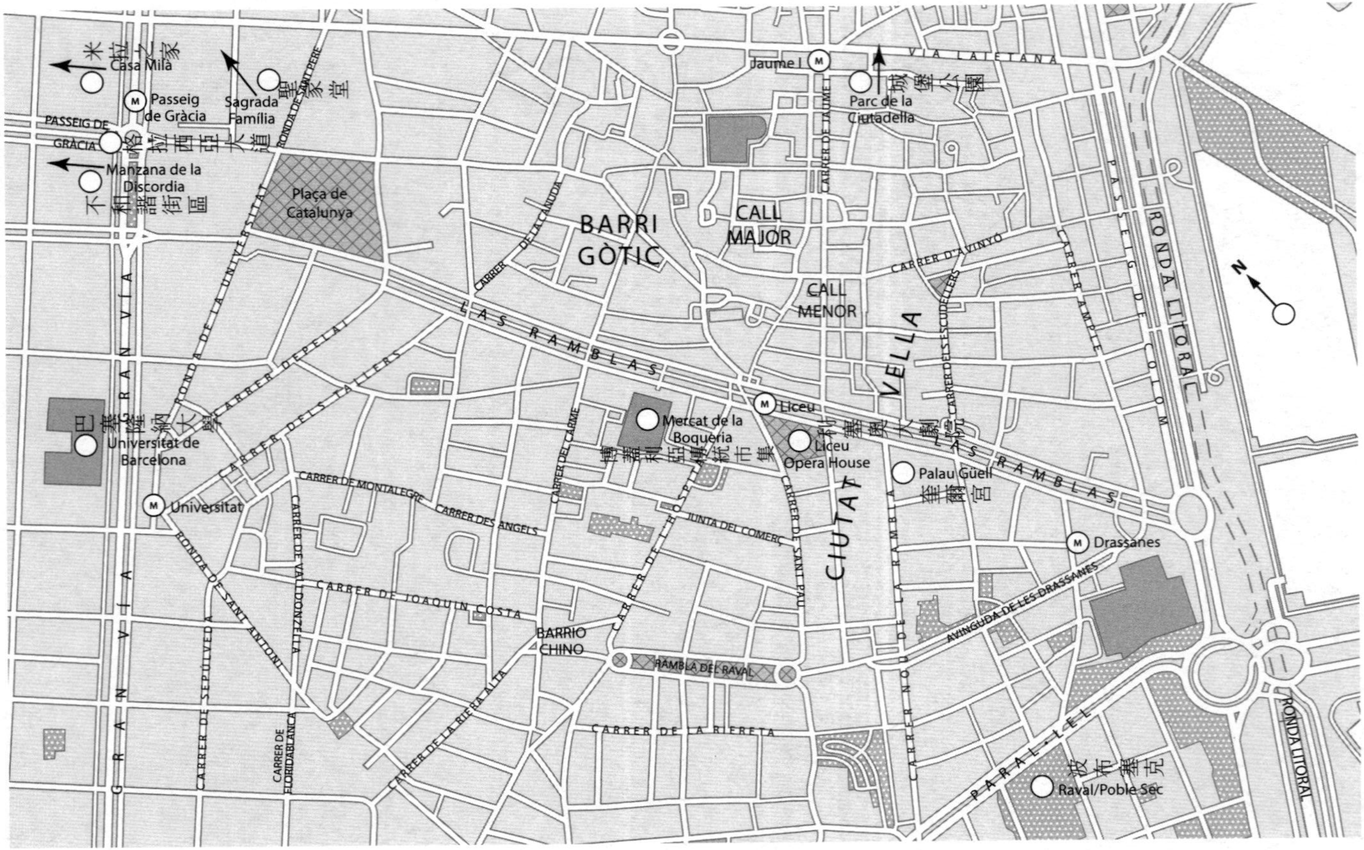
米拉之家
Casa Milà
Passeig de Gràcia
Sagrada Família
聖家堂
PASSEIG DE GRÀCIA
格拉西亞大道
Manzana de la Discordia
不和諧街區
RONDA DE SANT PERE
Plaça de Catalunya
RONDA DE LA UNIVERSITAT
GRAN VÍA
巴塞隆納大學
Universitat de Barcelona
Universitat
CARRER DE PELAI
CARRER DELS TALLERS
RONDA DE SANT ANTONI
CARRER DE SEPÚLVEDA
CARRER DE FLORIDABLANCA
CARRER DE VALLDONZELLA
CARRER DE MONTALEGRE
CARRER DES ANGELS
CARRER DE JOAQUIN COSTA
CARRER DE LA RIERA ALTA
BARRIO CHINO
RAMBLA DEL RAVAL
CARRER DE LA RIERETA
CARRER DEL CARME
CARRER DE L'HOSPITAL
JUNTA DEL COMERÇ
CARRER DE SANT PAU
CARRER DE LA CANUDA
LAS RAMBLAS
BARRI GÒTIC
CALL MAJOR
CALL MENOR
CARRER DE JAUME I
Jaume I
VIA LAIETANA
城堡公園
Parc de la Ciutadella
Mercat de la Boqueria
博蓋利亞傳統市集
Liceu
利塞奧大劇院
Liceu Opera House
CIUTAT VELLA
Palau Güell
奎爾宮
CARRER NOU DE LA RAMBLA
CARRER DELS ESCUDELLERS
CARRER D'AVINYÓ
CARRER AMPLE
PASSEIG DE COLOM
RONDA LITORAL
Drassanes
AVINGUDA DE LES DRASSANES
PARAL·LEL
波布塞克
Raval/Poble Sec
N

在前面的章節中，著重介紹巴塞隆納市中心，以羅馬時期建設為基礎，逐漸擴展到拉瓦爾區、里貝拉和巴塞羅內塔。十九世紀時，巴塞隆納的城市重心在擴展區，是針對主要的歷史發展區域其周圍平原進行城市化，擴建的網狀街區和寬闊的街道，帶有加泰隆尼亞引以為傲的歷史地名。當然，這個關鍵時期的工業和社會革命，始於工人和業主在城牆摧毀前、為了生存所產生的衝突。巴塞隆納的發展開始跨出擴展區：經濟實力取決於周邊的工業飛地（飛地：在一個區域內部有某塊土地隸屬於其他政權管轄），如桑茨和聖安德魯（Sant Andreu）、城外的磨坊鎮如聖科洛馬—德塞爾韋略（Santa Coloma de Cervelló）的科洛尼亞．奎爾（Colònia Güell）、較小的工業城市網、加泰隆尼亞地區豐富的葡萄種植和農業生產地，以及加泰隆尼亞本地、西班牙和殖民地的市場。然而，擴展區代表著物質與政治經濟的發展，以及對城市文化的重新想像。

從加泰隆尼亞廣場到恩典區和周邊村莊，沿著（重新界定的）加泰隆尼亞蘭布拉大道、以及格拉西亞大道和聖胡安大道（Passeig de Sant Joan），綠樹成蔭的長廊成就了一八八八年的世界博覽會，巴塞隆納的菁英們向世界宣示他們的財富和現代化。這個區域包括許多名勝古跡，交織出極具吸引力的街道景觀，可藉此想像和體驗過去的歷史。

也許沒有任何地方比得上高第的終身計畫——聖家堂，它最能完美呈現改變城市的多種潮流。這項大規模的建築計畫占據了馬約卡街（Carrer de Mallorca）、普羅旺斯街（Carrer de Provença）、濱海街（Carrer de la Marina）和薩丁尼亞街（Carrer de Sardenya）四周龐大的區域。高第在一八八三年正式擔任首席建築師，當時是個缺乏想像力的哥德式復興建築專案，於一八八二年由弗朗西斯科・保拉・比亞（Francisco de Paula del Villar，一八二八至一九〇一）開始執行。建築專案是由約瑟普・馬利亞・博卡貝亞・維達格爾（Josep Maria Bocabella Verdaguer，一八一五至一八九二）所贊助，他擁有一家宗教書店，並成立一個致力於為聖約瑟募款的協會。

高第受到金融工業資產階級的支持，特別是奎爾—洛佩茲（Güell-López）豪門家族的贊助（以下會討論），讓高第成功發展個人的職業生涯。做為一個城市的聖殿——類似巴黎的聖心堂（Sacré-Coeur），乞求赦免罪惡，全心奉獻給聖家——在這個飽受衝突蹂躪的城市中，聖殿能與那些面對叛逆工人的資產階級產生共鳴。如今，很容易因為政治意味而忽略了高第的想像力，這一點可以從一八九〇年代時他開始把計畫轉向設計建造聖家堂耶穌誕生立面中發現。（儘管無政府主義者的炸彈確實出現在他完成的外牆中）。

雖然高第在二十世紀推掉所有其他的建築委託，但在他有生之年仍然無法完成聖家堂的建築計畫。他去世後，教堂的建造斷斷續續地在爭議中進行，尤其當內戰時教會被洗劫，建築的計畫和模型都遭到了摧毀。然而，對每個遊客來說，它仍然是必遊之地（雖然經常被當地居民忽視）。我們建議，遊客可以特別關注高第於一九〇九年為工人和社區孩子們設計的聖家堂學校（Escoles de la Sagrada Família）。這座建築更加簡約，線條起伏也很奇妙，與現代建築的許多潮流設計產生共鳴，不是太過超現實和嚴苛[1]。

想要欣賞巴塞隆納的城市發展（及其當代文化中的加泰隆尼亞文藝復興），就必須要了解政治、經濟、社會和文化的多種競爭力量，這些力量改變了這座城市，讓它在不同的統治時期中產生了不同的城市面貌。一八九八年，西班牙在面臨災難性失敗、割讓殖民地給剛崛起的美國之前，就已經失去對全球的影響力，而巴塞隆納於十九世紀開始，作為加泰隆尼亞的首都，併入西班牙。西班牙被困在長久的專制主義、以及努力為現代民族國家奠定基礎卻失敗的自由主義之間，這樣的兩極分化持續到二十世紀。在這些衝突中，巴塞隆納菁英們試圖控制當地的財富和權力，而不是控制國家，城市的其他人則為不同的願景而鬥爭，有時甚

1 參見www.sagradafamilia.org/en。關於高第及其建築作品的參考文獻很多，也還在不斷發掘。值得參考的概論如下：Juan José Lahuerta, *Antoni Gaudí: Ornament, Fire and Ashes* (Tenov, 2016)，或Ignasi Solà-Morales, *Antoni Gaudí* (New York: Harry Abrams, 2009)。特定主題的研究可參考Jordi Bonet Armengol, *The Essential Gaudí* (Pòrtic, 2001)。更廣泛的建築概論列於本書精選參考資料，如Mackay (1989)及Robinson et al. (2006)。

至會使用暴力。

巴塞隆納在十九世紀西班牙和歐洲的定位

儘管巴塞隆納在十八世紀經濟復甦，但在十九世紀初，由於西班牙對法國和英國的戰爭，使得它在經濟上受到影響。然而，在拿破崙時代的戰爭中，巴塞隆納只扮演了一個次要的角色。像是其中最重要的時刻是阿蘭胡埃斯兵變（Aranjuez Mutiny/Motín de Aranjuez，一八〇八年三月十八日發生在馬德里附近），當時長期在位的首相和皇室寵臣曼努埃爾・戈多伊（Manuel de Godoy，一七六七至一八五一）失勢下台，國王卡洛斯四世（Carlos IV，一七四八至一八一九）被迫讓位其子斐迪南七世（Fernando VII，一七八四至一八三三）。

幾個星期後，隨著五月五日的巴約納退位（Abdication of Bayonne，巴約納位於巴斯克地區，此名稱是指西班牙國王接連被迫退位），屬於波旁王朝的卡洛斯四世及其子，讓西班牙落入了拿破崙（Napoleon Bonaparte，一七六九至一八二一）手中，拿破崙隨即另立其兄弟約瑟夫（Joseph Bonaparte）為西班牙國王[2]。巴塞隆納很快就被法國人占領，法國軍隊（昔日盟友）得以藉此地加強對英國盟友葡萄牙的封鎖。紀堯姆・菲爾伯特・杜赫斯梅將軍

（Guillaume Philibert Duhesme，一七六六至一八一五）帶領部隊，穿越法國—西班牙邊境四天後，於一八〇八年二月十三日占領巴塞隆納，接管了城堡公園、皇家造船廠和蒙特惠克山城堡等主要建築物，直到一八一四年才離開。在西班牙的領土當中，被法國人占領時間最長的地方就是加泰隆尼亞，特別是城市地區，而最努力抵抗法國的則是農村地區[3]。

同時，西班牙的新願景不是來自巴塞隆納，而是來自一八一二年的《加的斯憲法》（Cádiz Constitution），該憲法是由西班牙及其殖民地代表在安達魯西亞港口會議頒布的，表現出西班牙建立自由國家的企圖，包括男性普遍的選舉權、新聞自由和君主立憲制，並成為幾十年來自由主義願景的試金石。然而，隨著法國的失敗，國王斐迪南七世復位，恢復君主專制，直到一八三三年他去世。繼任者是他的女兒，西班牙的伊莎貝爾二世（Isabel II of Spain，一八三〇至一九〇四）。斐迪南七世的弟弟卡洛斯·馬利亞·伊西德羅·波旁

2 對正統加泰隆尼亞而言，布魯克戰役（Battle of Bruc，一八〇八）更為重要，因為它暫時阻擋下法國的進逼（在加泰隆尼亞神話中有特殊地位）。

3 一八〇八和一八〇九年，在英國海軍的協助下，加泰隆尼亞人兩度試圖重新奪回巴塞隆納，最終皆以失敗收場。如今在主教堂附近有一座獨立烈士紀念碑（又稱一八〇九年英雄紀念碑）。這座具有紀念意義的雕塑群建造於一九二九至一九四一年間，位於哥德區主教堂的聖歐拉利婭入口對面的加里加巴赫廣場（Plaça Garriga i Bachs）。

（Carlos Maria Isidro de Borbón，一七八八至一八五五）欲爭奪王位，此爭端導致西班牙的內戰長達一個多世紀，卡洛斯派（專制主義者）對抗支持伊莎貝爾二世的自由主義者，這些分歧引發了西班牙內戰（一九三六至一九三九）。在伊莎貝爾二世的統治下，西班牙被視為現代民族國家，然而政策和政府機關處於劇烈動盪，其中一些還為巴塞隆納和加泰隆尼亞帶來暴動。

在專制主義的波濤中，自由化國家斷斷續續地向前邁進，並出現短暫的推進時刻和民主改革。解除限定繼承權和有限公民權的各種嘗試，促使國家邁向現代化。國家也有限度地支持資產階級的霸權。然而，資產階級的不同派別——地主、金融業、商業和工業——都牽涉到自由貿易和保護主義的立場，以及不同地區的利益分歧。與其他歐洲國家相比，他們對單一模式缺乏一致意見，這一直是西班牙自由主義國家主要的失敗之一。同時，法國舊制度（Ancien Régime）的力量——包括強大的天主教會，也與自由改革派進行對抗。

這一時期，新興的加泰隆尼亞資產階級顯然贊成保護自身工業的措施，例如關稅。不過這種模式並非總是能得到西班牙政府、地主和其他資產階級派系的支持，這無疑讓加泰隆尼亞人意識到自身的不同處境。因此，以巴塞隆納為中心的金融與工業菁英，在某種程度上對於建設自由主義國家感到極為失望，於是轉向保守的區域主義，因此萌生出加泰隆尼亞主義、以及脫離中央統治的念頭。

作為政治、經濟、社會和文化發展的核心，巴塞隆納人經歷了現代工業城市的矛盾。一七一四年後，巴塞隆納再次成為加泰隆尼亞的主要動力，也是整個西班牙的經濟動力之一，同時是加泰隆尼亞民族資產階級計畫的基礎和示範。作為一個充滿活力的現代化城市，巴塞隆納成為城市發展規劃的實驗室。然而，巴塞隆納並沒有因此引領西班牙的政治或經濟成長，也就是說，它並沒有促成西班牙全國各地的工業化和現代化。同時，龐大且有組織的勞動階級發展，促成了社會的另類視角，使得巴塞隆納成為無政府主義者和左派思想、組織、罷工和暴動的中心。

伊莎貝爾二世的統治結束於一八六八年爆發的光榮革命（La Gloriosa）。更多的民主試驗隨之而來，包括薩瓦伊的阿瑪迪奧一世（Amadeo I of Savoy，一八五四至一八九〇，統治時期一八七一至一八七三）的議會君主立憲制、以及西班牙第一共和國（一八七三至一八七四）；後來的四位總統當中，有一位是加泰隆尼亞聯邦主義者弗朗西斯科．皮－瑪格爾（Francesc Pi Margall，一八二四至一九〇一）。一八八四年，波旁王朝君主復辟，迎回伊莎貝爾二世之子阿方索十二世（Alfonso XII，一八五七至一八八五）。他英年早逝後，小兒子阿方索十三世（Alfonso XIII，一八八六至一九四一）在母親攝政之下繼承王位，一直統治到一九三一年因革命分裂而建立的第二共和國為止（見下一章）。阿方索十三世是現任西班牙國王菲利普六世（Philip VI，一九六八年出生；二〇一四年登基）的曾祖父。

工業化發展

十八世紀的企業家安裝了第一台工業生產機器，並在巴塞隆納及周邊地區探索紡織業的新能源。這項計畫的推廣起因於農業租金和房地產市場的增長，同時，十八世紀時在新大陸從事貿易和定居的加泰隆尼亞人，把他們帶回來的財富用於支持這項計畫；古巴在巴塞隆納的貿易和形象特別重要，直到十九世紀末。對巴塞隆納來說，所謂的「印第安人」或「美國人」都是偶爾光榮回國的商人、奴隸販子和冒險家。商人約瑟普·西斐·卡薩斯（Josep Xifré Casas，一七七七至一八五六，他在古巴和美國經商累積財富）在港口附近擁有的柱廊宮殿，以及奎爾家族與他們在坎塔布里亞的親戚安東尼奧·洛佩茲—洛佩茲（Antonio López y López）的建築物和新機構，都豐富了這座城市[4]。就連西班牙的第一條鐵路——從巴塞隆納到馬塔羅，也是由「印第安人」於一八四八年建造的。

此處的工廠雖然最初是使用舊廠房（tallers），但隨著蒸汽動力的引入，工廠就不再需要這些廠房。不同於過去住宅和生產混合的公會廠房，工廠創造出了生產專用的新空間，資本和機械（生產工具）掌握在業主手中，工人變成只是受薪的勞動者。巴塞隆納的人口成長大約一倍，從一七八七年的十萬一百零六人，增加到一八五七年的二十三萬五千零六十人。整個世紀的人口一直在持續增長，一八八七年城市人口達到四十萬五千九百一十三人，一九〇〇年達到五十四萬四千六百一十七人，包括移民和都市整合後的人口。

越來越多的勞動階級在城市舊區尋求住房，包括那些取代拉瓦爾區修道院的公寓住宅和附近的村莊。雖然一些工廠在工業城鎮（colònies industrials）推動工廠與家庭之間發展緊密的家長式關係[5]，但住房、工資、生活和工作條件等問題，不斷引發城市騷亂，有時工人還會聯合小資產階級、工匠，甚至非正規軍或警察的武裝公民（miltias）一同動亂。拉瓦爾區（廠房街C／Tallers）的波納帕拉塔工廠（Bonaplata Factory/Vapor Bonaplata）是一八三三年第一家使用蒸汽動力的紡織廠，它遭受到攻擊，因為巴塞隆納的工人們感受到機器帶來的威

4　McDonogh, *Good Families*.

5　Ignasi Terrades, *La colònia industrial como particularisme històric: L'A metlla de la Merola* (Barcelona: Laia, 1981); McDonogh, *Good Families*.

脅，於是發起了盧德反工業化運動（Luddite）[6]。

拉瓦爾區最初周邊都是工廠，使用的是城牆內部未開發或未充分利用的空間。如今，雖然大多數都是住宅區，還是有大約七十座工業用的建築保留在此地，儘管因為缺乏原材料（棉花和煤炭）而限制了加泰隆尼亞紡織業的發展，不過這裡的工廠大多是以生產紡織品為主。

其他地方也出現更大的工業園區建築群，例如，位於巴塞羅內塔的海陸重型機械工廠（Maquinista Terrestre i Marítima，成立於一八五五年），該工業區僱用了一千兩百名工人，或是像在桑茨附近蒙塔達斯家族（Muntadas）著名的紡織工廠（La Espanya Industrial，一八四七）。類似的工廠出現在整個加泰隆尼亞各個大、小工業城市，以及地處偏遠城鎮的工業區。城市領導人努力使港口區適應新的需求，包括鐵路連接，因此使得舊城區變得更加擁擠。

工業化的結果產生了新的菁英。奎爾—洛佩茲家族正是這種新金融工業菁英的典範，取代了古老貴族（致力於追求他們的頭銜）、第一代商人和「印第安人」。年輕的胡安·奎爾·費雷爾（Juan Güell Ferrer，一八〇〇至一八七二）來自沿海的托雷登瓦拉（Torredembara），在返回巴塞隆納之前，曾在聖多明哥（Santo Domingo）追求財富。他在古巴的第二次冒險更為成功，一八四八年，他利用在英美的工業資本返回巴塞隆納進行投資，在桑茨建立了自己的紡織公司。往後的數十年間，他陸續投資許多企業，如海陸重型機械工廠，並成為巴塞隆納銀行的董事會成員，同時在西班牙議會捍衛加泰隆尼亞的工業利益。他創立且實際參與許多菁英協會，像是加泰隆尼亞工業研究所（Institut Industrial de Catalunya，為加泰隆尼亞企業及商業聯盟Foment del Treball Nacional的前身）和利塞奧大劇院。

奎爾家族成功地穩固了經濟，提升社會地位。奎爾接連娶了當地銀行家的兩個女兒。他第一次婚姻所生的女兒約瑟芬娜（Josefina，一八五三至一八七四）嫁給另一個政治家庭的後裔何塞·費雷爾—維達索勒（José Ferrer-Vidal Soler），得到將近兩百五十萬比塞塔（西班牙舊貨幣）的繼承財產。奎爾第二次婚姻生的兒子歐塞比·奎爾·巴希伽盧比（Eusebio Güell Bacigalupi，一八七一至一九一八），是首位奎爾伯爵，他拓展了家族財富，包括更廣泛的建設，積極拓展與金融、鐵路和政治界的關係。

---

6 在這場騷動中，巴塞隆納的軍事總督佩雷·諾拉斯科·德巴薩將軍（Pere Nolasc de Bassa，一八三五）被處私刑。

他也是一位藝術贊助者，委託高第設計蘭布拉大道附近的家族宮殿[7]，和位在聖科洛馬—德塞爾韋略工廠城鎮的奎爾紡織村教堂（Colònia Güell）[8]，此地很值得一遊，不只因為建築奇特，還能感受它傳達的家族式工業主義。大約在一九〇〇年，他聘請高第設計有如郊區花園城市的奎爾公園，而他的親戚則聘請高第執行在加泰隆尼亞和桑坦德（Santander）的其他建築計畫。

在這一個世代，巴塞隆納工商業菁英延伸到紡織業以外，產業擴展到冶金、建築和航運，以及金融領域，創立了巴塞隆納銀行（Bank of Barcelona，一八四四至一九二〇）、巴塞隆納儲蓄貸款銀行（Caixa d'Estalvis i Mont de Pietat de Barcelona，一八四四），伊比利殖民銀行（Banco Hispano-Colonial，一八七六至一九四六）和較小的家族銀行，如加里加諾蓋斯銀行（Banca Garriga-Nogués，一八八六）和阿內斯銀行（Banca Arnús，一八五二）。然而，在支持當地發展的同時，這些銀行都沒有建立全國體系，不像巴斯克的銀行體系最終稱霸西班牙，如畢爾包（Bilbao）、烏爾基霍（Urquijo）和比斯開（Vizcaya），或坎塔布里亞桑坦德銀行（Cantabrian Banco de Santander）。

歐塞比．奎爾的妻子是伊莎貝爾．洛佩茲．布魯（Isabel López Bru），她是富裕的商人安東尼奧．洛佩茲—洛佩茲（Antonio López y López，一八一七至一八八三）的女兒，洛佩茲從西班牙北部的桑坦德經古巴來到巴塞隆納。洛佩茲是白手起家的人，對於許多仍是西班牙殖民地的公司進行投資開發，包括伊比利殖民銀行、西班牙大西洋航運公司（Compañia Trasátlantica）、和菲律賓煙草公司（Tabacos de Filipinas），同時與國王以及中央的政治家建立穩固的關係。

洛佩茲受封為科米利亞斯侯爵（Marquess of Comillas，西班牙公爵，一八七八），他與奎爾、其他的巴塞隆納菁英家族，以及西班牙和巴斯克菁英的關係，形成了有趣的國家寡頭集團，他的兒子克勞迪奧・洛佩茲・布魯（Claudio Lópezy Bru）把事業拓展到石油和水泥業，也與天主教教會保持密切關係。這個結合商業和血緣關係的集團成為知名的跨大西洋遊輪集團（Trasatlánticos），在巴塞隆納被視為另類的國家菁英，不過他們的權力最終被中央政府統治後收回。克勞迪奧・洛佩茲・布魯在無子嗣的情況下去世，於是伊莎貝爾・洛佩茲—奎爾成了他的女繼承人。

十位洛佩茲—奎爾的子女透過商業和婚姻關係，讓家族與當地政治領袖、銀行家、

7 http://palauguell.cat/come-palace.
8 www.coloniaguellbarcelona.com/web_ing.

巴斯克貴族、和最古老的加泰隆尼亞貴族結盟，例如，伊莎貝爾・奎爾・洛佩茲（Isabel Güell López，一八七二至一九五六）嫁給M・卡洛斯・森馬納特—森馬納特（M. Carlos de Sentmenat i de Sentmenat），即卡斯特多瑞爾斯侯爵九世（9th Marquess of Castelldosrius）和聖保羅男爵二十六世（26th Baron of Santa Pau），此頭銜最早出現在一〇七〇年。長子胡安・奎爾・洛佩茲（Juan Güell López，一八七四至一九五八）娶了巴斯克貴族維吉妮亞・朱若卡・多契斯（Virgnia de Churruca Dotres），投入更多藝術贊助，並且曾經擔任巴塞隆納市長一職。

這些策略顯示出當地和西班牙社會中經濟菁英的潛力，他們的作法和成功並非典型的巴塞隆納工業家代表。相反的，加泰隆尼亞工業（甚至是銀行業）是由管制嚴格的家族（男性）公司主導，無論是合夥企業、還是控股公司，這些企業都是透過當地工業界內部通婚來穩固勢力，並受到加泰隆尼亞企業及商業聯盟的遊說，在西班牙各地或政府當中建立經濟或政治地位。

男性商人在舊城區和擴展區的宮殿、或在利塞奧的劇院包廂裡，得到女性的支持（和指導）。然而，這呼應了早期工業界和農業領域的家族模式，使得菁英的勢力孤立無援，無論是在尋求增加資本、還是遊走於詭譎多變的西班牙國家政治之間[9]。

物質城市的轉型

早期工業時代的巴塞隆納，無論是在生產、商業場所、還是住宅方面，空間都是一大問題。巴塞隆納仍被《新基本法令》限制在早期的城牆之內。此外，在受侷限的環境中，優質地產幾世紀以來都是由購買或繼承土地的宗教團體所掌握。因此，解除限定繼承權成為自由主義者修改舊制財產權的主要訴求之一，亟欲推動以私有財產為基礎的新資產階級國家。此過程涉及利用土地徵收和公開拍賣，把天主教教會和宗教團體手中的地產和貨物（包含市政公用土地）投入市場銷售。這種拍賣旨在創造新的農業中產階級經營者，在形成農村市場的同時，也能將生產盈餘供應城市所需。而在城市中，解除限定繼承權衍生出房地產市場的地主階級。最重要的是，國庫努力尋找財源來彌補公共赤字、以及支援西班牙軍隊。

西班牙曾經嘗試解除限定繼承權，一七八九年，卡洛斯四世下令徵收耶穌會教團的財產[10]。此舉在一八二〇到一八五〇年代造成廣泛的衝擊。徵收財產等為資產階級、商

9 McDonogh在《*Good Families*》一書針對組織模型、跨大西洋遊輪集團、以及城市菁英文化和知名度的發展有深入研究。

10 類似行動也發生在曼努埃爾・戈多伊（Manuel de Godoy，一八〇〇至一八〇八）和約瑟夫・波拿巴（Joseph Bonaparte，一八〇八至一八一三）掌權時期。

人、甚至自由業者，提供了取得房地產的機會。同時，在巴塞隆納中，平民主義者的暴動（bullangas）包括焚燒視為專制主義的教會和修道院，這使得解除限定繼承權的影響更為嚴重。在一八三五年，巴塞羅內塔的托林（Torín）鬥牛競技場發生的一場災難事件激怒了一群人，他們首先攻擊蘭布拉大道，隨後迅速擴散，燒毀城市各地的修道院。其中一些修道院後來被解除限定繼承權，廢墟成為公共空間的建設基礎，如皇家廣場（原卡普欽修道院Capuchin Monastery）或梅迪納塞利公爵廣場（Plaça Duc de Medinaceli，原聖凡賽斯克修道院Sant Francesc）。還有一些修道院舊址成為各地的市場，包括博蓋利亞中央市場（原是聖約瑟修道院）、里貝拉地區的聖卡特琳娜市場（Santa Caterina）[11]。除了私人房地產開發之外，財產徵收也為菁英帶來其他利益：赤足聖三修會（Discalced Trinitarians）舊址變成了時尚的利塞奧大劇院。

代表新菁英的建築跨出了里貝拉的舊宮殿和哥德區的安普大街：新街（Carrer Nou）上的奎爾宮（一八八六至一八八八）與蘭布拉大道的另一座宮殿相連，洛佩茲家族則是收購了莫亞宮。然而，工人和小資產階級在舊哥德式和中世紀的房屋爭奪空間，使空間變得破碎，有時增加更多樓層，就像巴塞羅內塔的建築一樣越蓋越高。新建築取代了舊建築，讓市中心狹窄的街道變得更加擁擠。這些具體化的縱向隔離也延續到擴展區，像是業主住在貴族樓層

（planta noble/Principal，一般所謂的二樓），其餘的樓層出租，樓層越高、較不適合居住的樓層，租金就會降低。在十九世紀的城市外牆門面中，這種社會分層仍然可見，貴族樓層擁有寬闊的陽台和裝飾，因此會壓縮其他單個窗戶或閣樓的小開口[12]。這種社會分層的建築也出現在利塞奧大劇院的內部，像奎爾這樣的菁英家族，好幾個世代都在貴族樓層擁有家庭包廂，一般觀眾則在上層樓座尋找便宜座位。

垂直城市發展的象徵意義引起攻擊者的注意：一八九三年十一月七日，在《威廉・泰爾》（*William Tell*）的演出期間，一枚炸彈從上層樓座扔進了利塞奧大劇院的主樓層。在一樓，有二十人死亡（雖然菁英家庭在上層包廂安全無虞）。肇事的無政府主義者聖地牙哥・薩爾瓦多・弗蘭奇（Santiago Salvador Franch，一八六二至一八九四）於二月被捕，一八九四年十一月被處決。這枚炸彈是仿效九月分對馬丁奈茲・坎波斯將軍（General Martinez Campos）的一次失敗突襲，這次襲擊導致無政府主義者保利諾・帕拉斯・拉托雷（Paulino Pallás Latorre，一八六二至一八九三）被迅速逮捕並處決。而另一枚炸彈攻擊發生於一八九六年基督聖體聖血節的傳統遊行穿越舊城之際。巴塞隆納因此被稱為「炸彈之城」。

---

11 關於利塞奧（Liceu），參閱 Montserrat Miller, *Feeding Barcelona*; McDonogh, *Good Families*。

12 不斷變化的品味、維護成本、街道噪音、以及電梯的引進，都改變了整個城市的房屋內部價格結構。

拉瓦爾區當地的工廠和工人取代了里貝拉，成為巴塞隆納人口成長的中心。在十八世紀末，拉瓦爾區僅占全城人口的一六％，到一八三二年達到三三・七％，一八五九年達到四一％。作為全城第一個擁有五層樓房的社區，拉瓦爾區成為全城人口最密集的地區之一，而一八四二年允許租金談判的法律，使得這些住宅的房東有利可圖。

不久之後，這種人口密度連帶衍生出貧窮、疾病和犯罪等問題，即使工人已經滿溢到城牆外的波布塞克和蒙特惠克山坡邊，然而這個地區卻不曾被列入有系統的城市擴張計畫中。衛生學家勞雷亞・斐格洛拉（Laureà Figuerola，一八一六至一八六四）[13]在一八四九年所提供的數據，經過改革派工程設計師伊德坊・塞達（Ildefons Cerdà，一八一五至一八七六）[14]證實，顯示出這座城市中有許多人面臨著艱困生活。全市富裕階層的平均預期壽命為三十六點五歲，而下層階級的人則下降到二十三點五歲——男性平均十九歲，女性平均二十七歲。城牆內擁擠的空間代表平均每公頃有八百五十人（每平方英里sq mi超過二十萬人），在某些地區達到二十六萬人[15]。事實證明，流行病是具毀滅性的：一八二一年，隨著安地列斯群島船隻帶來的黃熱病，導致死亡人數超過六千人，而一八五四年的霍亂也造成與此相當的死亡人數。

由於這種嚴重的壓迫感，業主和工人開始注意到城市周邊較小的城市，包括桑茨、恩典區、聖安德魯—帕洛瑪（Sant Andreu de Palomar）和聖馬蒂—普羅旺斯（Sant Martí de

Provençal），但此舉意味著跨越《新基本法令》強加的警戒線。巴塞隆納是一個軍事要塞（plaza fuerte），為了軍機安全，距離城牆一點五公里（約〇點九三英里）之內不得有任何建築物。因此，這塊面積比城市大了將近二十倍的地區，一個多世紀以來，除了農業之外未曾開發。

儘管如此，格拉西亞大道把天使門（Portal de l'Àngel）與恩典區連接起來，成為城牆外城市化空間的主要動脈之一。例如，一八四九年，蒂沃利花園（Tivoli Gardens）在那裡開業，隨後是一八五三年的香榭麗舍大街公園（Campos Elíseos，仿傚時尚的巴黎林蔭大道）。香榭麗舍大街公園位於亞拉岡街（Carrer d'Aragó）和羅塞洛街（Carrer del Roselló）之間，有花園、雲霄飛車和通航湖泊等特色，這座公園的擁有者是馬德里的金融家何塞・薩拉曼卡（José de Salamanca，一八一一至一八八三），由巴塞隆納的約瑟普・奧瑞歐・梅斯特（Josep Oriol Mestre，一八一五至一八九五）設計。它於一八七五年被拆除，整個區域經

13 Laureá Figuerola, *Estadística de Barcelona de 1849* (Barcelona: Instituto de Estudios Fiscales, 1968).

14 Ildefons Cerdà, *Monografía estadística de la clase obrera de Barcelona* (1856) and *Noticias estadísticas referentes al plano topográfico de los alrededores de Barcelona* (1855).

15 相較之下，現代巴塞隆納的人口密度為每平方英里一萬六千人，現代曼哈頓為每平方英里七萬二千人。

過重新設計後，結構更優雅，並在擴展區進行中產階級城市新規劃。

摧毀城牆並把城市發展延伸到周圍平原，這樣的作法雖然遭遇一些反對聲浪，卻是巴塞隆納社會普遍的願望。特別是該世紀中葉的巴塞隆納菁英認為，雖然面對國防的阻礙，但時機已經成熟。因此，市政府在一八四一年舉行一場促進城市發展的競賽，由佩雷·菲利普·蒙勞博士（**Dr. Pere Felip Monlau**）拔得頭籌。他的專案計畫名稱響亮，稱為「推倒城牆！」（**Abajo las Murallas!**），強調此舉會替城市帶來經濟和社會效益。此事一直延宕到一八五四年才真正落實，當時西班牙的政治動盪帶來短暫的進步思潮，財政部長帕斯奎爾·馬多茲（**Pascual Madoz**）終於授權摧毀城牆，此工程耗時將近五年才近乎完成。

只有海堤、城堡要塞和蒙特惠克山被排除在當時的摧毀工程之外：海堤是在一八八一年拆除，而令人厭惡的城堡要塞倒塌於一八六九年的「民主六年」（**Sexenio Democrático**）革命期間[16]，只有蒙特惠克山仍然保存至今。千年古城牆只有在散落各地的遺跡中能看到，並在像天使門這類的名稱中喚起回憶。外圍城牆的存在可以從環繞市中心的林蔭大道上回溯：帕拉萊爾大道的路段，以及聖保羅、聖安東尼（**Sant Antoni**）、大學路和聖佩雷等環城路。此外，即使形體不復存在，許多巴塞隆納人（和遊客）心理上仍存有著代表社會和城市化差異的「城牆」，這種差異令人聯想到城市的歷史中心舊城區（**Ciutat Vella**）和新的擴展區。

這種擴展建設引發了進一步的爭論。市政廳在一八五九年舉辦了一場競賽，由建築師安東尼・羅維拉・特里亞斯（Antoni Rovira Trias，一八一六至一八八九）贏得。羅維拉曾是市政建築師，他制定了一個放射狀的城市計畫，當中有六條大道，把市中心與桑茨、恩典區、聖安德魯和聖馬蒂等周邊市鎮連接起來。羅維拉的計畫遵循其他歐洲國家首都的模式，包括巴黎和維也納環形大道在內，旨在促進城市中各地間的連通，同時均衡這些地區間的層級，並為城市提供明確的限制[17]。

然而，西班牙政府透過皇室法令實施了另一項計畫，支持工程師伊德坊・塞達，他是巴塞隆納中產階級的一員，也是著名的西班牙革新主義者。馬德里政府在一八五九年委託塞達，當時巴塞隆納已經開始舉辦自己的競賽（塞達沒有參加）。後來巴塞隆納要求塞達提供城市及周邊地區的地形圖，他在一八五五年交付了這項任務。不過，為什麼中央政府決定採

16 保存好幾世代的城牆遺跡，包括主教堂附近的羅馬城牆頂部、皇家造船廠附近包含聖馬德羅娜城門（Portal de Santa Madrona）的路段、以及港口附近重新發掘出土的米格迪亞堡壘（Baluard del Migdia）。

17 雖然羅維拉（Rovira）的計畫後來沒有實施，但他為這座城市留下精心規劃的遺產，仍可見於他所建造的鐵制傳統市場，這促成現代化並連接聖安東尼、霍斯塔法朗克斯（Hostafranchs）、巴塞羅內塔和波恩的城市系統（參見第三章的照片）。他的城市屠宰場（l'Escorxador）由佩雷・法爾克斯・烏皮（Pere Falqués Urpí，一八五〇至一九一六）完成，在一九七九年被拆除，改建成米羅公園（Joan Miró Park）。

用不同的計畫，至今仍眾說紛云。有人聲稱，是因為塞達與馬德里政府的關係良好，但也有人認為，中央政府不想讓巴塞隆納看起來像是首都，與馬德里相媲美。當然，這個決定讓巴塞隆納對中央集權和自治問題的論戰持續不斷。

無論是什麼原因，塞達為建設地方和全球現代化城市帶來變革性的貢獻。擴展區有二十公尺寬的街道和井然有序的街區，讓成長有發展空間，完全可以適應現代化，在汽車普遍的時代來臨時，也能經得起考驗（並重新適應自行車）。不論是否認同巴塞隆納，都不應掩蓋當代城市規劃的重要角色，尤其是納入開放空間和健康考量，這些讓塞達贏得了全球的尊重，並關注城市平等改革的思想。

我們從早期規劃藍圖的副本（圖4.1），可以看出塞達繪製的新城市具有交叉網格設計，由邊緣平整的方塊組成（以方便列車轉彎）。穿過網格的兩條對角線動脈：對角線大道（Diagonal）和子午線大道（Meridiana），交會處標誌著原本規劃取代舊城的市中心，即現今的榮耀廣場（Plaça de les Glòries）[18]。所有街區面積都相等，一百公尺乘一百公尺，但

18 我們寫作之際，對角線大道（Diagonal）已經延伸到海邊，但榮耀廣場（Plaça de les Glòries）的角色定位仍在建構和爭議當中。

建築物只允許在每個區塊的兩側，釋放內部空間以利於建構城市的公園景觀；但土地開發商違反了這些規則，對擴展區進行密集的開發，犧牲了塞達所設想的健康綠地。

塞達設計的城市平等，反應出他對舊城區工人階級身處可怕環境的深刻認知，同時，他也受到烏托邦社會主義者、無政府主義者和當代衛生學家的影響。工業化和技術的進步有助於改善城市生活條件，但塞達知道事實並非如此。因此，城市規劃似乎就是提供技術知識，藉由設計來改造城市。

雖然業主開始自行出資建造房屋，然而擴展區的發展實際上是零星的。最早始

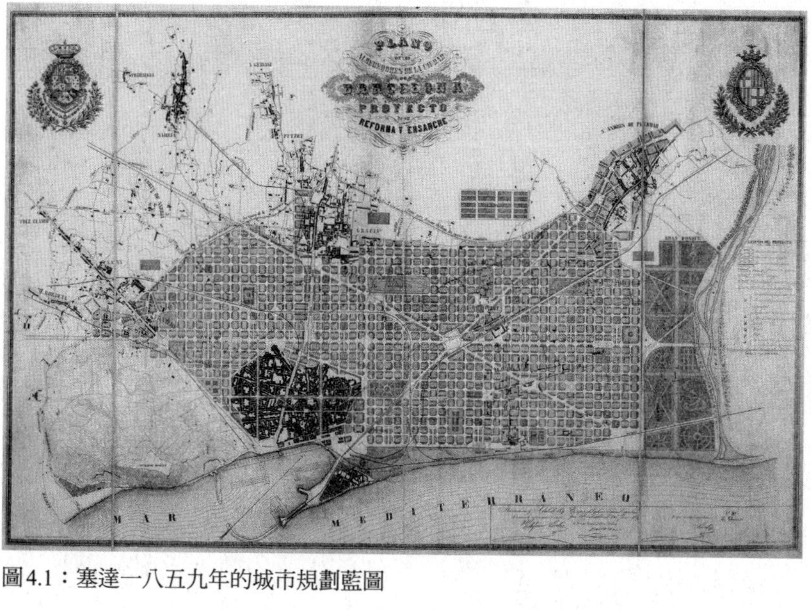

圖4.1：塞達一八五九年的城市規劃藍圖

於加泰隆尼亞內陸的「印第安人」和農村地主投資的城市房地產。直到世紀末，建築集中在擴展區中心，沿著通往恩典區的路線，讓城市可供建築的用地增加一倍。最終，所謂的黃金廣場（Quadrat d'Or）出現，以格拉西亞大道為中心，阿里寶街（Carrer d'Aribau）、聖胡安大道、環城路和對角線大道為邊界[19]。

同時，市政相關的建築位在擴展區左岸（Eixample d'Esquerra）。有一些已不復存在，例如塔拉戈納街上的瑪麗亞．克莉絲蒂娜軍營（Maria Cristina barracks）[20]和城市屠宰場。至今有保存下來的，包括於一八四二年回歸城市所有的巴塞隆納大學中世紀建築（由艾利斯．羅根特．阿瑪特 Elies Rogent Amat，一八二二至一八九七，重新在一八七四年修建），另外還有建築師約瑟普．多梅內克．埃斯塔帕（Josep Domènech Estapà，一八五八至一九一七）的兩件作品：巴塞隆納臨床醫院（Hospital Clínic）和聲名狼藉的「模範監獄」（Cárcel Modelo）。

沿著中央和擴展區右岸（Dreta de l'Eixample）的優雅大道，主要是小宮殿（palacetes/palauets）、小木屋和單戶住宅。尚存的是位在馬約卡街上的卡薩德斯宮（Casadés Palace，一八八三），物主是一名來自阿格拉蒙特鎮（Agramunt）的紡織品製造商，該建築在一九二三年之後成為巴塞隆納律師協會總部（Ilustre Col. legi d'Advocats de Barcelona）。其他簡約的小木屋建於一八六八年，倖存於梅南德茲維戈大道（Passage de Menéndez Vigo）。

不久，較大型的豪宅開始擴大了舊城區的分層模式，業主和開發商享受華麗的貴族樓層，而較高的樓層則出租或供僕人使用。雖然開發和重建持續進行中，但是一些菁英家族老一輩的人遲遲不願放棄在蘭布拉大道或安普大街附近的住所；一九七〇年代，一位十九世紀銀行家的孫女回憶，當銀行家從安普大街搬到加泰隆尼亞廣場時，家人哀嘆說：「我們將永遠見不到對方了！」因此，擴展區在二十世紀才真正實現了城市目前的理想結構，參見圖4.2擴展區開發的鳥瞰圖。

建築方面，融合了過去與當代、神話與現代化，現代主義（modernisme）的影響滲透至今，形成多種風格交織的城市，特別是在擴展區。由當地建築師所設計建構的建築物和空間，構成了豐富的世界遺產。現代主義，也就是北歐所謂的「新藝術運動」（Art Nouveau），在英國稱為「現代風格」（Modern style），它超越建築本身，注入了加泰隆尼

19 Albert Garcia Espuche, *Qudrat d'Or: Centre de la Barcelona modernista* (Barcelona: Lunwerg, 1990).

20 Maria Cristina（一八〇六至一八七八）為十九世紀西班牙王后和攝政王。喬治・歐威爾（George Orwell）在內戰期間與馬克思主義統一工人黨（POUM）部隊曾一起在這座著名的建築前拍照留念。POUM（Partido Obrero de Unificación Marxista）成為加泰隆尼亞特別重要的托洛茨基分裂派別。參見第五章。

亞中產階級的文化表現形式。在國家「現代化」的同時，現代主義也致力於恢復加泰隆尼亞文化及其輝煌的時代，希望實現加泰隆尼亞文藝復興。前衛派藝術家會在社交聚會（tertulias）、波西米亞式晚宴、文學晚會、詩學講座和藝術博覽會等場合碰面，成員包含寫作、建築、繪畫和設計長才。除了建築師之外，其中最知名的人物包括作家／畫家聖地亞哥・魯西尼爾（Santiago Russinyol，一八六一至一九三一）、畫家拉蒙・卡薩斯（Ramon Casas，一八六六至一九三二）、米克爾・烏特里羅（Miquel Utrillo，一八六二至一九三四）、音樂家恩瑞克・格拉納多斯（Enric Granados，一八六七至一九一六）、艾薩克・阿貝尼茲（Issac Albéniz，一八六〇至一九〇九）、以及路易斯・米列特（Lluís Millet，一八六七至一九四一）。

圖4.2：二〇〇七年擴展區鳥瞰圖。左上方是舊城區、港口和蒙特惠克山，左下角則是聖家堂。對角線大道從右到左橫向穿越，並與格拉西亞大道相交，中心偏左有一群較高的建築物。

這個時期淬煉出的精華，聚集在格拉西亞大道上著名的跨世紀建築群，被稱為「不和諧街區」（Illa de la Discòrdia/Manzana de la Discòrdia）[21]。這裡有建築師約瑟普．普格．卡達法爾克（Josep Puig Cadafalch）於一八九八至一九〇〇年間，為巧克力大亨安東尼．阿馬特耶．科斯塔（Antoni Amatller Costa，一八五一至一九一一）建造的阿馬特耶之家（Casa Amatller，格拉西亞大道四十一號）。建築師意圖把這座建築設計成哥德式宮殿，以回顧加泰隆尼亞的輝煌歷史，但也帶有鮮明的北方、甚至日耳曼色彩[22]。如今由家族藝術基金會管理，可供遊客參觀。

附近街角（格拉西亞大道三十五號）矗立著傑歐．莫雷拉之家（Casa Lleó Morera），這是由建築師路易斯．多梅內克．蒙塔納（Lluís Domènech i Montaner）於一九〇二至一九〇六年間為工業大亨弗朗西斯．莫雷拉（Francesca Morera，一八五三至一九〇四）所修建，

---

21 這是卡斯提亞的一個雙關語，manzana可能意指「區域」或「蘋果」，讓人聯想到蘋果與特洛伊戰爭的典故：年輕的特洛伊王子帕里斯決定把蘋果授予他認定最美的希臘女神，此決定最終引發特洛伊戰爭。

22 這個巧克力品牌（Amatller）至今仍然存在，主要是巴塞隆納的紀念品。普格（Puig）為紡織企業家巴托梅烏．特拉達斯．布陶（Bartomeu Terradas Brutau）建造了一座更加華麗的哥德式幻想建築，位於羅塞洛街（Carrer del Rosselló）、布魯克街（Carrer del Bruc）和對角線大道等街道附近。這座特拉達斯之家（Casa Terradas）屋頂有六個尖錐體砲塔，後來被稱為尖頂之家（casa de les punxes）。

取代早期的羅卡莫拉宮（Rocamora palace，一八六四）。與普格一樣，多梅內克的豐富作品也在本書中多次提及。這座宮殿目前隸屬於馬德里創辦的羅威精品公司（Loewe），雕塑裝飾和線條特色與他後來的作品加泰隆尼亞音樂宮（Palau de la Música，一九〇五至一九〇八）相呼應，但與樸素的阿馬特耶之家風格迥異。在附近的亞拉岡街上，是他為蒙塔納和西蒙出版公司（Montaner和Simon，一八八一至一八八五）所建造，現在是安東尼・塔皮埃斯基金會（Antoni Tàpies Foundation）的博物館。

多梅內克對擴展區的另一個重要貢獻是聖十字聖保羅醫院（Hospital de Santa Creu i Sant Pau），始建於一九〇二至一九一三年，後由其子佩雷・多梅內克・洛拉（Pere Domènech i Roura，一八八一至一九六二）於一九二〇至一九三〇年間接續完成。該建築群與井然有序的擴展區形成一定角度，以促進新鮮空氣的流通，並把花園裡的精緻涼亭與地下通道連結起來，使它成為現代化的醫院；這個醫院一直使用到二〇〇九年，後來被重新翻修作為機構和研究中心。

傑歐・莫雷拉之家旁邊是莫耶拉斯之家（Casa Mulleras，格拉西亞大道三十七號），這是一座新古典主義的宮殿，由建築師恩瑞克・薩尼耶・維拉瓦契亞（Enric Sagnier Villavecchia，一八五八至一九三一）設計。薩尼耶是巴塞隆納兩個菁英家族的後裔，他的建築設計有港口海關大樓（Duana del Port de Barcelona，一八九六至一九〇二）和巴塞隆納法院（Palau de Justícia，一八八七至一九一一）等公共建築，以及在擴展區和蒂比達博大道（Avinguda Tibidabo）的菁英社區住宅，他因此而享有盛譽。在他的建築作品中，可以看到從現代主義到「新世紀主義」（noucentisme）的演變。

這個街區最不協調的建築——或說是最一致、最具巴塞隆納特色——也許是高第的一個作品。一九〇四年，高第重新改造既有建築成為巴特婁之家（Casa Batlló，格拉西亞大道四十三號），委託人是紡織品製造商約瑟普·巴特婁·卡薩諾瓦斯（Josep Batllo Casanovas，一九三四年歿），卡薩諾瓦斯與《先鋒報》（*Vanguardia*）報業大亨之女艾瑪莉亞·戈多·貝拉烏札朗（Amàlia Godó Belaunzarán）結婚。卡薩諾瓦斯買下了一棟建於一八七七年的不起眼房子，但又想要一些獨特性，便把這個建築專案委託給高第。高第加入了閃爍繽紛的馬賽克拼貼（trencadis）於外牆，呈現地中海或龍的意象；據說因為垂直穿過蜿蜒屋頂的長矛狀結構而受到的青睞，讓人聯想起傳說中的加泰隆尼亞守護神——聖喬治。

這個神話般的意象也對應在格拉西亞大道上另一座高第建築：米拉之家／採石場（一九〇六至一九一〇）。這棟建築的贊助人是佩雷·米拉—坎普斯（Pere Milà i Camps），他的財產還包括巴塞隆納鬥牛場，妻子為羅瑟·賽吉蒙·艾特里斯（Roser Segimon Artells，一八七

○至一九六四），是巴拿馬運河投資者約瑟普・瓜迪奧拉・格勞（Josep Guardiola Grau，一八三二至一九○一）的遺孀。值得注意的是，雖然在十九、二十世紀的一般女性，包括妻子和女兒在內，都被排除在加泰隆尼亞的男性商業世界之外，但寡婦可以作為男性的代理人，無論是為已故丈夫、還是未成年孩童，這種權力使她們身價不凡，特別是繼承的財產經常能當成嫁妝。

米拉之家是出租給菁英的一座雕塑建築，原先規劃頂端裝飾大天使環繞聖母瑪利亞的雕像。然而這計畫違反城市法令，加上發生的悲劇週暴力衝突讓屋主心生恐懼，導致高第在完成神奇的煙囪之前便放棄此規劃。儘管如此，和建築師約瑟普・瑪利亞・朱霍爾（Josep Maria Jujol）合作的流線型陽台、令人難以置信的室內空間、鑄鐵裝飾，仍使這座具紀念價值的建築贏得全球認可。與巴特婁之家一樣，可以事先預訂參觀，讓人深入了解建築構造及建築師的風格與生平[23]。

加泰隆尼亞文藝復興：語言、文化和民族意識

經濟成長和政治意識伴隨著加泰隆尼亞文藝復興的誕生，並推動這股浪漫的文化運動，

意在恢復加泰隆尼亞語言、歷史和文化。加泰隆尼亞文藝復興的早期先驅，一般認為是始於加泰隆尼亞知識分子和政治家博納文圖拉・卡洛斯・艾里博（Bonaventura Carles Aribau，一七九八至一八六二）於一八三三年出版的詩歌《祖國頌》（*Oda a la Pàtria*）。他曾在馬德里為金融家加斯帕爾・德雷米薩（Gaspar de Remisa，一七八四至一八四七）工作，加斯帕爾出生於加泰隆尼亞，後移居到首都。這首短詩發表在《蒸汽輪船報》（*El Vapor/The Steamship*），是十九世紀最早出現在加泰隆尼亞的公共作品之一。

與北歐浪漫主義相似，加泰隆尼亞文藝復興試圖恢復加泰隆尼亞的語言、文學和文化，支持者也提倡愛國主題和歷史典故，無論是表現在建築學、還是「花祭」（Jocs Florals）的文學活動比賽上，政治家維克多・巴拉蓋爾（Victor Balaguer，一八二四至一九〇一）和歷史學家安東尼・博法盧爾（Antoni de Bofarull，一八二一至一八九二）大力倡導，希望透過加泰隆尼亞語復興十三、十四世紀的傳統。自《新基本法令》以來，加泰隆尼亞語在公共論壇中被限制或取代，在十九世紀也被富裕的新中產階級拋棄，改用卡斯提亞語和馬德里進行商業交易和對話。儘管如此，加泰隆尼亞語仍然是城市和農村日常生活的語言，有時還會借

23 https://www.lapedrera.com/en/home.

鑒古體形式在文學中找到新的表達形式。一八五七年西班牙通過莫亞諾法（Moyana Law），要求全國普及初等教育，此舉也被視為對加泰隆尼亞語的威脅，因為它把卡斯提亞語確立為兒童教育的語言，至今仍是激烈辯論的教育議題。

文化復興不僅在擴展區的建築和裝飾藝術中隨處可見，也反應在街道命名上。這項街道命名的專案計畫，委託學識淵博的維克多．巴拉蓋爾執行，這位自由派政治家、歷史學家、和浪漫主義作家，把加泰隆尼亞的歷史銘刻於擴展區。從舊城區開始，雄偉的加泰隆尼亞議會大道（Gran Via de les Corts Catalanes）、總督街（Carrer de la Diputació）和市政委員會街（Carrer del Consell de Cent），都展現了巴塞隆納和加泰隆尼亞制度的基礎。

其他和格拉西亞大道垂直的街道名稱，引用了加泰隆尼亞—亞拉岡帝國的領土名稱：亞拉岡（Aragó）、瓦倫西亞（València）、馬約卡島（Mallorca）、普羅旺斯（Provença）、羅塞洛（Roselló）、科西嘉島（Còrsega）、西西里島（Sicília）、拿坡里（Nàpols）、和薩丁尼亞島（Sardenya）。

和格拉西亞大道平行的街道名稱，援引文學、歷史、和軍事能人之士，包括軍事英雄羅傑．德弗洛爾（Roger de Flor，一二六七至一三〇五）和羅傑．勞里亞（Roger de Llúria，一二四五至一三〇五），編年史家拉蒙．蒙塔納（Ramon Muntaner，一二六五至一三三六），詩人奧西亞斯・馬克（**Ausiàs March**，一四〇〇至一四五九），和政治家保羅・克拉里斯（**Pau Claris**，一五八六至一六四一）、拉斐爾・卡薩諾瓦（**Rafael Casanova**，一六六〇至一七四三）和他在圍城期間的同袍安東尼・維拉魯爾（**Antoni de Villaroel**，一六五六至一七二六）。舊城區和偏遠地區的其他街名也傳達了歷史和記憶，這種命名系統展現出加泰隆尼亞文藝復興自豪的歷史意識。

雖然參與加泰隆尼亞文藝復興的許多行動者都是中上階層的男性，但女性和下層階級的人也參與其中。聖地牙哥・魯西諾（**Santiago Russinol**）的作品《史蒂文先生的故事》（*L'Auca del Senyor Esteve*，一九〇七）對加泰隆尼亞的小資產階級家庭提出忠實的批判，成為城市勤勞的中產階級男女的象徵。在這個時代中，以文學和新聞語言探索加泰隆尼亞的作家還包括多洛絲・蒙塞達（**Dolors Monserdà**，一八四五至一九一九），她描繪來自不同階級背景的工業女性生活，其中不乏天主教家庭和救贖的典範。

卡特琳娜・阿爾伯特（**Caterina Albert**，一八六九至一九六六）以男性筆名維克托・卡塔拉（**Victor Català**）寫作，是「花祭」文學比賽的常客。她一九〇五年的小說《孤獨》（*Solitud*）是這段時期少數幾個虛構的英文作品之一。然而，這些作家公開表達對階級地位的意見，也促使人們關注到其他女性，如小型家庭商店的生意支柱、以及許多在工廠工作並同時照顧家庭和教育孩子（辛苦付出勞力）的女性。

流行文化組織也在這一時期形成，包括工人的文化中心（ateneus），如一八六一年在巴塞隆納成立的「加泰隆尼亞工人階級文藝協會」（Ateneu Català de la Classe Obrera），合唱社團（societats corals），提倡工人階級的音樂和舞蹈；和一些教導世界語（Esperanto）為理想世界通用語言的學校。這些團體經常互相提供支援和政治辯論的空間。作曲家約瑟普．安塞爾姆．克拉維（Josep Anselm Clavé，一八二四至一八七四）於一八五〇年成立的「兄弟會」（La Fraternitat）合唱團就是一例。後期在一八九〇年成立的「加泰隆尼亞合唱樂團」（Orfeó Catalán），把音樂和政治融入城市，他們在里貝拉的加泰隆尼亞音樂宮宏偉的現代主義大廳上，銘刻令人引以為傲的民族主義偶像。

在不同的階級和文化中，加泰隆尼亞主義複雜的政治也出現在十九世紀，為的是振興和重塑集體的民族意識。瓦倫蒂．埃米拉伊（Valentí Almirall，一八四一至一九〇四），一般公認為現代加泰隆尼亞主義之父，是一位左派聯邦主義者，他創辦了第一份完全以加泰隆尼亞語編寫的報紙《加泰隆尼亞日報》（*Diari Català*，一八七九年），並組織加泰隆尼亞人民代表大會，第一次會議於一八八〇年十一月在巴塞隆納舉行，匯集當時各界的「加泰隆尼亞獨立主義分子」，從政治派系到非政治文化人物都有[24]。第二次是在一八八三年六月，由加泰隆尼亞中心（Centre Català，成立於一八八二年）籌備，其中埃米拉伊提出這樣的想法：創辦獨立的加泰隆尼亞政治組織，放棄西班牙政黨。加泰隆尼亞中心於一八八四年成為一個政黨，然而由於加泰隆尼亞主義的願景相互衝突，致使成員不易凝聚，在這樣的壓力下，該政黨慢慢解散，最後消失於一九二四年。

儘管如此，加泰隆尼亞中心（和埃米拉伊）還是大力推動《保護加泰隆尼亞精神和物質備忘錄》（Memoria en Defensa de los Intereses Morales y Materiales de Cataluña），俗稱「格里格備忘錄」（Memorial de Greuges），於一八八三年在中世紀海洋貿易館呈交公眾法案給國王阿方索十二世，藉此對大眾喚起中世紀加泰隆尼亞公國議會的作為。備忘錄包括對加泰隆尼亞語和加泰隆尼亞民法的積極辯護，以及探討經濟議題，也設想了在西班牙國家內的相關解決方案。後來，一些保守的加泰隆尼亞主義者提出第二次的請願，為加泰隆尼亞爭取更多自治權，在一八八八年世界博覽會開幕儀式上，把請願提交給阿方索的遺孀——奧地利攝政王瑪麗亞·克莉絲蒂娜（Maria Cristina of Austria，一八五八至一九二九）。

24　另一個著名的團體由詩人阿尼爾·古梅拉（Ángel Guimerà，一八四五至一九二四）領導，以《文藝復興》（*La Renaixença*）雜誌為中心。古梅拉經常獲得諾貝爾文學獎提名，有人懷疑這項榮譽受到西班牙政府阻擋。

同時，有些更為保守的中產階級加泰隆尼亞主義領導人，在一八八七年籌組加泰隆尼亞聯盟（Lliga de Catalana），成員包括建築師多梅內克．蒙塔納和普格．卡達法爾克，以及律師政治家恩瑞克．普拉特．瑞瓦（Enric Prat de la Riba，一八七〇至一九一七），他著有《加泰隆尼亞民族自治論》（*La Nacionalitat Catalana*，一九〇六）。一八九一年，一群加泰隆尼亞社團組織合力組成加泰隆尼亞主義聯盟（Unió Catalanista）這個政治機構，首次的行動是在加泰隆尼亞曼雷沙市召開會議，通過《曼雷沙基本主張》（*Bases de Manresa*，一八九二），該文件後來被認為是授予加泰隆尼亞自治權的法規初稿。

政治上的加泰隆尼亞主義雖然意見分歧，但卻因兩次事件的發展而有所推動，這兩次事件也導致一九〇〇年十月西班牙弗朗西斯科．西爾維拉（Francisco Silvela，一八四三至一九〇五）政府的垮台。其中一個事件是一八九八年時，西班牙失去最後的殖民地（古巴、波多黎各、關島和菲律賓），這場挫敗嚴重羞辱了西班牙的王朝政黨，並強化加泰隆尼亞的民族渴望。古巴向來是加泰隆尼亞彌補財富和損失的來源，這段歷史仍然在沿海村莊的哈瓦那民俗歌謠（habaneres）中傳唱著。

第二個事件是中央政府推動的財政稅收改革建議，引發加泰隆尼亞各地人民的抗議。在一八九九年名為「關閉錢箱」（Tancament de Caixes）的抗議活動中，商人和工業家拒絕繳納稅款。當時的市長巴托梅烏．羅伯特博士（Dr. Bartomeu Robert，一八四二至一九〇二）與他們站在同一陣線，此舉動被解釋為分離主義，行動後來遭到壓制。在此情況下，加泰隆尼亞者聯盟（Unió Regionalista）誕生，後來成為區域主義聯盟（Lliga Regionalista），是二十世紀初加泰隆尼亞獨立分子的主要組織。

然而，菁英並不是這個城市中唯一行動的一群人。一八三〇年代平民主義者的頻繁暴動代表了勞動階級對許多議題的抗爭：西班牙政府努力想在溫和派與激進派之間維持平衡；卡洛斯戰爭強迫招募士兵，且保護主義未能保障產業和就業，就連男人、女人和兒童勞動者的生活條件、甚至是新生的共和國組織也未受保護。例如，一八三六年，對梅洛卡城堡的襲擊導致一百名卡洛斯黨的囚犯死亡。一八三七年，民兵叛亂起義、並宣布一八一二年的憲法，但被軍隊鎮壓。一八四二年，一場叛亂要求西班牙攝政王辭職、召開制憲會議和捍衛保護主義。當巴塞隆納遭受軍隊從蒙特惠克山的砲擊，此事件才結束。一八四三年，民兵軍隊意圖牽制西班牙軍隊，西班牙軍隊從蒙特惠克山和城堡要塞圍困巴塞隆納三個月，這些原用來護衛城市的防禦堡壘，反被利用來對付巴塞隆納的公民[25]。

25 後來另外兩個革命：一九〇九年的悲劇週和西班牙內戰也都是爆發在七月酷熱的城市，在社會動盪不安之際，許多修道院和教堂遭到焚毀。

巴塞隆納成為西班牙工人運動的中心，且連結歐洲的發展。一八五四年七月，發生了一場罷工，工人們反對引進可取代許多人力、只需一位操作員的自動紡紗機器（selfactinas）。一八五五年，西班牙首次發生工人的集體罷工，抗議政府阻撓勞工組織、並要求縮短工作日，同時譴責政府處決了勞工領袖約瑟普．巴塞羅（Josep Barceló，一八二四至一八五五）。

巴塞隆納的工人於一八四〇年成立了第一個工會：棉花紡織工人互助協會（Societat de Teixidors o Associació Mútua de la Indústria Cotonera）。這個協會超越並取代了近代早期在里貝拉消失的同業公會（gremis）。工人自發的組織，與一八六五年巴塞隆納工人代表大會（Congreso Obrero）共同合作發展。到一八六九年，超過四十個類似的社團組織共同成立了勞工協會聯邦中心（Centre Federal de les Societats Obreres），隸屬國際工人協會（First International），到一八七〇年，第一屆全國工人代表大會通過巴庫寧主義（Bakunism），贊成無政府主義和組織工會，而不傾向與政黨合作。一八八八年，世界博覽會的影響下，工人成立了社會主義的勞動者總聯盟（Unió General de Treballadors, UGT），從此對巴塞隆納產生重要影響。

一八八八年的世界博覽會：慶祝與衝突

十九世紀後期是房地產和投機事業的狂熱時代，實際稱之為淘金熱（Febre d'or/Gold Fever），當時由於根瘤蚜蟲疫情摧毀法國葡萄園，全球貿易轉向加泰隆尼亞的葡萄酒，股市因此而振興。加泰隆尼亞文藝復興作家納西斯．奧勒（Narcis Oller，一八四六至一九三〇）創作一部長篇小說《淘金熱》（*Febre D'Or*，一八九〇至一八九二），描繪當時中產階級的全貌，雖然這部作品從未被翻譯成英文，不過書中的視野和深度足以媲美其他著名的當代小說家，如湯瑪斯．曼（Thomas Mann），埃米爾．左拉（Emile Zola）或托爾斯泰（Leo Tolstoy）。

這同時也是全球技術革命的時代，把巴塞隆納及周邊地區的人們連結起來，並以全新方式與世界接軌。例如，蒸汽機、通往殖民地市場和其他城市的鐵路、以及蒸汽船的啟用與發展，都深深改變了城市、國內與國際運輸。巴塞隆納有軌電車於一八七二年開通，最初是在博蓋利亞市場與恩典區的勒塞普廣場（Plaça Lesseps）之間透過畜力通車，直到一九〇七年才完成電氣化。塞達的規劃採用特殊的八角街區來提升電車的流暢運行，後來證明此設計對未來汽車和車輛停放都有好處；一八八九年，巴塞隆納出現第一輛電動汽車「博內特」

（Bonet），由工程師弗朗西斯科・博內特・達爾茅（Francesc Bonet Dalmau，一八四〇至一八九八）專利建造。

在通信方面，電報出現於一八五五年，而西班牙的第一次電話實驗是一八七七年在巴塞隆納的蒙特惠克城堡和城堡要塞之間進行。一八四二年，第一批燃氣燈美化了蘭布拉大道和市中心其他街道，包括費蘭街和聖若梅廣場。一八八二年電燈出現於聖若梅廣場，直到一八八八年舉行世界博覽會時，電燈的使用才延伸到港口、科洛姆大道（Passeig de Colom）和蘭布拉大道。

在十九世紀，技術和建築奇蹟、以及工業發展的成功，都在城市活動和日益擴大的世界交流中展現出成果。繼巴黎、倫敦和其他城市的博覽會之後，巴塞隆納也規劃舉辦一八八八年的世界博覽會，最後由市長弗朗西斯科・里烏斯—陶萊（Francesc Rius i Taulet）大力推動。雖然一開始計畫落後，但里烏斯—陶萊和當地菁英們努力完成了必要的準備工作，整頓在城堡要塞的填海土地，興建臨時的國際大酒店（Grand Hotel Internacional），占地五千平方公尺，擁有六百間客房，以及可容納二千人的大型公寓，建築師路易斯・多梅內克僅用五十三天就完工（這棟臨時建築於一八八九年被拆除）。

一百多天以來，有二十七個國家派代表參加博覽會，超過兩百萬名遊客來訪。在這期間的大多數建築物，包括國家展覽館和高第所設計的跨大西洋輪船公司的展館，後來都被摧毀，但留下的園林綠化公園，仍然是歷史中心附近少數的大型綠地之一。至今仍存在的建築物包括約瑟普·維拉塞卡·卡薩諾瓦斯（Josep Vilaseca Casanovas，一八五八至一九一七）的凱旋門，和多梅內克的中世紀咖啡館，即三龍城堡（Castell dels Tres Dragons），現在成為動物學博物館。世界博覽會的另一個遺跡：哥倫布紀念碑，位於蘭布拉大道盡頭的保羅港（Portal de la Pau）。博覽會甚至成立名為「燕子」（Golondrinas）的遊艇休閒設施，至今仍在舊港口營運。

為期超過一百天的世界博覽會，標誌一種新的城市想像，利用大型國際活動來行銷巴塞隆納這個品牌，重建城市大部分地區，並刺激當地經濟。巴塞隆納在一九二九年舉辦第二次的世界博覽會（蒙特惠克山）、一九九二年的夏季奧運會和二〇〇四年的世界論壇，重新複製一八八八年世博會的成功方案。然而，我們必須把第一次活動視為金融工業城市發展的基石，它強化了文化、經濟和政治議程，並展現出城市菁英的力量，最後促成此一盛事。

資產階級在一八八八年世界博覽會的勝利，不該掩蓋勞動階級的活躍崛起，對於與主導城市發展相衝突的社會主義、無政府主義、和烏托邦基金會的運動，以及和中央政府之間加劇的衝突，都不能被漠視。這一切的問題將造成二十世紀的城市分裂。

第五章

急遽發展的大都會（一九〇〇至一九三九）

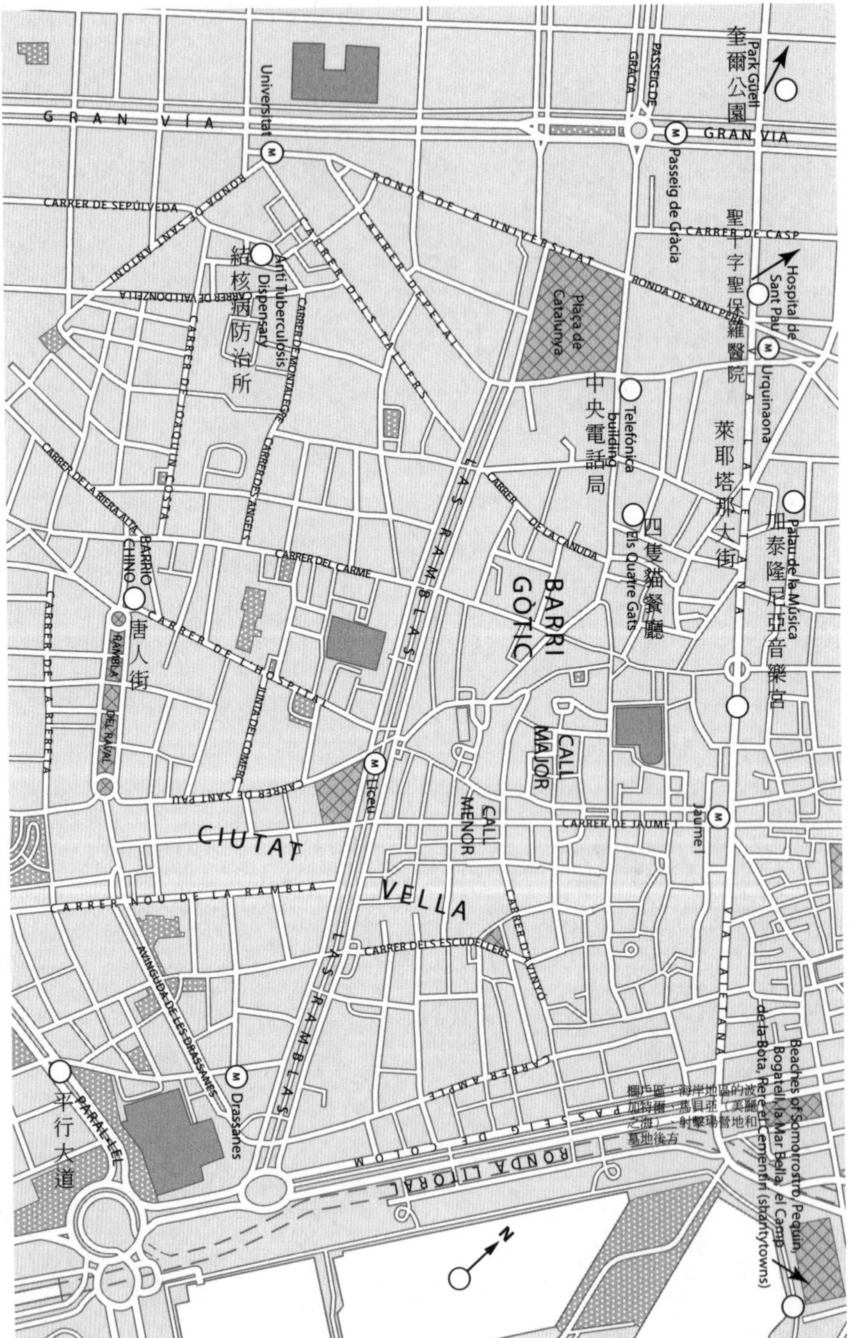
GRAN VÍA
GRAN VIA
Universitat
Park Güell
奎爾公園
PASSEIG DE GRÀCIA
Passeig de Gràcia
CARRER DE SEPÚLVEDA
RONDA DE SANT ANTONI
RONDA DE LA UNIVERSITAT
CARRER DE CASP
RONDA DE SANT PERE
Hospital de Sant Pau
聖十字聖保羅醫院
Urquinaona
結核病防治所
Anti Tuberculosis Dispensary
CARRER DE VALLDONZELLA
CARRER DELS TALLERS
CARRER DE PELAI
Plaça de Catalunya
CARRER DE MONTALEGRE
CARRER DE JOAQUIN COSTA
CARRER DELS ANGELS
Telefónica building
中央電話局
萊耶塔那大街
CARRER DE LA RIERA ALTA
CARRER DE LA CANUDA
Els Quatre Gats
四隻貓餐廳
Palau de la Música
加泰隆尼亞音樂宮
BARRIO CHINO
唐人街
CARRER DEL CARME
BARRI GÒTIC
LAS RAMBLAS
CARRER DE L'HOSPITAL
RAMBLA DEL RAVAL
CARRER DE LA RIERETA
JUNTA DEL COMERÇ
CALL MAJOR
CARRER DE SANT PAU
Liceu
CALL MENOR
CARRER DE JAUME I
Jaume I
CIUTAT VELLA
CARRER NOU DE LA RAMBLA
VIA LAIETANA
CARRER DELS ESCUDELLERS
CARRER D'AVINYÓ
AVINGUDA DE LES DRASSANES
Drassanes
CARRER AMPLE
PARAL·LEL
平行大道
PASSEIG DE COLOM
RONDA LITORAL
棚戶區：海岸地區的波加特爾、馬貝亞（美麗之海）、射擊場營地和墓地後方
Beaches of Somorrostro, Pequín, Bogatell, la Mar Bella, el Camp de la Bota, Rere el Cementiri (shantytowns)
N

巴塞隆納作家愛德華多・門多薩（Eduardo Mendoza）在一九八六年出版的《奇蹟之城》（*The City of Marvels*）小說中[1]，描繪了這座城市在一八八八年與一九二九年兩屆世界博覽會之間的轉變。小說主人翁奧諾弗雷・布維拉（Onofre Bouvila）在父親於古巴經商失敗後，離開加泰隆尼亞內地，偶然認識一群無政府主義者，之後在蓬勃發展的大都會中取得非法的財富。他的快速崛起和面臨的考驗，反應出世紀交替之際城市的活力和矛盾。巴塞隆納延續了十九世紀的經濟、社會、政治、文化和城市擴張的發展，卻面臨到越來越多的抗議、干預和不同願景，最終出現西班牙第二共和國和內戰，徹底改變巴塞隆納、加泰隆尼亞以及西班牙。

一九〇五年左右，在建築師政治家約瑟普・普格・卡達法爾克的帶領下，首度嘗試籌備另一場世界博覽會。一九一七與一九一九年，規劃慶祝電氣工業（Electrical Industries）——這個代表現代化的完美象徵——此計畫得到加泰隆尼亞菁英的支持，但由於歷經了第一次世界大戰、西班牙在摩洛哥的戰爭、以及後來米格爾・普里莫・德里維拉將軍發動的國家政

1 西班牙語第一版於一九八六年在巴塞隆納由Seix Barral出版；英譯本於一九九〇年由Pocket Books出版。電影在一九九九年由馬里歐・卡繆（Mario Camus）製作發行。

變，西班牙在一九二三至一九三〇年實行獨裁統治，因而讓此項計畫延宕了下來。雖然如此，阿方索十三世在一九二九年五月十九日，與普里莫．德里維拉、巴塞隆納市長達里歐．魯謬．弗雷克薩（Darius Rumeu Freixa，一八八六至一九七〇），即第一位費佛男爵（Baron de Viver）[2]，一起參加此次博覽會的開幕式。

如果說一八八八年的博覽會代表城堡公園和聖胡安大道的城市化，那麼一九二九年在蒙特惠克山上則是展現出更出色的城市景觀；這些有氣勢的地點，宏偉的建築和綠化景觀，在一九三六年的民間奧運會（為反對同年的柏林奧運會）和一九九二年的夏季奧運會、貿易展覽會以及旅遊業中被重新利用。蒙特惠克山曾是墓地、避難所，是聲名狼藉的城堡所在地，還聚集了擅自占地者，波布塞克的工人階級社區則擴大到拉瓦爾區附近的山坡。不過，籌備者還是偏好蒙特惠克山的發展潛能更勝於巴索斯河地區（巴塞隆納二〇〇四年在此舉辦世界文化論壇）。

除了青翠的公園之外，與一八八八年博覽會僅存的遺跡相比，一九二九年的遺跡已經融入這座城市，就連要去蒙特惠克山，也是依賴博覽會時所興建的大道，而通往山頂城堡的纜車軌道（帕拉萊爾地鐵站）也是為此次活動開幕啟用的。（儘管有類似的計畫，港口的空中連接直到一九三一年才開始運作）。博覽會活動的影響力，從西班牙廣場（Plaça d'Espanya）的交通樞紐地位便可清楚得知，一如塞達規劃的藍圖，然而在一九二九年，已不只是三條主幹道的交匯處。為了這個世界博覽會，經常與高第合作的現代主義建築藝術大師約瑟普・瑪利亞・朱霍爾（Josep Maria Jujol，一八七九至一九四九）創造了寓意深遠的西班牙河流雕像噴泉[3]。從西班牙廣場經由現今的瑪麗亞・克莉絲蒂娜王后大道（Avinguda de la Reina Maria Cristina）進入世界博覽會區域，兩側有十四個展覽館，現在成為年度貿易展覽會的舉辦地，吸引數千家企業和數百萬遊客（圖5.1）。這條長廊為蒙特惠克山腳下的魔幻噴泉（Magic Fountain）提供光彩炫目的燈光奇景，是建築工程師卡洛斯・布伊加斯・桑斯（Carles Buigas Sans，一八九八至一九七九）的傑作，他為國家宮（Palau Nacional）和世界博覽會的照明設計創造出蒙特惠克山被光環圍繞的標誌形象。

繼續向上走，國家宮能俯瞰全區景觀。自一九三四年以來，它成為加泰隆尼亞國家藝術博物館，收藏了中世紀和文藝復興時期重要的藝術文物。這座近似西班牙文藝復興時期的

---

2 諷刺的是，這個高貴頭銜，代表加泰隆尼亞資產階級的社會同化，卻被保留在一九二〇年代政府欲處理嚴重住房問題時，建造所謂廉價住宅（cases barates）的其中一個社區名稱：費佛男爵（Baró de Viver）。

3 朱霍爾（Jujol）創造米拉之家的鑄鐵裝飾、以及巴特婁之家和奎爾公園的建築特色。這個廣場也曾是巴塞隆納鬥牛場所在地，取代原本在巴塞羅內塔歷史悠久的El Torin。

建築，是由尤金尼・森多亞（Eugeni Cedoya）和恩瑞克・卡塔（Enric Cata）所設計，經過現代加泰隆尼亞建築師以創新方式進行修復。

還有許多國家／主題展覽場館保存至今，逐漸取代現代主義，偏向新古典主義的「百年主義」風格，展現出歷史的價值，而當中有三個建築物特別具啟發性。建築史上最具重要意義的建物之一，是建築師路德維希・密斯・凡德羅（Ludwig Mies van der Röhe，一八八六至一九六九）設計的德國國家館，其時尚、優雅的線條和流動空間，將國際風格引入巴塞隆納。這個德國館在活動結束後被拆

圖5.1：一九二九年世界博覽會的海報，圖中地標為國家宮

除，但仍然是現代建築和設計的參考指標（包括設計獨特的巴塞隆納椅）。一九八六年，巴塞隆納城市規劃總監奧里歐・博希加斯（Oriol Bohigas）委託三位主要建築師伊賈西・蘇拉—莫拉萊斯（Ignasi de Solà-Morales）、克里斯提安・西里西（Cristian Cirici）和費南多・拉莫斯（Fernando Ramos）重新建造。

相較之下，西班牙村（Poble Espanyol）仿建西班牙各省最有特色的門面建築和街景，許多明顯失真的錯誤令批評者感到困惑。雖然對一九二〇年代不常旅行的遊客極具吸引力，但近年來此地一直在努力尋找定位。世界博覽會的會場是由佩雷・多梅內克・洛拉所設計，他父親是一八八八年世界博覽會中重要建築的設計師路易斯・多梅內克・蒙塔納。這個體育場（指的是蒙特惠克奧林匹克體育場Estadi Olímpic de Montjuïc，後改名為Estadi Olímpic Lluís Companys）經過翻新，並重新在一九九二年奧運會中啟用。

一九二九年的世界博覽會致力於大規模的景觀綠化，以增加城市的綠色空間，同時將佩德拉韋斯郊區（Pedralbes）開放為私人房地產，而奎爾家族在當地具有重要地位。巴塞隆納缺乏實質公園綠地，使得它與歐洲那些擁有宮殿花園景觀的皇家首都不同（例如，馬德里的麗池公園或巴黎的杜樂麗宮），投機性的城市化破壞了塞達對綠色城市的願景。

法國偉大的景觀建築師尚・克勞德・尼古拉斯・福雷斯蒂埃（Jean Claude Nicolas

Forestier）在他的弟子尼古拉．魯比奧．圖杜里（Nicolau M. Rubió Tudurí）的協助下，設計規劃蒙特惠克山的花園景觀，尼古拉在許多公園、建築專案和著作中，都致力於巴塞隆納城市和加泰隆尼亞地中海地區歷史遺跡的園林設計。

然而，一九二九年的世界博覽會，和同年在塞維亞舉行的伊比利亞美洲博覽會一樣，都是在危險時代開幕。倫敦證券交易所於一九二九年九月崩盤，紐約證券交易所在十月緊隨其後，全球陷入經濟蕭條。世界博覽會於一九三〇年一月十五日正式閉幕，為巴塞隆納留下了巨額債務。幾週之內，普里莫．德里維拉失勢，逃往巴黎，並在那裡過世。阿方索十三世為一八八八年世界博覽會揭幕時才年僅兩歲，一九三一年四月十四日，隨著新共和國時代的開始，他被迫退位，展開流亡生涯。

一九二九年世界博覽會的複雜故事，讓我們看到在一九〇〇至一九三九年的巴塞隆納中，整個城市的夢想和鬥爭的高潮，無論是右翼還是左翼，古老家庭或是移民，都參與其中。巴塞隆納憑藉價格較低的電力，和第一次世界大戰（一九一四至一九一八）西班牙的中立優勢，躍升為全球經濟中心。工商業的蓬勃發展嘉惠了當地穩固的資產階級，無論是在擴展區的家庭住宅（和加泰隆尼亞各地的避暑別墅），或是對藝術和時尚的贊助，甚至是獲得貴族頭銜，都可以看出城市的發展。這座城市藉由地鐵來和萊耶塔那大街等大都市的基礎設施做連結，整合了恩典區、桑茨和奧爾塔等外圍市鎮。

同時，十九世紀開始的加泰隆尼亞文化復興受到政治行動的鞏固，加泰隆尼亞語在教育、藝術和文學方面找到了新力量。政治上的加泰隆尼亞主義在此期間達到高峰：加泰隆尼亞聯邦（Mancomunitat de Catalunya，一九一四至一九二五）成立後、以及西班牙第二共和國通過第一個加泰隆尼亞自治法（Estatut d›Autonomía，一九三二）之前。然而在普里莫·德里維拉、第二共和國及內戰期間左翼政權的統治之下，菁英得到的是中央集權主義者的負面回應。

此外，這種霸權挑戰了工人的夢想，他們持續組織全球社會主義者、無政府主義者和激進分子，發起抗議運動，導致全城各地不斷發生罷工和暴力衝突，還破壞許多宗教機構。一九〇九年的悲劇週為巴塞隆納獲得新的綽號：「火玫瑰」（la Rosa de Foc）。同時，在拉瓦爾區的唐人街（Barrio Chino）中，貧窮、賣淫和移民成為資產階級和旅行者眼中的奇觀，也有人視此地為團結和改革的場所。這些社會主義者和全國勞工聯盟（CNT: Confederació Nacional del Treball）的夢想計畫，結合了無政府工團主義者的訴求，吸引城市的邊緣人口，在一九三〇年代找到新的爭鬥場，讓衝突變得更加劇烈。

這些矛盾導致地方、國家和全球的暴力衝突。對現今的遊客來說，需要了解巴塞隆納在那個時代的舊城區和擴展區的社會和文化情勢。在概述過政治、經濟、城市和文化，以及期間男女老幼的生活和工作環境之後，本章會結束於西班牙第二共和國和內戰時期。本章將討論對於加泰隆尼亞主義者、和積極尋求改革西班牙、以及加泰隆尼亞的左派激進分子，這十年來面臨的深刻挑戰。特別是一九三六年的軍事起義和內戰，對於改變巴塞隆納的革命性辯論，還有當西班牙和外國軍隊征服與占領巴塞隆納之後，巴塞隆納的政治認同陷入了多年的鎮壓和秘密抵抗。

由上解讀巴塞隆納：從勝利的加泰隆尼亞主義到中央集權的獨裁統治

當巴塞隆納在二十世紀繼續發展成為工業、金融和通訊中心，它的經濟發展也與政治上的加泰隆尼亞主義有著密切相關，建立在工業城市的經濟實力和加泰隆尼亞文藝復興的計畫上。一九〇一年，加泰隆尼亞主義聯盟和加泰隆尼亞中心（隨後還有加泰隆尼亞組織 Lliga de Catalunya），合併組成區域主義聯盟，形成傾向保守的君主專制政黨，但仍然表達資產階級希望西班牙政府讓加泰隆尼亞自治的渴望。一九〇一年，此聯盟選舉獲勝被稱為四位黨主席的勝利，他們代表著複雜的金融與工業政治菁英網，包括政治家、知識分子、製造商、地主和多才的建築師多梅內克·蒙塔納。這聯盟在一九〇五年的市政選舉贏得多數席位。

一九〇七年的全國大選凸顯加泰隆尼亞對於被國家干預的反應。名為《*Cu-Cut!*》的雜誌刊登一則諷刺漫畫，被認為冒犯了西班牙軍方，於是政府通過一項新的國家法律，規定任何針對軍方或國家的犯罪，都將立即移交軍事審判。因應此事，所有政黨聯合起來，形成強大的加泰隆尼亞獨立團結聯盟（Solidaritat Catalana），不過由亞歷山大·勒魯克斯（Alejandro Lerroux，一八六四至一九四九）領導、受到工人和移民支持的激進共和黨（Radical Republicans）並未加入。儘管如此，強大的團結聯盟還是令人極度憂心，幾年之內，左派分子漸漸離開，特別是在一九〇九年悲劇週期間面臨工人階級反叛之際。

區域主義聯盟設法利用西班牙法律的新條款，允許省級代表合併為聯邦（Mancomunitat），成為自一七一四年以來第一個加泰隆尼亞區域的自治政府。一九一四年成立，到一九二五年解散，在兩位重要的加泰隆尼亞知識分子——恩瑞克·普拉特·瑞瓦和約瑟普·普格·卡達法爾克——的領導下，加泰隆尼亞聯邦自治政府推動加泰隆尼亞的現代化，在公共工程、社會、教育、文化、科學和衛生改革方面，建立新的基礎設施。例如，新的工業大學（Escola Industrial）設立於坎普羅（Can Batlló）棉紗工廠舊址[4]，旨在提升加泰隆尼亞工業工人的專業技術能力，並提高區域競爭力。一九〇七年成立加泰隆尼亞研究所（Institut d'Estudis Catalans），後來搬到哥德式的聖十字醫院（Casa de la Convalescència），致力於文化遺產的維護，其中包括保存山區教堂聖殿原始的羅馬式壁畫（移至國家博物館），以及統一規範加泰隆尼亞語。

加泰隆尼亞聯邦持續了十年，證明區域主義聯盟的施政管理表現，也在巴塞隆納和加泰隆尼亞中樹立強大的傳統，不過它對西班牙政府的影響比較有限。對於十九世紀夢想的西班牙聯邦制願景，並未在全國引起太大共鳴。而且他們也沒能夠在馬德里中央政府安排重要閣員，因此，與西班牙國家主要商品市場維持友好關係，在隨時可能爆發衝突的城市中保障社會秩序，在處於這種情況之下，也面臨著強化加泰隆尼亞民族主義的立場、以及如何繼續發揮影響力的問題。

在電力和新基礎設施的鞏固下，舊的蒸汽動力工廠黯然失色[5]，巴塞隆納的工業幾十年來，在冶金、化工、建築材料、電機和汽車等領域實現多元化發展。這個工業城市對波布塞克和波布雷諾社區（Poble Nou）[6]周邊的工廠、煙囪和住房進行整合。西班牙在一次大戰時保持中立地位，使巴塞隆納的製造業因而蓬勃發展，成為轉口港和交戰雙方的供應商；然而，這對工人來說卻沒什麼好處，生活物價飆升，而他們的工資幾乎沒有增加，這現象導致戰後爆發出猛然的挫敗感。當米格爾．普里莫．德里維拉將軍取得獨裁政權後，結束了這個動蕩的時代，西班牙在經歷內亂、以及在阿努瓦勒（Annual）慘遭摩洛哥軍隊擊敗之後，已然元氣大傷。

---

4 以烏格爾街（Urgell）、貝拉多瑪街（Viladomat）、羅塞洛街（Rosselló）和巴黎街（Paris）為界。工廠始建於一八六八至一八六九年，於一八八九年結束營業。眾議員委員會在一九〇八年買下這片土地，建設一座校園，當中有實驗室、校舍和工作室，這個現代化建築群至今仍由眾議員委員會經營管理，用於教育和城市活動。

5 電力供應來自於庇里牛斯山的水力發電中心，在內戰期間受到攻擊。兩座中央暖氣供應廠也提供城市所需：一座位於附近的貝索斯聖阿德里亞市（Sant Adrià del Besòs），由加泰隆尼亞能源公司（Energia Eléctrica de Catalunya）於一九一二至一九一三年間建造，一直運作到一九五〇年代，在一九七〇年代被新的中心所取代。另一座是由巴塞隆納電力公司（Barcelonesa de Electricidad）在一八九七年建造於波布塞克，後來被La Canadenca收購。這家電力廠的三個煙囪形成城市地標，現在變成了辦公室和公園。

6 波布雷諾社區（Poble Nou）現在重振成為稱號「22 @」的技術創新區，保留了這時期重要的工業建築，例如龐培法布拉大學（Pompeu Fabra University）的資訊傳媒校區，保有Ca l’Arna舊紡織工廠建築（位在丹涅街Carrer de Tanger和拉庫納街Carrer de la Llacuna之間）；巴塞隆納大學終身學習部門的所在地，原為Can Canela紡織工廠舊址，位於格拉納達街（Carrer de Granada）和丹涅街之間。另外還有一些Can Ricart紡織廠舊建築，座落於埃斯普隆塞達街（d’Espronceda）、畢爾包街（Bilbao）、摩洛哥街（Marroc）和秘魯街（Peru）等地之間，現在成為沿著佩德羅四世街（Carrer de Pere IV）的群聚工廠被重新使用。當然，其他很多地方已被摧毀，因為該社區已轉變成後現代玻璃建築的景觀，更讓人感覺像是身處紐約，而非巴塞隆納。

普里莫．德里維拉將軍在一九二三年成為加泰隆尼亞的上尉，與擁護君主制的菁英建立關係，並領導全國政變來抵制加泰隆尼亞主義。他獨裁壓制加泰隆尼亞聯邦自治，再次禁止使用加泰隆尼亞語和加泰隆尼亞國旗。諷刺的是，他的保護主義可能緩和了全球經濟大蕭條帶來的衝擊，起碼在幾年後，西班牙才在一九三〇年代受到影響。

同時，隨著保守的加泰隆尼亞地區聯盟逐漸消失，一股新的秘密勢力崛起，即加泰隆尼亞共和國家黨（Republican Catalanism of Estat Català），成立於一九二二年，由弗朗西斯科．馬西亞上校（Colonel Francesc Macià，一八五九至一九三三）所領導。一九三一年，加泰隆尼亞國家黨（Estat Català）與加泰隆尼亞共和黨（Partit Republicà Català）和意見團體合作，組成加泰隆尼亞共和左翼黨（Esquerra Republicana de Catalunya, ERC），這是一個主張加泰隆尼亞共和主義的政黨，也是二十一世紀強力主張獨立的支持者。

由下解讀巴塞隆納：從炸彈之城到街道上的死亡

隨著工業化的不斷發展，抵抗力量也在增長，全城不斷出現工人行動、組織和炸彈事件。儘管工作場所和住房條件惡劣，還是有許多男女從更偏遠的地區到城市來找工作。工業化的擴展，讓工人們不論老少都積極地發聲或抵制，抗議他們的工時、工資、生活條件和福利等。工會一般不與政黨結盟，尤其是主張加泰隆尼亞主義的保守政黨：相反的，巴塞隆納的工人階級運動往往是由無政府主義者、自由主義者和反國家人士所發動。

這種精神在一九〇二年二月十七日癱瘓全城的總罷工中完全表現出來。數千名工人及工會要求將工時減至九小時，由此而產生了重大紛擾。這次罷工也顯示出無政府主義者和社會主義者之間的分裂，因為後者並不支持罷工，甚至阻止罷工蔓延至西班牙其他地區。儘管如此，來自兩陣營的領導人，尤其是那些非正統、利用工會作為鬥爭和抵抗工具的人，聚集成立了工人團結工會（Solidaritat Obrera），它建立在各種工人協會的基礎上，成為工人運動的主要防禦組織。然而，社會主義仍傾向處於邊緣地位，工人團結工會在一九一一年的第二次代表大會後，成立了全國勞工聯盟（CNT），成為西班牙主要的無政府主義者聯盟。激進派是工人運動的第三股潮流，由亞歷山大．勒魯克斯鼓吹主導，他本人是來自安達魯西亞的移民，後來被人稱為「帕拉萊爾的皇帝」（Emperor of the Paral.lel）。在勒魯克斯後來的民族生涯論述中，他變得越來越反對加泰隆尼亞主義者。

抗議運動、工會和政黨在悲劇週的事件中面臨到了危機。悲劇週是一九〇九年七月席捲巴塞隆納的平民主義叛亂（圖5.2）。導火線始於西班牙政府呼籲預備役軍人去摩洛哥作戰，以捍衛殖民主義的礦主（包括奎爾家族）的利益。這種動員嚴重影響到男性工人階級，尤其是已婚生子的人，因為他們沒有錢可以設法擺脫兵役服務。當預備役軍人準備登船時，爆發了一場自發性、混亂的、沒有組織與領導人的草根革命，接連數日衝擊巴塞隆納全城[7]。工人們用鵝卵石建造許多路障，肆虐或燒毀八十個宗教機構；一些神職人員也被殺害。暴徒闖入墓穴，拿著屍骨殘骸示威遊行，以此作為修道院殘酷不道的證據。經巴塞隆納上層人士同意，政府採取野蠻的鎮壓。期刊雜誌和工人相關機構被迫關閉，二千多人被捕並遭到起訴，五人在蒙特惠克城堡被處

圖5.2：一九〇九年巴塞隆納悲劇週期間拍攝的照片。

決，其中包括無政府主義教育家弗朗西斯科・費雷爾—瓜迪亞（Francesc Ferrer i Guàrdia，一八五九至一九〇九），他是自由主義學派現代學校（Escuela Moderna）的創始人[7]；在此處，教育就像語言一樣，已成為巴塞隆納身分認同的戰場。沒有令人信服的證據證明他參與其中，但卻受到殺雞儆猴的懲罰，並廢除他那與西班牙嚴格天主教教育相抵觸的世俗學校。然而，國際社會對他的死刑執行表達強烈抗議，讓西班牙政府主事者垮臺。

當階級對立關係升高之際，西班牙在第一次世界大戰的中立地位，使城市經濟得以成長，為交戰的雙方提供資源。巴塞隆納成了間諜和搞陰謀破壞者的沃土，城市的富豪階級偏好日益流行且服務各階層觀眾的休閒文化，包括各種酒吧、劇院、歌舞廳、音樂廳和各類型活動展示。這個時期的一個成果，就是把帕拉萊爾大道（Paral.lel/Paralelo，官方名稱為Avinguda Marques del Duero）變成城市裡低俗頹廢的娛樂中心。塞達原先設計的這條大道，是從港口一直延伸到西班牙廣場，將風評不佳的唐人街與工人階級的波布塞克區分隔開。它的黃金時期可與巴黎的蒙馬特（Montmartre）相媲美，而如今只有少數劇院倖存。埃爾莫利

7 這個時期的經典研究之一為 Joan Connolly Ullman, *The Tragic Week* (Cambridge, MA: Harvard University Press, 1968)。比較近期的分析則參閱 Joan Ramon Resina, *Barcelona's Vocation of Modernity* (Stanford University Press, 2008)。

諾（El Molino）是倖存遺跡之一，這是個低級趣味的歌舞廳，於一八九八年開放，在一九一〇年採用了巴黎名稱「小紅磨坊」（Petit Moulin Rouge）。後來，因「紅色」一字與共產黨的政治聯想，被佛朗哥政權禁用[8]！

然而，一戰結束後卻為城市帶來嚴重的金融和工業危機。在繁榮時期的期間，工人的悲慘狀況沒有被改善，他們受到CNT和其他工會的鼓舞，支持一位富有魅力的領導者薩爾瓦多・塞吉（Salvador Segui，一八八六至一九二三），綽號「糖男孩」（el noi del Sucre）。這些無產階級發現，他們可以透過集體行動來打擊資產階級和政府，像是一九一九年的全民大罷工（Vaga de la Canadenca，意指反加拿大人的罷工）。首先發難的是歐洲最大的電力供應商——巴塞隆納運輸光電公司（Barcelona Traction, Light and Power, BTLP）的一個部門，該公司創建於加拿大多倫多，供電給巴塞隆納。當公司會計部著手削減工人工資時，工人們於二月初開始罷工，到了二月二十一日，罷工行動擴及城市交通、水力、煤氣和電力的工人。到二月底，所有公司的工人都加入罷工陣線。隨著城市陷入癱瘓，暴露出現代化的脆弱。西班牙政府擔心危機蔓延，決定進行調解，並逼迫業主同意工人的許多要求，包括每天工作八小時、加薪、工會認可、和釋放被逮捕的抗議人士。

工人和業主之間更激烈的衝突蔓延到了街頭，殘酷的鬥爭被稱為「槍戰暴力」

（pistolerisme）。超過五百名的工會領袖被業主僱用槍手暗殺；而業主也遭遇工人越來越強力的反彈。受害者之一是薩爾瓦多・塞吉，於一九二三年三月十日在唐人街區的卡德納街（Carrer de la Cadena）和聖拉斐爾街（Carrer de Sant Rafael）的交叉路口被暗殺。佛朗哥政權結束之後，以他為名的廣場被納入拉瓦爾的蘭布拉大道。這一時期的最佳寫照是胡安・奧勒（Joan Oller，一八八二至一九七一）的小說，《街道殺戮》（*Quan mataven pels carrers*，書名暫譯）。

城市中無產階級的激進主義，就像資產階級的各種加泰隆尼亞主義一樣，受到日益嚴苛的軍事控制，於是被迫轉入地下組織，特別是在一九二三年普里莫・德里維拉的政變之後。相對於更加保守的加泰隆尼亞主義，激進分子積極地參與共和國以及內戰期間的各種鬥爭行動[9]。

---

8 http://elmolinobcn.com/language/en.

9 José Luis Oyón, *La Quiebra de la ciudad popular: espacio urbano, inmigración y anarquismo, 1914-1936. Barcelona de entreguerras, 1914-1936* (Barcelona: Serbal, 2009).

邁向城市新面貌

在一九〇〇年，巴塞隆納城市的人口只有五十萬，而在一九三〇年，巴塞隆納成為西班牙第一個居民人數超過一百萬的城市。貿易擴張需要新的公共工程，因此像是新地鐵、萊耶塔那大街的通車、以及與一九二九年世界博覽會相關的建設計畫相繼推出。這相對吸引了來自加泰隆尼亞內陸和西班牙其他地區的人，這些人待在這座擁擠的城市，當然需要工作、食物、住房和社會設施。

如同世界各地許多城市一樣，巴塞隆納透過吸納平原（pla de Barcelona）上的其他市鎮而日益茁壯。一八九七年，巴塞隆納合併了以前獨立的自治市：桑茨、勒科茨（les Corts）、聖耶瓦西—卡索萊斯（Sant Gervasi de Cassoles）、恩典區、聖安德魯—帕洛瑪和聖馬蒂—普羅旺斯。奧爾塔於一九〇四年併入，一九二一年又合併了位在科利塞羅拉山脈（Collserola）的薩里亞和聖奎烏多洛達（Santa Creu d'Olorda），隨後於一九二四年合併科布朗克（Collblanc）和奧斯皮塔萊特海岸區（La Marina d'Hospitalet）。巴塞隆納的最後一次歸併是在佛朗哥時期，於一九四三年合併邦巴斯托（Bon Pastor）和費佛男爵（Baró de Viver）工人階級社區。這些地區成為巴塞隆納於一九八四年重新調整的十個現代化行政區。

二十世紀國際化的巴塞隆納，與歐洲其他國家的首都相互競逐財富和地位，這點明顯展現在格拉西亞大道日益優雅的外觀、繁榮的商業、以及擴展區的合併。誠如上一章所見，十九世紀的小宮殿和木屋，特別是在中心地區，變成精心設計的多樓層公寓建築，排列在資產階級大街兩旁，街上還有精美的商店。隨著時間發展，一些菁英家庭搬到更遠的地方，像是薩里亞，而高第設計的花園城市奎爾公園（一九〇〇至一九一四），後來發現因為位置太遠（也太不尋常），無法吸引菁英客戶；歐塞比·奎爾·巴希伽盧比在一九一八年去世後，繼承人把奎爾公園賣給城市，成為大眾公園。現以「藍色電車」（Tranvia Blau）聞名的蒂比達博大道／安德魯醫生廣場（Placa del Doctor Andreu），是由一位有錢的醫生規劃的線性城市花園，吸引了富裕家庭和著名建築師，如恩瑞克·薩尼耶·維拉瓦契亞、胡安·盧比歐·貝爾韋（Joan Rubió Bellvé）、尼可拉·瑪利亞·盧比歐圖都里，他們在城市景觀設計方面都十分具影響力。相較於早期現代主義的城市主流，這些家庭建築中，有許多採用了更古典的風格。

事實上，在二十世紀，現代主義受到「新世紀主義」的挑戰，試圖以新方式重新思考新古典主義的文學、藝術和建築。這個名稱是由詩人和散文家歐根尼·多斯（Eugeni D'Ors，一八八一至一九五四）所創造，影響了博覽會的許多建築，也影響城市各地的建築物，包括位於拉瓦爾區的米蘭—豐塔納爾斯學校（Escola Milà i Fontanals），由約瑟普・戈迪・卡薩斯（Josep Goday i Casals，一八八一至一九三六）設計建造，以及位於萊耶塔那大街主教堂附近的加泰隆尼亞企業及商業聯盟，由阿道夫・弗洛倫薩（Adolf Florensa）設計建造（一九三四至一九三六）。新世紀主義者還希望打造偉大的巴塞隆納（Gran Barcelona），成為完全城市化和現代化的加泰隆尼亞城市（Catalunya-ciutat）世界中心[10]。

巴塞隆納的藝術和思想幾乎不是單一或狹隘的。法國藝術家莫里斯・烏特里羅（Maurice Utrillo，法國後印象派畫家）據聞是西班牙藝術評論家米克爾・烏特里羅的「私生子」。年輕的畢卡索（一八八一至一九七三）在巴塞隆納和加泰隆尼亞的鄉村找到自己的理想，他在這個時期經常光顧的場所，是位在天使門附近蒙西奧街（Carrer de Montsió）的四隻貓咖啡館（Quatre Gats），至今仍是具有現代化裝潢的餐廳。這個咖啡館於一八九七年在馬蒂之家（Casa Martí）一樓開業，是約瑟普・普格・卡達法爾克設計的現代主義中世紀風格建築，此地成為創意的源泉，由年輕時的畢卡索設計的菜單封面，現今在巴塞隆納各地仍被複製使用。米羅（一八九三至一九八三）於一九〇七年加入巴塞隆納工藝美術學院（Escola de la Llotja），薩爾瓦多・達利（Salvador Dalí，一九〇四至一九八九）於一九二〇年代在巴塞隆納進行展出，同時與巴黎、馬德里等其他歐洲藝術家和知識分子都有往來。

然而，巴塞隆納的城市發展，暴露出住房和服務不平等的長期問題。一些移民與加泰隆尼亞有共同的文化和語言關係，包括來自威斯卡（Huesca，亞拉岡），特魯埃爾（Teruel，亞拉岡）和卡斯特利翁（Castellón，瓦倫西亞）的移民；其他則是來自西班牙東南部偏遠省分，如莫夕亞和阿爾梅利亞（Almeria）等，是社會和經濟背景完全不同的卡斯提亞人。對這些人來說，融合並不容易，而「莫夕亞人」（murciano）漸漸成為移民的貶義詞。這個剛開始的爭論議題，預告著一九五〇／一九六〇年代來自貧困地區的經濟移民（Xarnegos）、一九七〇年代的北非馬格里布移民（Maghrebis）、和一九九〇年代的中國移民，他們所陸續要面臨的挑戰。

工人階級是在城市的拉瓦爾區和巴塞羅內塔的舊中心，以及波布雷諾社區和拉布雷加特河的奧斯皮塔萊特（L'Hospitalet de Llobregat）等偏遠地區發展起來。隨著工業城市在自由市場中的爆炸式成長，要為窮人提供住房代表需要細分現有的住房單位、占用原本非住宅的空間、以及讓更多房客分租現有住所。一九二七年，為因應大量移民，共同租房（pensiones）激增，有十萬居民必須忍受這種生活條件。

10 Chris Ealham, *Class, Culture and Conflict in Barcelona 1898-1937* (London: Routledge, 1989).

另一個解決方案是建造小屋（barraques）或鐵皮棚屋（shanties），即城市中非正規的住房。這種利用廢棄材料、幾乎不可能滿足衛生或居住基本條件的自建房屋，通常在城市外圍地區興起。最早出現在一八七〇年代，沿著巴塞羅內塔和巴索斯河之間的海岸地區，構成索莫羅斯特（Somorrostro）和北京（pequín，可能有中國居民在此）的核心地區。在一九二〇年代，棚戶區帶著生動的名稱如雨後春筍般湧現，像是波加特爾（Bogatell）、馬貝亞（la Mar Bella，美麗之海）、射擊場營地（Camp de la Bota，法國占領下的射擊場）和Rere el Cementiri（墓地後方）。雖然這些棚戶區後來被建築取代，不過其中一些名稱在當代海濱開發中被保留下來。十九世紀記載的蒙特惠克山棚戶區和洞穴居民，也在二十世紀迅速成長；在該地區發現了三千五百多個棚屋，有些因世界博覽會而遷移，其他的最終是為了奧運會而整頓拆除。不過這些地方仍然缺乏學校和醫療服務[11]。

政府因應住房危機的第一項計畫是廉價住房法案（Ley de las Casas Baratas），於一九一一年獲得批准，並於一九二一年延長，在普里莫．德里維拉政權中得以延續。該法案旨在推動工人階級的住房建設，通常是一層至兩層的住宅，選擇建於不符合其他專案需求的土地上。巴塞隆納市政府於一九二一年成立了都市住房基金會（Municipal Housing Foundation），在城市周邊的工人階級地區打造四個建築群。當中有兩個保留至今：努巴里斯社區（Nou Barris）的拉蒙奧伯（Ramón Albó）、坎帕格拉（Can Peguera）建築群，以及聖安德魯的邦巴斯托（Bon Pastor）、米蘭柏斯科（Milans del Bosch）房屋。

隨著城市的擴充，以前城牆內的中心也開始發生變化。一八五九年的塞達計畫不僅只是一項城市發展計畫，還是一個改革藍圖。這位社會工程師敏銳地意識到城市中許多人的可怕生活狀況，他仔細觀察記錄，提出行動方案，希望減少人口密度，改善光線、通風和衛生條件。

其中一項改革就是開闢三條交通要道，能連結中世紀遺留的許多街道和馬路。城市規劃師安傑・拜塞拉斯（Àngel Baixeras，一八三四至一八九二）在一八七八年提出的巴塞隆納內部改造計畫（Pla de reforma interior de Barcelona）中對此改革模式做了清楚解釋，市政府於一八九八年批准這項計畫，其中包括徵收私人業主房產的條款。三條要道的一條大街橫跨整個城市，垂直於蘭布拉大道，一條從山上延伸到海邊，與另一條從擴展區到港口的寬闊大道相交。蒙塔納街（Carrer de Muntaner）原本規劃要通過拉瓦爾區延伸到皇家造船廠，不

11 巴塞隆納城市歷史博物館（MUHBA，Museu d'Historia de la Ciutat）有精采的展覽，詳細闡述棚屋的歷史故事；同時參閱 Mercè Tatjer & Cristina Larrea Killinger (eds.), *Barraques. La Barcelona informal del Segle XX* (Barcelona: Ajuntament, 2010)。

過數十年來，以分段方式陸續完成。保羅克拉里斯街（Carrer de Pau Claris）延伸到港口附近的波克斯德恩的門廊建築（Porxos d'en Xifré）。跨大西洋郵輪集團與伊比利殖民地銀行合作，籌集資金，開拓其中一條主要幹道（Avinguda A），就是後來的萊耶塔那大街。

光在這個過程中，就有兩千座建築物被摧毀，包括房屋住宅和歷史建築，其中部分建築最終落腳在城市其他地方：多梅內克．蒙塔納把聖瑪爾塔教堂（Santa Marta）的巴洛克風格門面放進聖十字聖保羅醫院，而森馬納特侯爵宮殿的一面窗戶，成為加泰隆尼亞政府宮附近自治區首長官邸中的歷史文物。同時，有一萬人流離失所；窮人在任何可能的地方尋找棲身之地。

城市除了零碎的重建之外，也致力於重新評估市中心的價值。這個時代重視哥德區的初步「中世紀復興」，特別是主教堂周圍的地區，包括完成主教堂建築的哥德式立面。到一九一一年，外國遊客觀光協會（Sociedad de Atracción de Forasteros）已把這個地區推銷成遊客必經之地[12]。

在一九二九年的世界博覽會中，許多參觀者在拉瓦爾區（被劃為第五區，一八九七年後皇家造船廠併入其中）發現一個同樣具有吸引力、卻有點尷尬的觀光區域。一九二〇年代，醫院街和皇家造船廠之間的區域被稱為唐人街。雖然有些人認為，當時有中國商人出現在這個城市，但此名字是記者弗朗西斯科・馬德里（Francisco Madrid，一九〇〇至一九五二）所創造，用來表達國際化的全球地位：既然每個大城市都有其邪惡神秘的區域，巴塞隆納亦然，需要有自己的「中國城／唐人街」[13]。

這個後工業區包括狹窄的住房和工廠車間，周圍環繞著休閒場所、酒吧、小酒館、歌舞雜劇和妓院。雖然面積不到一平方公里（約一百公頃），但到了一九三〇年，已有超過十萬居民在此棲身。該地區位在港口旁邊，與犯罪和不法行為有密切關聯，包括乞丐、扒手、走私者和其他在城市經濟邊緣求生存的人。巴塞隆納工業蓬勃發展，大批移民湧入尋找打零工或公共工程的工作機會，拉瓦爾區成為他們的住房和社區。事實上，像克里奧亞（La Criolla，一九二五年開業，是當時巴塞隆納有名的歌舞廳，混雜各階層的人）這類的酒吧或歌舞廳，成了安達魯西亞佛朗明哥舞蹈的民族中心，結合南方和吉普賽移民、以及現代錄音

12　Agustín Cócola Gant, *El Barrio Gótico de Barcelona: Planificación del pasado e imagen de marca* (Barcelona: Ediciones Madroño, 2011).

13　Gary McDonogh, "The Geography of Evil: Barcelona's Barrio Chino," *Anthropological Quarterly* 60:4 (October, 1987): 174-85。關於唐人街的傳說，有許多文學和社會歷史著作。西班牙語的主要參考文獻為Paco Villar, *Historia y leyenda del Barrio Chino* (Barcelona: La Campana, 1996)。

和廣播技術[14]。這個地區也是高度政治化的，是全國勞工聯盟（CNT）強大的基地，有各種協會、合唱團體、期刊雜誌以及活躍於政治的女性組織。

這些與犯罪和賣淫有關的城市社會底層，吸引了渴望聳動、驚人和道德恐慌的記者與偷窺者。這些形象充斥在《醜聞》期刊（*El Escándalo*）中，記者弗朗西斯科．馬德里（Francisco Madrid）在一九二五年的文章裡，首次使用唐人街的名稱，隨後在他一九二六年出版的驚悚小說《血腥皇家造船廠》（*Sangre en Atarazanas/ Blood in Drassanes*，書名暫譯）當中擴大渲染。經常與他合作的作家安傑．馬薩（Àngel Marsà），也在同一雜誌撰寫關於小偷、同性戀俱樂部和毒窟的聳動文章，引起道德恐慌和改革的呼聲。或許，對唐人街最辛辣的描繪，是出自貴族作家約瑟普．馬利亞．薩加拉（Josep Maria de Sagarra，一八九四至一九六一）那令人愕然的作品《私生活》（*Vida Privada*，一九三二），書中對於上流社會的男女到此地區探險活動有詳細著墨，其中包括夜總會、性愛表演、與變性人的接觸。然而，對許多讀者來說，真正恥辱的地方，並不是上流菁英的所見所聞，也不是他們探險後的表現，而是書中的角色人物清晰地反應出當時的社會現狀。

由於時空和文化的變化，二十世紀的巴塞隆納在城市空間、階級、政治和權利方面分歧更為嚴重。私人豪宅和教堂在擴展區激增，資產階級支持加泰隆尼亞語、利塞奧大劇院和加泰隆尼亞企業及商業聯盟，中產階級和工人階級則在努力掙扎求生。下層階級的暴力一如現代化，會影響城市的形象，尤其當新共和國還處於實驗階段時。

西班牙第二共和國時期的巴塞隆納

早在阿方索十三世流亡之前，加泰隆尼亞國家黨連同西班牙各地的人，以及巴斯克自治區的聖塞巴斯提安（San Sebastián），一起為新共和國奠定基礎。一九三〇年十月，社會主義者加入包括西班牙工人社會黨（PSOE: Partido Socialista Obrero Español）和勞動者總聯盟（UGT）的協商。在一九三一年四月十二日的地方選舉中，左派大勝，由加泰隆尼亞共和左翼（Esquerra Republicana de Catalunya, ERC）領導加泰隆尼亞。路易斯・坎帕尼斯（Lluis Companys）在市政廳的陽台宣布成立共和國，不久之後，著名領袖弗朗西斯科・馬西亞流亡歸來，在伊比利亞共和黨（Republican Iberia）的模糊架構下，宣告加泰隆尼亞共和國正

14 Montse Madridejos Mora, *El flamenco en la Barcelona de la Exposición Internacional, 1929-30* (Barcelona: Edicions Bellaterra, 2012).

式成立。馬西亞後來同意放棄讓加泰隆尼亞成為獨立國家，西班牙議會在一九三一年八月三日批准的法規中，恢復加泰隆尼亞政府為自治單位。

正如卡爾・亨里克・貝亞斯頓（Carl-Henrik Bjerström）指出的，「共和國的到來，意味著主張改革的政治家和知識分子終於可以開始進行現代化專案，這在改革派工人和全世界中產階級當中，得到越來越多的支持」[15]。然而，西班牙共和國也同樣面臨到導致君主制崩潰的嚴重問題：在經濟蕭條的世界中，資源匱乏。第一批政府在尼塞托・阿爾卡拉—薩莫拉（Niceto Alcalá-Zamora，一八七七至一九四九）和曼努埃爾・阿薩尼亞（Manuel Azaña，一八八〇至一九四〇）的執政下，尋求在農業、宗教、教育、財產、武裝部隊和其他領域進行廣泛改革。這些改革面臨到全國各地盤根錯節的反對勢力，例如擁護君主制度者、保守派、天主教會、軍隊，以及意見嚴重分歧的左派。

共和國在巴塞隆納不僅面臨當地菁英的躊躇反對，也面臨地方政府與中央政府之間，以及加泰隆尼亞共和左翼黨、其他左派團體和無政府主義者之間的分歧。儘管加泰隆尼亞共和左翼黨試圖建立包容性的共和國體制，但此政黨的基礎是農村地區和中產階級，他們經常要求改造工人，並且對於移民、失業者、以及與全國勞工聯盟有關的暴力事件，都持懷疑態度。加泰隆尼亞政府想要平息菁英的恐懼，卻背離了關鍵階級——廣大的民眾：刺激無政府主義者，公民武裝日益加劇，不斷爆發罷工和暴力事件。

關鍵的教育領域也出現嚴重爭議，例如，西班牙政府從天主教會手中奪取控制權，試圖在全國各地建立數千所學校。一九三一年，巴塞隆納有三分之一的學齡兒童沒有就學名額，根本無法上學（在勞工階層的波布塞克，七千名兒童中只有兩百個就學名額）[16]。然而，中央對教育仍有控制權，加泰隆尼亞政府被迫建立獨立學校，使加泰隆尼亞文普遍化。

醫療保健和住房也是窮人和工人階級關切的問題。曾在普里莫·德里維拉執政時被監禁的喬莫·艾古爾德·米羅（Jaume Aiguader Miró，一八八二至一九四三），他是一名醫生和改革者，成為第一位加泰隆尼亞共和左翼黨勝選的市長（一九三一至一九三四），同時擔任國家代表。他在自己的診所中經常與工人接觸，因此致力於公共衛生改革，這使他受到全國勞工聯盟的喜愛。內戰期間，他繼續在政府中為此努力，後來流亡墨西哥，死於當地。艾古爾德試圖把唐人街的問題從放蕩不羈的偷窺式論述，轉變成社會和公共衛生危機的議題。在這方面，和他有志一同的是成立於一九二九年的加泰隆尼亞建築師與技術人員當代建築促

15　C.-H. Bjerström, *Josep Renau and the Politics of Culture in Spain, 1931-1939* (Brighton: Sussex Academic Press, 2016), p. 41.

16　Nick Lloyd, *Forgotten Places: Barcelona and the Spanish Civil War* (Amazon Kindle, 2015).

進小組GATCPAC（Grup d'Arquitectes i Tècnics Catalans per al Progrés de l'Arquitectura Contemporània）[17]，這是一群對共和國的新建築和社會願景的支持者。這個團體受到建築大師勒·柯比意（Le Corbusier）現代主義的影響，柯比意於一九二九年訪問巴塞隆納，主張把理性主義建築與「對窮人生活環境和健康的政治關注」結合起來，這個理念充分表現在這群支持者的建築作品和有影響力的期刊《當代活動》（*AC Actividad Contemporánea*，一九三一至一九三七）中。柯比意的總體規劃名為「馬西亞建築計畫」（Plan Macià），於一九三二年三月交給巴塞隆納，呼籲徹底拆除大部分的舊城區，以綠化景觀和高樓街區取代。這種計畫經常忽視窮人的意見和關切重點：他們希望能有更有效、而非空想的解決方案。

GATCPAC的實際干預措施較小，但比較敏感，例如重要的結核病防治所（Anti-Tuberculosis Dispensary），由約瑟普·路易斯·塞特（Josep Lluís Sert）、約瑟普·托雷斯—克萊威（Josep Torres i Clavé）和胡安·巴普蒂斯塔·蘇比拉納（Joan Baptista Subirana）設計建造，目前仍在拉瓦爾區運作。另外還包括各種房屋，以及郊區埃伯恩谷（Vall d'Hebron）附近的一家醫院。主要的專案從未完成，像是為工人規劃的度假城市。

GATCPAC當中有許多人的職業生涯因內戰而被迫中斷。例如約瑟普·路易斯·塞特（一九〇二至一九八三）逃離加泰隆尼亞，他原本為一九三七年的巴黎世界博覽會建造西班牙館，該博覽會譴責佛朗哥的殘酷掠奪（畢卡索的名作《格爾尼卡Guernica》就是在當時問世）。塞特後來去了美國，成為哈佛設計學院院長。托雷斯—克萊威（一九〇六至一九三九）在列伊達前線修建戰壕時死亡。安東尼・博內特・卡斯特亞納（Antoni Bonet Castellana，一九一三至一九八九）也曾在拉丁美洲流亡，之後才返回巴塞隆納，並從事與政治無關的工作。GATCPAC的承諾和命運，凸顯了共和國在巴塞隆納未完成的使命。

西班牙第二共和國在全國面臨了各種挑戰。一九三二年平息何塞・桑胡爾霍將軍（José Sanjurjo）率領的軍事叛變。一九三三年的大選，中右翼的亞歷山大・勒魯克斯，和領導極為保守的西班牙右翼自治聯盟（Confederación Española de Derechas Autónomas, CEDA）的何塞・瑪利亞・吉爾・羅伯斯（José María Gil Robles，一八九八至一九八〇），合組聯合政府取代曼努埃爾・阿薩尼亞。新政府取消之前的改革措施，使社會主義者更為激進，於是轉向

17 這個團體與GATEPAC（西班牙建築師與技術人員當代建築促進小組，其中「E」代表「Español」西班牙）有關，一九三〇年於薩拉戈薩首次會面，在西班牙各地交流想法，並參與歐洲現代主義潮流。成員包括：約瑟普・路易斯・塞特（Josep Lluís Sert）、約瑟普・托雷斯—克萊威（Josep Torres i Clavé）、安東尼・博內特・卡斯特亞納（Antoni Bonet Castellana）、雷蒙・杜蘭—雷納斯（Raimon Duran i Reynals）、赫爾曼・羅德里格斯・阿里亞斯（Germán Rodríguez Arias）、胡安・巴普蒂斯塔・蘇比拉納（Joan Baptista Subirana）、西斯特・依列斯卡斯（Sixte Illescas）。

無政府主義立場靠攏。一九三四年，左派團結合作，加入罷工和衝突陣營，當CEDA成員入閣時，政府就面臨到了大罷工。一九三三年，馬西亞總統在加泰隆尼亞逝世，繼任的坎帕尼斯總統再次宣布成立加泰隆尼亞共和國，而全國勞工聯盟這類的工會隨時準備發動戰爭。然而，國家軍隊占領了加泰隆尼亞政府宮並箝制政府，把坎帕尼斯和其他人定罪，送進了停泊在港口外的烏拉圭輪船監獄。這艘船於一九三六年被全國勞工聯盟掠奪，在內戰期間成為法庭和監獄，關押法西斯分子和其他人。

這種保守政權無法在其醜聞中倖存，促使一九三六年二月舉行了新的選舉。人民陣線（Frente Popular）的左派政治聯盟獲得壓倒性勝利。西班牙共和國政府似乎認為，可以透過民主機制控制對手。然而，由於平民主義改革受阻和特定的攻擊事件，像是保守派政治家何塞·卡爾沃·索特洛（José Calvo Sotelo，一八九三至一九三六）遭到效忠共和國的警察暗殺，讓大眾對於右派和許多軍事領導人的不滿情緒日益激增。

七月十九日，巴塞隆納原先規劃為共和國舉辦一場全球性活動：民間奧運會。巴塞隆納爭取一九三六年的奧運主辦權失敗，由柏林取得，於是巴塞隆納計畫以歐洲各地的工人活動為基礎來舉辦活動。此次慶祝活動顯示出不同的包容性，與國際奧委會的貴族式和民族主義的競爭截然不同。巴塞隆納的比賽包括來自巴勒斯坦、殖民地區和西班牙國籍的球隊，同時將國際象棋和保齡球列為競爭項目。參與者通常是工人，不是菁英業餘選手，雖然加泰隆尼亞政府同意提供蒙特惠克山的體育場作為場地，不過選手還是和城裡的其他工人住在一起。然而，在運動會開始前兩天，摩洛哥軍隊對共和國叛變的消息傳到了巴塞隆納。幾個小時之內，全國各地展開了大規模的軍事叛亂，使整個西班牙陷入長達三年的內戰。前來參加比賽或報導賽事的一些人留下來，加入國際縱隊（International Brigades，由英國、法國、美國等五十六個國家的志願兵所組成，對抗西班牙法西斯主義，是西班牙內戰時期第二共和國的軍事單位），為西班牙共和國而戰，並向國外傳播戰爭的消息。巴塞隆納當地和遠處的戰場都將面臨三年的挑戰。

西班牙內戰時期（一九三六至一九三九）的巴塞隆納

埃米利奧・莫拉將軍（Emilio Mola，一八八七至一九三七）和弗朗西斯科・佛朗哥將軍（Francisco Franco，一八九二至一九七五）及其盟友率領軍隊起義，與其他城市結盟合作，如塞維亞的岡薩洛・凱波・拉諾─西艾拉（Gonzálo Queipo de Llano y Sierra，一八七五至一九五一），以及在巴利亞利群島和巴塞隆納的曼努埃爾・戈德・洛皮斯（Manuel Goded

Llopis，一八八二至一九三六）。

巴塞隆納最初的起義，是由第二騎兵隊總司令艾瓦羅・費南德斯・布里埃爾將軍（Álvaro Fernández Burriel，一八七九至一九三六）領導，戈德乘坐義大利水上飛機抵達，欲爭取勝利。然而，巴塞隆納第四軍團團長弗朗西斯科・拉諾・恩可米安達將軍（Francisco Llano de la Encomienda，一八七九至一九六三）仍然效忠共和國。反叛軍的將領遭遇各方抵抗，包括路易斯・坎帕尼斯及其警察領導的加泰隆尼亞政府、西班牙國民警衛隊（Guardia Civil）和拉諾手下的士兵，最重要的是來自全市各地人民的抵抗，其中許多人與無政府主義聯盟（FAI）、全國勞工聯盟（CNT）或共產主義工會有關聯。戈德到達不久後被逮捕，被迫發表演說承認失敗。戈德和費南德斯・布里埃爾在烏拉圭輪船監獄接受共和國法庭審判，並在蒙特惠克山遭到處決[18]。

在短時間內，西班牙各地劃定戰線，佛朗哥領導的民族主義者控制了西部、南部和中部地區，而共和國則控制著馬德里、東北部和地中海沿岸。由於戰爭非常接近首都馬德里，西班牙政府於一九三六年十一月至一九三七年十月之間，遷移到瓦倫西亞，之後才又遷到巴塞隆納[19]。

然而，薩拉戈薩被叛亂分子奪走。無政府主義者領導人布埃納文圖拉・杜魯蒂

（Buenaventura Durruti，一八九六至一九三七）於一九二一年來到巴塞隆納集結工人（和外國人），欲重新奪回薩拉戈薩，不過他的縱隊在城外約三十公里處進退不得。杜魯蒂本人後來被說服移師去保衛馬德里，一九三六年十一月二十日在不明情況下遭殺害。他在巴塞隆納的葬禮吸引了數十萬哀悼者，包括整個加泰隆尼亞政府。他的屍體被抬到蒙特惠克山，萊耶塔那大街曾為紀念他而改名為杜魯蒂大街。愛因斯坦的侄子卡爾（Karl Einstein，一八八五至一九四〇）曾與他一同作戰，因此也紀念他的功績。

無政府主義領導下的工人集結成軍隊，對深根於加泰隆尼亞工廠和農村的無政府主義運動、以及坎帕尼斯的政府，提出了另一種質疑，如果無政府主義者介入政府，結果會如何。正如我們所見，無政府主義者與巴塞隆納有長期的歷史淵源，在學校和中央亦然[20]。由少數二十幾名成員組成活躍且緊密的小團體，他們的思想和政治理念深入街坊，同時也對建築、

18 拉諾·恩可米安達（Llano de la Encomienda）雖然效忠共和國，仍被視為嫌疑犯。戰爭結束後，逃亡墨西哥。

19 除了這次的緊急情況之外，很難會將巴塞隆納視為西班牙的首都。然而，在一九一四年，一些政治人物仍在討論將國家政府的部分功能移交給巴塞隆納，如最高法院。參見：https://clementepolo.wordpress.com/tag/ independencia-cataluna。

20 Ealham, *Class*, p. 35.

規劃和生態產生影響。無政府主義者將工廠和商店集中管理，沒收房屋、宗教建築和汽車，賦予新用途。他們支持教育、醫療保健、以及包含成年人在內廣泛的巴塞隆納無產階級的公民參與。

這場革命付出慘痛代價，菁英財產被剝奪（當中許多人逃離加泰隆尼亞），羅馬天主教許多教堂被焚燒殆盡，海洋聖母聖殿遭受大火連燒十一天，聖家堂的大火也讓高第的工作室和設計圖被摧毀，主教堂倖免於難。這些變化導致雙方暴力相向。佛朗哥部隊在民族主義者[21]控制的地區處決左派分子，而在巴塞隆納和加泰隆尼亞處決的人數較少，主要都是神職人員（一般是男性，儘管佛朗哥對修女的意識形態有所宣傳）、商人和政治家、以及非官方敢死隊指認的叛徒。起義叛變一開始的那幾天，有數千人死亡，加泰隆尼亞政府則幫助包括外國人在內的一些人逃亡。

內戰初期的無政府主義計畫激發了許多人，特別是透過喬治·歐威爾的生動描繪，他在一九三六年十二月來到巴塞隆納加入共和國陣營。在《向加泰隆尼亞致敬》（*Homage to Catalonia*，一九五一）這部經典作品中，歐威爾描述一個烏托邦平等的社會，革命歌曲在蘭布拉大道上高聲迴響，小費和階級頭銜都不復存在。他補充道：「這就是這群人最奇怪的地方。表面上看來，在這個小鎮中，富裕階級好像真的不存在似的。」[22]對許多英語讀者來說，歐威爾的書是了解加泰隆尼亞的管道，吸引他們到巴塞隆納親身體驗這些地點和文化。

雖然歐威爾的散文極其生動有力，在閱讀此作品時，仍然必須小心謹慎。正如歷史學家邁克・塞德曼（Michael Seidman）等人指出的，歐威爾並不了解這座城市，他和其他社會主義知識分子一樣，忽略了工人階級叛亂的複雜、以及面臨到的不同壓力、不同的個體和冷漠態度。特別是，他忽略了那些想要減少工作、或是有其他目標而不想要烏托邦集體意識的人[23]。歐威爾錯誤之處透露出他的不足：未能體會成分復雜的政治大染缸。不過這並未減損他的熱情，但提醒我們要小心他的見證。儘管如此，實現無政府主義的願景，是來自好幾世代人渴望的改變。這一點尤其體現在因受到激勵而與民兵作戰的自由女性（dones lliures）形象中，這段歷史在後來的鎮壓和重新探索中，對女性產生巨大的影響[24]。

21 這個詞彙用法可能會使非西班牙人感到困惑。佛朗哥軍隊取得勝利，歷史定位為「民族主義者」，然而他們反抗的是合法政權、且最終壓制了西班牙國內的民族獨立。

22 George Orwell, *Homage to Catalonia* (London: Secker & Warburg, 1951), p. 3.

23 Michael Seidman, "The UnOrwellian Barcelona," *Modern European History Quarterly* 20:2 (1990): 63-180.

24 女性在無政府主義中的角色受到現代廣泛的關注，參見：Mary Nash (ed.), *Mujeres libres* (Barcelona: Tusquets, 1975)。比較近期的著作為Martha Acklesberg, *Free Women of Spain: Anarchism and the Emancipation of Women* (Bloomington: Indiana University Press, 1991)。

歐威爾還目睹了巴塞隆納下一階段的鬥爭，無政府主義者與無政府工團主義（anarcho-syndicalists），以及加泰隆尼亞共和左翼、與蘇聯掛鉤的共產主義工會和政客，兩派互相攻擊。雖然有來自歐洲、美洲、甚至亞洲的志願兵與共和國並肩作戰，但西方政府並不太關心，當然了，沒什麼比得上希特勒和墨索里尼的援助，他們視佛朗哥為盟友，而西班牙則是試驗場。畢卡索一九三七年的名作《格爾尼卡》，傳達的正是戰爭最揮之不去的夢魘，描繪德國和義大利對巴斯克城市的轟炸，義大利軍機把戈德送達巴塞隆納後，隨即執行轟炸。只有蘇聯在史達林的嚴格控制下，向共和國提供武器，包括坦克和飛機，代價是巨額的黃金（以及對兒童的思想控制），並要求城市信奉正統馬克思主義（非托洛茨基派）。蘇聯憤怒的目標是馬克思主義統一工人黨（POUM）[25]——基本上是非史達林派的馬克思主義者，其知名領導者是安德魯．尼恩（Andreu Nin，一八九二至一九三七），歐威爾曾加入這個部隊作戰。一九三七年，尼恩被解除政府職務，後來在獄中被謀殺。

在戰時對巴塞隆納的控制，最後導致有組織的共產黨員與草根的無政府主義者的雙方對立，最著名的是長久以來對加泰隆尼亞廣場上中央電話局（Telephone Central Office）控制權的爭奪戰。五月三日，擔任共和國公共秩序部長的共產黨員尤西比奧．羅德里格斯．薩拉斯（Eusebio Rodriguez Salas，一八八五至一九五二）的指揮下，衛兵抵達，無政府主義者最後變成加泰隆尼亞統一社會黨（PSUC, Partit Socialista Unificat de Catalunya，該黨的意識形態是共產主義）成員，接管這個一直受全國勞工聯盟（CNT）控制的關鍵單位。全城各地的無政府主義工人在因應這場交戰時，卻得面對他們的領袖和亦敵亦友的加泰隆尼亞政府模稜兩可的說詞。這種無能為力轉變成失敗，許多曾在亞拉岡作戰的無政府主義者被共產黨人盯上，成為審判和處決的目標，開啟另一波席捲城市的暴力衝突。同時，國家以未能維持秩序為由，暫停了加泰隆尼亞自治法和自治權。在接下來的戰爭中，國家和加泰隆尼亞政府雙方處於不穩定的夥伴關係。

當歐威爾回到巴塞隆納時，他發現烏托邦理想似乎化成泡影。在他停留的最後幾週，注意到「空氣中瀰漫一股奇特的邪惡感，充滿懷疑、恐懼、不確定和陰鬱仇恨的氣氛」[26]。當他逃離城市時，小資產階級的行為和特徵重新出現在他身上，看起來「體面可敬」讓他得以逃離西班牙。然而，當巴塞隆納和西班牙的希望破滅，亞拉岡街頭和山區的拼搏卻重新燃起他對民主的信念。

---

25 馬克思主義統一工人黨成員經常被詆毀是純正的托洛斯基主義擁護者，但其實更精確的本質是不接受史達林路線的共產黨人。

26 Orwell, *Homage*, p. 201.

巴塞隆納的這種頑固堅持，仰賴於共和國的持續失勢。在巴斯克地區，雖然納瓦拉強烈同情卡洛斯派天主教，但工業城市一般都是左派，此地區於一九三七年落入民族主義者之手。此後，巴斯克共和黨政府在格拉西亞大道成立運作中心。隨著戰事膠著，關鍵戰役轉移到了亞拉岡。在特魯埃爾，共和黨員和民族主義者纏鬥數月，死傷慘重。到了此時，共和黨員的裝備無法更換，民兵組織也已精疲力竭。共和黨員最終輸掉這場戰役，民族主義者向海岸推進，把剩下的共和國一分為二。隨後，他們轉向瓦倫西亞，攻下這座城市，迫使政府逃離：一九三七年十月二十八日，巴塞隆納成為西班牙國家的首都，史上唯一的一次。

在此之前，巴塞隆納甚至成為直接的攻擊目標。一九三七年三月，墨索里尼的空軍從佛朗哥馬約卡島基地對巴塞隆納進行嚴重轟炸。在一九三七至一九三九年間，發動三百八十五次攻擊，摧毀了這座沒有防禦能力的城市，所幸受到地下防空洞的掩護（現在是波布塞克和恩典區的紀念館[27]），傷亡人數有限。工人階級的社區受到重創，而最嚴重的單一事件，或許是發生在加泰隆尼亞議會大道體育館電影院附近（仍然倖存至今）的炸彈事件，當時一輛載有炸藥的卡車爆炸，摧毀了大部分街道，造成五百人死亡，還有數百人受傷[28]。墨索里尼著手試驗炸彈和殺傷裝置的組合，同時希特勒的禿鷹軍團（Condor Legions）在一月二十一日至二十四日期間，在人口密集的城市對工業目標發動大約四十次襲擊，幾天後城市淪陷。

英國首相邱吉爾在敦克爾克戰役之後，為團結英國人民，於一九四〇年七月十八日發表動人演說「最光輝的時刻」，當時他以巴塞隆納為例來加強人民面對未來轟炸攻擊的信心：「我完全不會低估我們眼前所面臨的嚴酷考驗；但我深信我們的同胞會表現出大無畏的勇氣，一如巴塞隆納的勇者一樣[29]」。

其他戰略性的入侵也具有破壞力。一九三八年三月，佛朗哥軍隊占領位於庇里牛斯山特倫普（Tremp）和卡馬拉薩（Camarasa）的加泰隆尼亞主要水力發電站，幾乎切斷城市的所有電力，並讓易氾濫的埃布羅河改道。同年七月，共和黨人在埃布羅河發動反擊（幾世紀前基督徒和摩爾人曾在此地發生衝突）。在內戰期間最漫長、最血腥的戰役中，共和國軍隊招募三萬名出生於一九二〇和一九二一年的青少年，即所謂的嬰兒師／青年團（**Quinta**或**Leva del Biberón**）。佛朗哥部隊憑藉優勢武器，最終得以在十一月越過埃布羅河，接近毫無抵抗

---

27 其他的轟炸紀念碑位於聖菲利普內里廣場（Plaza Sant Felip Neri），以及拉瓦爾區的胡安阿瑪迪斯廣場（Plaza Joan Amades）。

28 這場恐怖爆炸的紀念碑如今仍豎立在圓形廣場Colosseum附近。

29 邱吉爾的一座紀念碑在二〇一二年豎立於米特雷將軍路（Ronda del General Mitre）和奧古斯塔大道（Via Augusta）的交匯處，後來引發一些爭議。www.historyplace.com/speeches/churchill-hour.htm。

能力、沒有糧草、也沒有外國盟友的巴塞隆納。

塔拉戈納於一月十五日淪陷。一月二十二日，佛朗哥軍隊抵達拉布雷加特河，迫使社會主義者胡安・奈格林・洛佩茲（Juan Negrín López，一八八二至一九五六）領導的共和黨政府，與坎帕尼斯、加泰隆尼亞政府一起逃離這座城市。反抗組織勢力崩潰。共和國最後一道堡壘的巴塞隆納失守後，佛朗哥軍隊在一九三九年一月二十六日沿著對角線大道行軍。幾天之內，西班牙、摩洛哥和義大利軍隊橫掃加泰隆尼亞到庇里牛斯山脈。陷入困境的馬德里於三月二十八日被攻克，結束了這場國家分裂的內戰。巴塞隆納再次成為一個被占領和壓抑的城市。

第六章

佛朗哥極權下的巴塞隆納

（一九三九至一九七〇年代）

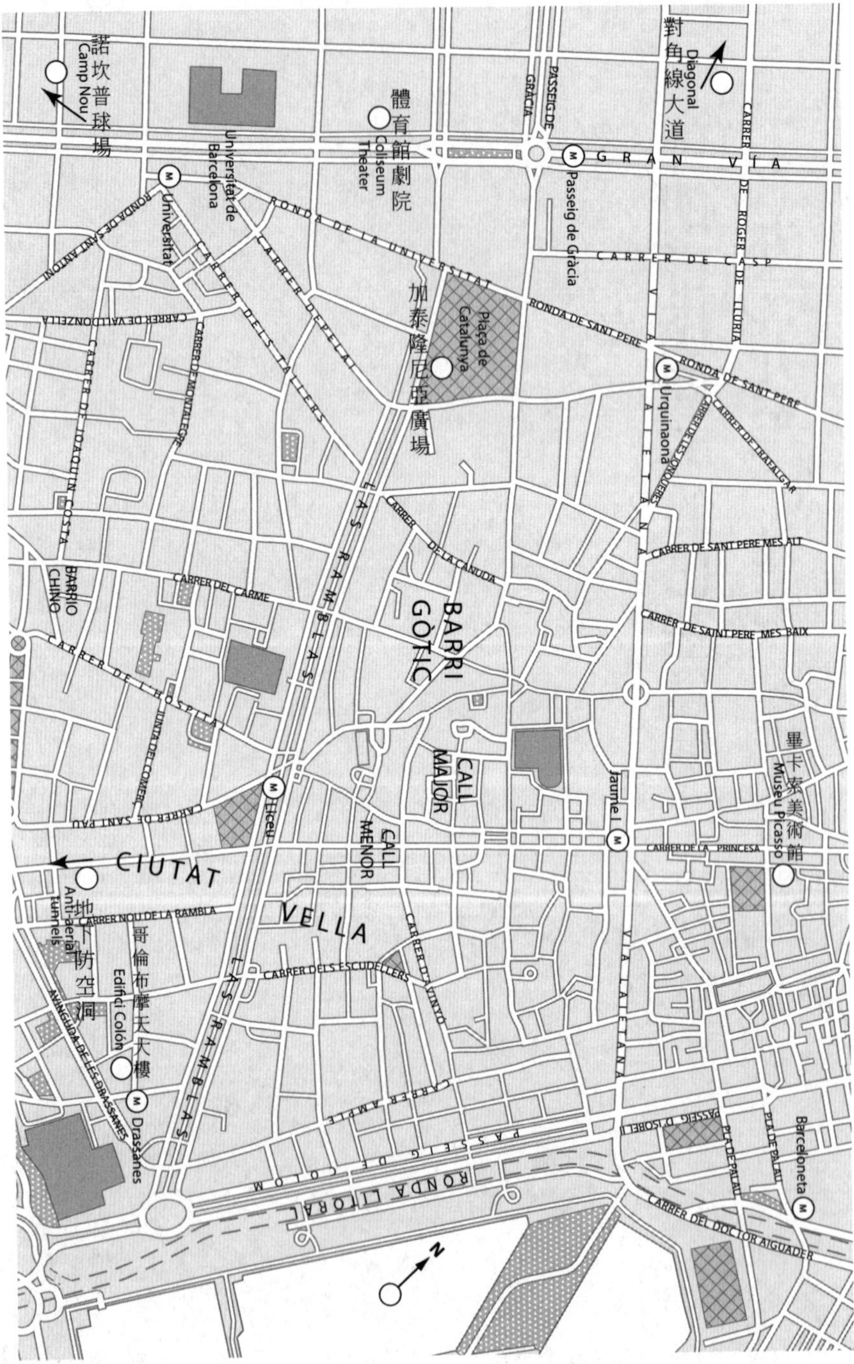

諾坎普球場
Camp Nou
Universitat de Barcelona
體育館劇院
Coliseum Theater
PASSEIG DE GRÀCIA
對角線大道
Diagonal
GRAN VÍA
Passeig de Gràcia
CARRER DE ROGER DE LLÚRIA
Universitat
RONDA DE SANT ANTONI
RONDA DE LA UNIVERSITAT
CARRER DE CASP
CARRER DE PELAI
CARRER DELS TALLERS
CARRER DE VALDONZELLA
CARRER DE MONTALEGRE
加泰隆尼亞廣場
Plaça de Catalunya
RONDA DE SANT PERE
Urquinaona
CARRER DE LES JONQUERES
CARRER DE TRAFALGAR
CARRER DE JOAQUIN COSTA
LAS RAMBLAS
CARRER DE LA CANUDA
CARRER DE SANT PERE MES ALT
BARRIO CHINO
CARRER DEL CARME
BARRI GÒTIC
CARRER DE SAINT PERE MES BAIX
CARRER DE L'HOSPITAL
JUNTA DEL COMERÇ
CALL MAJOR
畢卡索美術館
Museu Picasso
CARRER DE SANT PAU
Liceu
CALL MENOR
Jaume I
CARRER DE LA PRINCESA
CIUTAT VELLA
地下防空洞
Anti-aerial tunnels
CARRER NOU DE LA RAMBLA
哥倫布摩天大樓
Edifici Colón
CARRER D'AVINYÓ
CARRER DELS ESCUDELLERS
VIA LAIETANA
AVINGUDA DE LES DRASSANES
Drassanes
CARRER AMPLE
PASSEIG D'ISOBEL II
PLA DE PALAU
Barceloneta
PASSEIG DE COLOM
RONDA LITORAL
CARRER DEL DOCTOR AIGUADER
N

經歷內戰的摧殘後，巴塞隆納從一九三九到一九七〇年代中期，辛苦地在失敗和復興之間掙扎。戰爭對城市的轟炸雖然短暫，但對於人們和物質卻造成巨大的傷害，隨後的占領讓巴塞隆納人想起，早期城市被征服後的中央集權控制和地方抵抗。不幸的是，即使戰後初期的殘酷懲罰結束了，然而城市重建常常採用平淡且粗心的現代化計畫，這對西班牙其他地區同樣造成破壞：不安全的高速公路、缺乏特色的多層樓住宅和辦公大樓，以及菁英和貧困移民的違章建築。在當代的巴塞隆納，法西斯紀念碑和佛朗哥時代一些錯誤的城市化建築都被淘汰。弔詭的是，現代遊客或公民在城市內的一切行事——無論是在物質還是在社會文化上，都受到這個時期發展的影響，但值得一遊的特定景點卻不多，就連巴塞隆納周圍迅速發展的衛星城市也是如此。

然而，和早期的過渡時期一樣，這幾十年仍然是了解城市生命力的關鍵。佛朗哥執政時期，在全球不斷發展的背景下，巴塞隆納人民普遍面臨壓抑（但變化無常）的中央集權政策，同時努力維護陷入困境的公民身分和政治抵抗，促成經濟、政治和文化的發展。在努力奮鬥的過程中，巴塞隆納演進成為現代化城市，以及區域、國家和全世界的工業、金融與文化中心。人口從一九四〇年的一百零八萬，成長到一九七〇年的一百七十四萬五千，而加泰隆尼亞的人口也幾乎增加了一倍。在這幾十年中，由於大規模的移民和外部（國際）影響的變化，以及加泰隆尼亞社會、語言和文化的生存競爭與復興，巴塞隆納經歷了重大的社會和文化轉型。

佛朗哥統治下的巴塞隆納，它多層次的城市面貌，可以用如孤兒般的加泰隆尼亞廣場來概括說明，這個廣場被困在蘭布拉大道和擴展區之間，每天都有許多人穿梭其間。伊德坊・塞達計畫將市中心遷到西邊的光榮廣場（Plaça de les Glories），他並沒有把加泰隆尼亞廣場納入城市化的規劃中，然而，這個廣場其實更符合競爭對手安東尼・羅維拉・特里亞斯的輝煌城市計畫——主要大道從城牆交界處放射狀延伸到周邊市鎮。事實上，市政府只有在一八八八年的世界博覽會開發過這個廣場；一九〇二年經過改進，才在一九二九年世界博覽會上呈現出最終樣貌，當中增加了佛德里克・馬雷斯（Frederic Marés）的多座雕塑品，以及當地藝術家的其他作品（圖6.1）。鴿子也是在同年由一位迷戀義大利的城市官員推出的[1]。

原本位於加泰隆尼亞廣場、靠近擴展區的哥倫布酒店（Hotel Colón，現今為Apple商店所在地），在西班牙內戰期

圖6.1：一九二七年的加泰隆尼亞廣場

間，成為加泰隆尼亞統一社會黨的黨部，張貼有史達林和列寧的巨型海報，而當時發生在中央電話局戲劇性爭鬥的建築物還在天使門拐角處。一九三九年一月二十八日，佛朗哥的征服軍隊在加泰隆尼亞廣場舉行慶祝勝利彌撒，這是一項正式的官方行動，他們將該廣場重新命名為西班牙軍隊廣場（Plaza del Ejército Español），象徵征服了這座城市。在佛朗哥的統治下，廣場上出現許多大型西班牙銀行的總部，突顯出外力介入巴塞隆納經濟，這些銀行在廣場上占據了主導地位：西班牙信貸銀行（Banco Español del Crédito，簡稱 Banesto）取代著名的哥倫布酒店（一九四二），畢爾包銀行（Banco de Bilbao）取代埃爾多拉多劇院（El Dorado Theatre，一九五二），如今是 Zara 所在地。一九五五年，西班牙銀行（Banco de España）總部建在天使門的另一個角落。噴泉出現於一九五九年。一九六四年，另一個官方彌撒在此舉行，為佛朗哥的第二個發展計畫進行祈福。

然而，歷經數十年反抗的動蕩後，一九七七年，加泰隆尼亞廣場成為後佛朗哥時代首次慶祝九月十一日聖喬治日的焦點。隨後，廣場紀念碑和景觀空間經過更新，一九九一年增添

---

1 Meritxell Pauné, “La sede del Banco de España en Barcelona: ¿Futura Hacienda catalana?” 2014, www.lavanguardia.com/local/ barcelona/20121008/54352319807/sede-.

一座由約瑟普．瑪利亞．蘇比拉克斯（Josep Maria Subirachs）雕塑的弗朗西斯科．馬西亞總統紀念碑，如今此地還是一個不規則的交叉路口，連接著各個環城路、蘭布拉大道、天使門和擴展區的林蔭大道，周圍環繞的不是民用住宅，而是商店企業，如Apple、Zara、法雅客（FNAC）、英國宮百貨（El Corte Inglés）、棲息地（Habitat，英國連鎖家具店）和硬石餐廳（Hard Rock Café），以及蜂窩狀地鐵交通運輸網。廣場作為象徵性的空間，常被抗議外國政府、反對緊縮和反貪腐的社會運動所占據，例如二〇一一年的15-M運動（又稱憤怒者運動，從五月十五日開始，在西班牙的五十八個城市展開的抗議活動）。二〇一五年成為巴塞隆納市長的社會運動者阿達．科洛（Ada Colau），他也選擇在此廣場發表封關前的競選演說。在二〇一七年八月的蘭布拉大道襲擊事件發生後，曾在這裡舉行感人的反恐默哀儀式。這裡成為死灰復燃的獨立運動集會遊行場所。

正如佛朗哥前後時期的城市空間演變一樣，這幾十年來對治理城市的重視，亦可見於城市的早期發展：金融和工業領域、交通和基礎設施的問題，以及對社會秩序和道德恐慌的關注。延續早期針對加泰隆尼亞人的身分認同和階級分化的議題，人民的對立關係依然存在。雖然在西班牙內戰之前，巴塞隆納的工人和移民，早就挑戰著保守派資產階級的加泰隆尼亞主義對經濟和政治的目標，但是，對於在一九五〇和一九六〇年代才剛到巴塞隆納的人，他們面臨到類似的住房和教育問題，卻發現在國家限制之下，他們甚至沒有機會學習加泰隆尼亞語，更不用說與老一輩、或有時沉默的社運人士融合互動。階級衝突以新方式呈現在文化、語言和城市空間競爭中。

同時，其他城市文化推動者也沿著意想不到的道路進化發展。例如，羅馬天主教教會在內戰前和內戰期間被認為是保守派的，並在佛朗哥統治初期重新恢復地位，包括梵蒂岡在一九五三年對新政權的認可。然而，在一九六〇至一九七〇年代，越來越多加泰隆尼亞天主教徒參與公眾抵抗，無論是民族主義者的行動，還是教會和神職人員主辦的活動。一九三〇年代，在巴塞隆納參與內部鬥爭的左派組織，許多領導人已經死亡或流亡在外，因此面臨斷層和正當性不足的問題。戰爭造成的後果，破壞了無政府主義者的主導地位，同時也使社會主義者和共產黨人面臨挑戰。佛朗哥政權極力嘗試對加泰隆尼亞人進行西班牙化，雖然面對持續不斷（有時是秘密的，但最終具爆發力）的抵抗[2]，不過許多活動和身分認同，包括民間傳說和歷史，都被語言和公共文化的苦難所重塑。

2 加泰隆尼亞語遭受打壓的相關研究，參閱：Kathryn Woolard, *Double Talk: Language and the Politics of Ethnicity in Catalonia* (Stanford University Press, 1989)；David Agustí, *El franquisme en Catalunya* (Barcelona: Silex, 2013)。

進行更廣泛的城市發展時，全球背景也不容忽視。一九三〇年代，巴塞隆納和西班牙成為世界大國之間衝突的戰場——主要是軸心國和蘇聯，再加上法國、英國和孤立主義角色搖擺不定的美國。一九四〇到一九五〇年代初期，是整個伊比利半島極度貧困的年代，在軸心國德國和義大利失敗之後，西班牙受到國際孤立，因此貧困情況日益加劇。正當歐洲在美國援助下疲憊地重建之際，西班牙卻停滯不前。最終，一九五〇年代，在北歐的西班牙（以及巴塞隆納）移民，透過他們的資金協助，匯款回到國內，以及外資不斷增加、國際地位提升、大規模旅遊業起步，這才看到經濟的復甦。一九六八年，巴黎發生五月風暴（Mai，反越戰學生運動），距離似乎遙遠，但一九六〇和一九七〇年代，對於巴塞隆納不同的民族主義身分認同和要求變革的議程，在佛朗哥去世和一九七〇年代民主轉型之前，這些訴求總是引起很廣泛的公眾討論。同樣，整個半島和全世界也出現了政治和經濟變革的呼聲，歐洲其他右翼獨裁政權在葡萄牙和希臘逐漸消失。加泰隆尼亞人的心聲，顯示出巴斯克地區、加利西亞和其他地區的民族問題，也獲得馬德里和卡斯提亞中心地區的批評者和社運人士的支持。

不同於之前的章節，以政治經濟學、城市主義和文化歷史為樣板，本章的討論以每十年的變化為主，最後介紹的是從佛朗哥去世和過渡到民主政治的一九七〇年代，這可以讓讀者同時體認到，在一個多層次、多民族的城市中，各時期和影響力從來都不是截然分明的。當代巴塞隆納的城市形態和社會問題，是經過數十年的演變發展，經歷不同的政權，面對不同的外力干預等，由此而形成。本章的事件會延續至下一章，探討奧運會籌備及結束後的城市發展。

一九三九至一九四九的饑餓年代

勝利的民族主義軍隊很快就開始圍捕對手，並摧毀全城各地區的左派分子、共和黨人和加泰隆尼亞主義者的蹤跡。雖然有一些共和黨人和加泰隆尼亞政府成員在流亡中受到保護，但總統路易斯・坎帕尼斯於一九四〇年在法國遭到逮捕，被納粹遣返回巴塞隆納，於十月十五日在蒙特惠克城堡被處決。其他的積極分子、加泰隆尼亞領導人和普通公民也遭監禁或處決[3]。同時，在被德國占領的法國以及在英國境內，各個新的流亡政府聯合起來。流亡的加

3 現在法國邊境附近的拉洪克拉（La Jonquera）有一個流亡紀念館：http://www.museuexili.cat/index.php?lang=es。其他人為躲避納粹，想辦法逃到「中立」的西班牙；哲學家華特・班傑明（Walter Benjamin，一八九二至一九四〇）被禁止進入西班牙時，便在法西邊境波布（Port Bou）自殺身亡。

泰隆尼亞政府最後選擇法國南部，由約瑟普・伊拉・柏斯科（Josep Irla Bosch，一八七四至一九五八）擔任總統，直到一九五四年。

巴塞隆納成為西班牙唯一由獨裁的「西班牙大元帥」佛朗哥本人指派的市政府。他的首選市長是米克爾・馬特烏・帕拉（Miquel Mateu Pla，一八九八至一九七二），馬特烏是擁護君主制度的工業主義者，也是西班牙樞機大主教的侄子。馬特烏代表著加泰隆尼亞資產階級的矛盾立場，他們在第二共和國統治下失去了城市——即區域的政治經濟影響力，而且由於他們與加泰隆尼亞主義的歷史關聯，所以也不被佛朗哥信任。諷刺的是，佛朗哥任命的第二位地方首長安東尼奧・科雷亞・維格里森（Antonio Correa Veglisón，一九〇四至一九七一；任期從一九四〇至一九四五），他與加泰隆尼亞菁英關係密切，他父親曾與洛佩茲和奎爾家族一起擔任菲律賓煙草公司的董事會成員[4]。

在這些由外部主導的政權統治下，戰爭實際殘留下來的，是在全城各地猛烈的轟炸，損毀許多建築物，毀壞這座城市數十年；這種破壞和戰後的管制措施，讓住房、設施、物質、食品和能源短缺持續多年。同時，新政權對城市的主權鑿痕甚深，像是對角線大道於一九九二年在加泰隆尼亞聯邦時，更名為加泰隆尼亞民族大道（Avinguda de la Nacionalitat Catalana）；在普里莫・德里維拉專政時，更名為阿方索十三世大道（Avenida de Alfonso

XIII）；在第二共和國時期，更名為卡特澤・布里爾大道（Avinguda del Catorze d'Abril）；一九三九至一九七九年間，又重新命名為大元帥佛朗哥大道（Avenida del Generalísimo Francisco Franco）。而加泰隆尼亞議會大道也曾被改為何塞・普里莫・安東尼奧・德里維拉大道（Avenida de José Antonio Primo de Rivera）。其他建築物則只貼上法西斯的標語和象徵符號。這個政權同樣重塑日常生活日曆，以稱頌佛朗哥起義的愛國慶典，取代十月十二日的西班牙國慶日（又稱哥倫布日）或當地的節日（包括危險的嘉年華）。

對其他城市的控制更是令人生畏：奧爾塔出現兩個集中營，政敵被囚禁在模範監獄（Carcel Modelo），並徵收一九二九年博覽會建築物和波布雷諾社區的黃麻紡織工廠（En Canem）作為拘留中心。許多人在射擊場營地（Camp de la Bota）遭處決，埋在蒙特惠克山的亂葬崗中。

在經濟上，巴塞隆納和加泰隆尼亞面臨到艱難的戰爭苦果。佛朗哥在一些商人當中找到盟友，他們為加泰隆尼亞的工業化發展奠定了基礎，因而與第二共和國關係疏遠，但是

4 Javier Tebar Hurtado, *Barcelona, Anys Blaus. El Governador Correa Veglison: poder i política franquistes (1940-1945)* (Barcelona: Flor de Vent, 2011).

卻沒有多餘的資金進行修復和再投資。中央政府壓制工會、減少工人權利、控制工資、並透過法西斯專制提升家庭價值，強迫婦女回歸家庭，減少男性失業（雖然此議題與上個世紀保守的加泰隆尼亞論述產生共鳴）。工廠還在掙扎求生，也面臨著能源供應和政府偏好投資其他領域的嚴重問題。業主抱怨工人吃不飽、生產力低落。許多公司選擇把總部轉移到馬德里，希望能夠獲得新的影響力（跨地中海輪船貨運公司、弗拉德拉水泥Cementos Fradera），而西班牙有影響力的國家銀行，像是桑坦德銀行（Banco Santander）、西班牙中央銀行（Banco Central Hispano）、西班牙美洲銀行（Banco Hispano Americano）和大眾銀行（Banco Popular Español），開始吸收巴塞隆納的銀行，如伊比利殖民地銀行、阿內斯銀行和商業銀行（Banco Comercial）。

缺糧問題成為巴塞隆納的新夢魘，是戰後許多人揮之不去的記憶。饑餓問題原本就纏繞西班牙許久，而且巴塞隆納在戰前就受到階級不平等的困擾，不過，這座城市一直是物產豐富的農業區域首府，擁有全球貿易往來、龐大且穩定的工人階級和歷史悠久的糧食分銷市場。一九三七年，糧食配給出現在西班牙，一九三九年透過家庭分配成為規定，一直持續到一九五二年，影響了一整個世代的人。在工資不穩定的時代，糧食配給和黑市交易讓中產階級和工人的生活都不好過。同時，傳染病也為市民帶來災難；一九四一至一九四五年間，巴塞隆納因肺結核死亡的男性人數達到一〇・三七%，女性則是七・一八%。一名逃離納粹魔掌的猶太難民道出在巴塞隆納的情況：「當我到達那裡時，我看到了光明……整個歐洲都淹沒在黑暗和饑餓等問題中……我的印象中西班牙是個天堂；我們有香蕉可吃，這些東西在歐洲其他地方完全無法想像[5]」。

雖然義大利軍隊參與一九三九年的入侵，而德國納粹海因里希・希姆萊（**Heinrich Himmler**，一九〇〇至一九四五）在同年訪問巴塞隆納，西班牙軍隊也在俄羅斯前線駐紮，但西班牙始終避免正式加入軸心國戰爭。到一九四三年，軸心國的地位衰退，佛朗哥小心翼翼地脫離聯盟。他的政權在德國戰敗後倖免於難，但卻面臨被國際孤立的困境。這一點在聯合國成立時得到證實，在一九四六年第三二(I)號決議案中，呼籲成員國抵制西班牙政權。因此，美國總統哈里・杜魯門（**Harry S. Truman**，一八八四至一九七二）把西班牙排除在一九四八年馬歇爾重建歐洲計畫之外。在這種局勢下，一九四七年時，阿根廷總統胡安・佩隆（**Juan Domingo Perón**，一八九五至一九七四）的妻子艾維塔・佩隆（**Evita Perón**，一九一九

5 Isaac P.，一九二六年出生於米蘭，一九四二年抵達巴塞隆納，一九四六年回到米蘭。參見：Martine Berthelot, *Memorias judías (Barcelona 1914-1954): Historia oral de la comunidad israelita de Barcelona presentada por...* (Barcelona: Riopiedra, 2001), p. 585。

至一九五二）訪問巴塞隆納，成為近乎神話般的國際魅力盛事。

同時，加泰隆尼亞人（和其他流亡的共和黨人）利用西班牙的孤立情勢向國外呼籲。不過，他們的努力呼籲既沒有得到同盟國的干預，也未能從西班牙內部推翻佛朗哥。流亡的武裝分子滲透在加泰隆尼亞各地並採取零星行動，但卻沒有造成太大的影響力。一些為了逃避處決和監禁的流亡人士，仍然留在法國和德國的戰俘營、或是環境惡劣的難民營中[6]。還有一些人是經由法國前往英國或美洲，在墨西哥、多明尼加共和國、智利、哥倫比亞、古巴和美國等地建立小型加泰隆尼亞殖民地。這些人不僅包括政治家和社運人士，還包括重要的知識分子，像是政治歷史學家安東尼・羅維拉・維吉利（Antoni Rovira Virgili，一八八二至一九四九）、語言學家龐貝・法布拉・波克（Pompeu Fabra Poch，一八六八至一九四八）、考古學家佩雷・柏斯科—金培拉（Pere Bosch Gimpera，一八九一至一九七四）、地理學家保羅・維拉（Pau Vila，一八九一至一九九〇）、大提琴家保羅・卡薩爾斯（Pau Casals，一八七六至一九七二）等人。作家瑪西・羅德里達（Mercè Rodereda，一九〇八至一九八三）和佩雷・卡爾德斯（Pere Calders，一九一二至一九九四）是少數倖存下來重返巴塞隆納的人。流亡者產生一種雙重意識，把國際上對加泰隆尼亞的未來的爭議，與生機蓬勃的巴塞隆納分離開來，將這個城市當成單獨個體。根據歷史學家賽達・帕洛・盧比奧（Saida Palou

Rubio）的觀察，「許多歷史學家都一致同意，認為在四〇和五〇年代，當人們不能表現加泰隆尼亞主義時，會轉而表現巴塞隆納主義[7]」。

由於經濟、社會和政治問題，殘破的城市面貌在第一個十年看不出明顯改變。幾乎沒有重大的新建築，唯一醒目的例外是位於格拉西亞大道上、由路易斯・博內特・加里（Lluis Bonet Gari，一八九三至一九九三）設計建造具現代主義的人壽保險銀行（Banco Vitalicio，一九四二至一九五〇），成為巴塞隆納最早的摩天大樓之一。諷刺的是，主教堂附近的爆炸事件使城市中的羅馬根源更引人注目，進而促使環境更優美的哥德區發展，這是十九世紀就設想好的規劃。

在共和國和佛朗哥政權的統治時期，重要的歷史建築維護管理是交給一九二〇至一九六〇年間擔任市政建築師的阿道夫・弗洛倫薩（一八八九至一九六八）負責。除了加強此地重要建築的特色——從市政廳到目前歸屬巴塞隆納城市歷史博物館的各建築，他也搶救瀕危的

6 包括Campos de Argelers, Sant Cebrià, Barcarès, Vernet, Agde, la Guingueta, Ur, Càldegues和Prats de Molló等營地，裡面的難民面臨寒冷和疾病問題。

7 Saida Palou Rubio, *Barcelona, destinació turística. Un segle d'imatges i promoció pública* (Bellcaire d'Empordà: Edicions Vitel · la, 2012), p. 261.

建築物，因興建萊耶塔那大街，於是將拆遷的傳統公會會所遷移安置在現今的聖菲利浦內里廣場。佛朗哥政權視維護古蹟為發揚西班牙中世紀的榮耀，而非為了維護當地的身分認同。無論如何，哥德區仍被公認為城市迷人的景點之一，既吸引了遊客，也激發當地的自豪感、歷史研究和城市規劃[8]。回顧巴塞隆納這段時期的文化遺產，其他還包括皇家造船廠的海事博物館和佛德里克·馬雷斯博物館，該博物館展出這位雕塑家和收藏家於一九四四年捐贈給城市的作品（於一九四八年開放，後來搬遷至聖路廣場 Plaça de Sant Iu 的歷史宮殿）。

然而，即使在佛朗哥執政的第一個十年，發動了對文化和相關機構的迫害，加泰隆尼亞的文化和爭議，並未消失於市民生活中。各級學校和大學缺乏優良師資，課程規劃扭曲，強迫以卡斯提亞語作為西班牙統一的公共語言，天主教則控制小學教育。語言壓迫延伸到其他媒體和公眾集會。不過書籍不可能如此輕易被毀壞，儘管遭受嚴格的出版審查制度，以及相關機構的消失，然而城市圖書館的藏書卻倖存了下來。新的出版物被禁止，但在一九四六年，《精選編輯》（*Editorial Selecta*）以復興加泰隆尼亞語出版作品為使命。散落的詩歌作品秘密出現在其他史學著作中，這個時期最經典的巴塞隆納小說，也許是卡門·拉弗雷特（Carmen Laforet，一九二一至二〇〇四）以卡斯提亞語書寫的《空盼》（*Nada*，一九四四），生動描繪出擴展區令人窒息的貧困中產階級。而加泰隆尼亞語在家庭和朋友之間，以及農村地區流傳下來。

雖然試圖透過打壓來強化西班牙主義，但這個過程也產生了其他文化新定位的轉變。例如，巴塞隆納在一九三〇年代已成為佛朗明哥舞蹈之都，以位在唐人街的俱樂部及精密的錄音和發行而聞名[9]。這座城市還是鬥牛中心：鬥牛競技場（Las Arenas）興建於一八九八至一九〇〇年間，可容納一萬四千名觀眾。然而，佛朗哥政權選擇性地培養民族文化形象，吹捧西班牙南部某些民俗活動，排斥「加泰隆尼亞」的習俗；因此，「安達魯西亞」的傳統被視為移民或外來文化，而非加泰隆尼亞的。在二十一世紀，加泰隆尼亞成為伊比利半島討伐鬥牛運動的引火點。加泰隆尼亞議會於二〇一二年正式禁止這項活動，把競技場改成購物中心，如今成為全球新的大眾文化消費中心。

---

8 Cócola Gant, *El Barrio Gótico de Barcelona*.

9 Montse Madridejos Mora, *El flamenco en la Barcelona de la Exposición Internacional, 1929-1930* (Barcelona: Edicions Bellaterra, 2012).

一九五〇年代的改革轉型

在征服十年之後，一九四九年六月，佛朗哥抵達被占領的巴塞隆納，應該算是對新西班牙的勝利訪問。但他發現經濟體系一片混亂、民眾冷淡漠然，於是這位軍事強人匆匆離開。在一九五〇年代，中央集權、加泰隆尼亞人民和世界強權的改變，重塑了巴塞隆納城市與背景。如果說戰後十年的巴塞隆納感覺像是被占領的城市，那麼在一九五〇年代，它開始沿著多重、甚至相互衝突的軌跡，再度成長。

一九五〇年代的地方發展動力是新、舊工業：加泰隆尼亞紡織業和其他領域的復甦，像喜悅汽車（SEAT, Sociedad Española de Automóviles de Turismo）這樣的新公司，和新的消費機會一同成長。然而，真正發展動力來自外部投資、北歐西班牙工人的匯款、以及旅遊業的增加。經濟繁榮發展亦仰賴於西班牙農村和其他地區的移民——遍布拉瓦爾區和波布塞克，並迅速擴散到外圍社區和市鎮新建的住宅、棚屋。

全球關係也十分重要。到了一九五〇年代，佛朗哥政權已放棄早期規劃巴塞隆納成為國際展示區的策略，不過歐洲各國和聯合國多年來一直迴避此事。一九五二年五月，二次大戰之後首次的國際聖體大會（Eucharistic Congress）舉行之地便是在巴塞隆納高第的聖家堂，於此確認西班牙天主教的身分，並獲得梵蒂岡的支持和天主教世界（包括美國重要的主教長）勉強的認可。新的建築出現在大元帥佛朗哥大道和加泰隆尼亞議會大道上的花園地區，還有新建的飯店以及擴建的機場。在蒙特惠克山的對角線大道和棚戶區大力進行貧民窟的拆除，並以十字形的設計規劃建造新的公共住房。雖然這種住宅滿足了長期需求，卻是由天主教教會所控制，而且會監督有價值的窮人。

隨著冷戰的加劇和擴大，美國開始與西班牙直接接觸，認為這是對抗共產主義的堡壘。西班牙和美國於一九五三年簽署一項新的軍事和經濟協議《馬德里條約》。雖然美國的基地主要建在西班牙南部和中部，但第六艦隊選擇巴塞隆納成為數十年來的停靠港，這對唐人街等港口紅燈區發展特別重要[10]。西班牙也逐漸加入國際組織，像是一九五一年加入糧農組織（FAO）、一九五二年聯合國教科文組織（UNESCO）、一九五五年底加入聯合國。國際援助和投資很快地促進了西班牙的成長發展。

儘管佛朗哥政權試圖讓成長平均發展於全國各地，但巴塞隆納過去的工業經驗加速了傳統紡織業的振興，並拓展到其他領域。城市在各層面的關鍵轉型中都伴隨汽車工業的發展。

---

10 Xavier Theros, *La Sisena Flota a Barcelona* (Barcelona: La Campana, 2010).

戰前巴塞隆納就曾生產過汽車，而戰後能自給自足的生產重點在於現代化，因為滿街道充斥著手推車和腳踏車，其次是小型摩托車和重型機車。希斯巴諾—蘇莎（Hispano-Suiza）汽車工廠被國家工業聯合會（Instituto Nacional de la Industria）收購、更名，並遷至馬德里，而當地的小型汽車製造商則製作包括維多莉亞（Victòria）和比斯克特（Biscuter）等汽車[11]。隨著喜悅汽車（SEAT）在自由貿易區成立，汽車產業發生了徹底的變化。義大利和西班牙的這項汽車製造合作，實際上始於戰爭期間，當時中央政府想在馬德里實施生產，義大利人堅持與他們位在杜林（Turin）的總部建立聯繫。這家工廠於一九五三年開業，有一千三百名工人，最終擴增至三萬人，主要是經驗不足的移民。一九五七年，該公司推出SEAT 600，這是一款相對便宜（六萬比塞塔舊貨幣）的四座轎車，徹底改變了中產階級的機動性[12]。

振興和擴大工業發展需要工人。除了城市歷史悠久的工人階級外，更多來自西班牙南部、卡斯提亞和亞拉岡的移民，隨意棲身在城市周圍的住房。一九四〇至一九六〇年間，將近七十萬移民湧入，數百萬人在鄰近衛星城鎮找工作。他們的遷移反應出戰後西班牙大部分的農業地區毫無價值、生活艱困。移民在巴塞隆納及周圍再度衍生出城市生活的問題。像唐人街這類的貧民社區充斥著非法的房屋、轉租、二手市場和擁擠的人口，以至於人們的生活蔓延到街頭和酒吧。附屬棚戶區湧入的這些移民，他們努力工作，但幾乎沒有機會融入壓抑的加泰隆尼亞民間社會，他們被稱為Xarnegos（意指來自貧困地區的經濟移民），這個字起源不明，不過卻明顯有輕蔑之意。記者弗朗西斯科．坎德爾（Francisco Candel，又稱帕科．坎德爾Paco Candel）報導這些人的生活並為他們發聲，他感嘆說道：「這些新加泰隆尼亞人不了解加泰隆尼亞的傳統、歷史、藝術、風俗、民間傳說，對自己原來的地區也並不了解[13]」。然而，他認為他們值得給予尊重和機會：「他們並沒有讓加泰隆尼亞蒙受任何損失，他們用汗水努力灌溉這片土地，使它茁壯。土地需要有人努力工作、生產、建築，這些人正是如此付出的。[14]」隔離和貧困，對巴塞隆納與周圍無數的衛星市鎮造成分裂，即使移

---

11 巴斯克茲．蒙塔爾萬（Vázquez Montalbán）的讀者，應該認得出這個名字是偵探佩佩．卡瓦略（Pepe Carvalho）的助手。

12 二〇一七年，這家車廠（如今位於馬托雷爾）登上《紐約時報》，象徵西班牙的韌性，參見Peter Goodman, "Spain's Long Economic Nightmare is Finally Over" (2017), https://www.nytimes. Com/2017/07/28/business/spain-europe-economy-recovery-unemployment.html?mcubz=3&_r=0。該車廠現在在福斯旗下。奇怪的是，SEAT是一間有趣的「西班牙」公司；例如，二〇〇八年，評論家指出，SEAT一系列車款多以西班牙地名命名，如León、Toledo和Alhambra，卻從未以加泰隆尼亞城市或紀念碑命名。在二〇一八年，他們推出了新車款SEAT Tarraco。

13 Francisco Candel, *Els altres catalans* (Barcelona: Seix Barral, 1964; rpt. 2016), p. 26.

14 同上，p. 28.

民的子女長大後成為加泰隆尼亞公民亦然[15]。

在一九五〇年代，佛朗哥把控制權交給工廠老闆，資深和新進工人提出越來越多的福利要求。事實上，這十年開始出現廣泛的公民行動，巴塞隆納的乘客在一九五一年發起罷乘電車，最主要的原因是電車票價飆漲了四〇%，從五十到七十分（céntimos，一百分可換一元比塞塔，不到零點零零五美元；馬德里的票價反而便宜許多）。二月分，匿名傳單和小規模抗議活動在城市各地蔓延。三月一日星期四，工人選擇徒步上班，讓電車空無一人。那個星期日，球迷們離開巴薩足球比賽時，仍然選擇在傾盆大雨中步行回家。由於這次的抵制行動持續不斷，政府最終讓步並取消漲價，但抗議活動繼續進行，在三月十日發生總罷工，很快就被鎮壓下來。這次的行動使得各個團體都參與了公共抗爭，包含左派的工會主義者、反對佛朗哥的異議人士，到天主教行動團體。最終，佛朗哥政府解僱了部門首長和市長阿爾伯特．普格．德斯普約爾（Albert Puig Despujol，一八八六至一九五二），即泰拉德斯男爵（Baron de Terrades），他是加泰隆尼亞老資產階級的後裔。諷刺的是，這次電車罷工事件刺激了基礎設施的轉型，促進交通的市營化和地鐵系統，為當前城市發展注入活力。

隨後發生的罷工事件，如一九五六年的Hispano Olivetti（打字機製造廠）和一九五八年的其他工廠，工人遭到逮捕、被解僱、監禁、甚至酷刑折磨。在一九七〇年代，SEAT

汽車工廠也面臨停工抗議和激進行為，包括大規模罷工[16]。然而，佛朗哥主義仍然強大，反對派勢力分散。雖然工人為了工資或生活條件而罷工，但他們並沒有團結成更強大的政治訴求。

生活也因消費和接觸世界而有所改變。雖然喜悅汽車和SEAT600車款被視為時代的象徵，但其他的消費特質也改變了城市景觀，例如超市的興起首次出現於一九五八年（隔年，美國將超市作為年度貿易博覽會的展示）。旅遊業也跟全球化和當地經濟發展有關，戰後佛朗哥政權還曾試圖透過貨幣交易控制一切，並吸引遊客目光（比塞塔黑市在西班牙境外十分活躍）。一九五〇年代，好萊塢明星艾娃·加德納（Ava Gardner）到巴塞隆納以北一百公里處的布拉瓦海岸的濱海托薩（Tossa del Mar）拍攝電影《潘朵拉與飛翔的荷蘭人》（*Pandora and the Flying Dutchman*，一九五一），當時，來到西班牙的遊客不到一百萬。到了一九六一年，這波觀光潮就達到六百萬人次。

然而，巴塞隆納因嚴重的貧窮狀況而引起歐洲關注。例如，在唐人街的低級酒吧、妓院

15 Juan Marsé, *Ultimas tardes con Teresa* (Barcelona: Seix Barral, 1966).

16 針對此一時期之精采分析，參見Sebastian Balfour, *Dictatorship, Workers and the City: Labour in Greater Barcelona since 1939* (Oxford: Clarendon, 1989)。

和二手市場，成為吸引外國人的一個景點。法國知名作家尚・吉內特（Jean Genet，一九一〇至一九八六）和安德烈・皮耶爾・曼迪亞格斯（André Pieyre de Mandiargues，一九〇九至一九九一）描繪唐人街的墮落和腐敗，反應出佛朗哥政權時代的負面形象。吉內特的《小偷日誌》（*Journal of voleur*）雖然發表於一九四九年，卻是回顧一九三〇年代他在巴塞隆納的同性戀和犯罪經歷。皮耶爾・曼迪亞格斯的政治小說《邊緣》（*La Marge*，一九六七）贏得法國龔固爾文學大獎（Prix Goncourt），並被拍成電影……影片當中巴塞隆納換成了巴黎的紅燈區。

最後，在地方和全球的變化中，加泰隆尼亞的公共文化隨之復興。就連「民俗」元素也可以在公共場合傳播政治訊息。來自庇里牛斯山的圓環舞——薩達納舞蹈（sardana），受到佛朗哥時代的市長約瑟普・馬利亞・波西歐勒斯—科洛梅（Josep Maria De Porcioles i Colomer，一九〇四至一九九三）大力提倡。隨著時間發展，舞者在聖若梅廣場和主教堂前手拉手、圍成圓圈，成為民族主義的團結象徵。加泰隆尼亞語更容易在印刷品中看到，更容易在教堂中聽到，這讓城市能面對更具爆炸性的交流、象徵性的崇拜和公民權利。而文化組織，包括學生和知識分子，以及民俗、探索旅行和歷史等相關團體，也在全城各地找到自我定位。

潛在的緊張局勢爆發於一九五〇年代末期，巴塞隆納主要日報《先鋒報》（*La Vanguardia*）[17]的編輯路易士・馬丁奈茲・加林索加—塞爾納（Luis Martínez de Galinsoga de la Serna，一八九一至一九六七）是支持佛朗哥主義的，在西班牙內戰前，他曾在馬德里擔任右翼報紙ABC的編輯，戰爭期間則在塞維亞擔任編輯。在巴塞隆納待了二十年之後，加林索加在一九五九年六月進入位處於時尚保守的聖耶瓦西區的聖伊德豐索教會（San Ildefonso），發現他們以加泰隆尼亞語講道（儘管其他彌撒是以卡斯提亞語布道），加林索加厭惡地離開，並宣稱：「所有加泰隆尼亞人都是狗屎！」（Todos los catalanes son una mierda!），這句話激起民眾的憤怒，迫使佛朗哥政權在一九六〇年二月撤換加林索加。

一九六〇年代：爆炸性的十年

如果說一九五〇年代是見證這座城市的復興和阻礙，那麼，一九六〇年代則是見證了改

17 這家報紙屬於當地的戈多家族（Javier Godó），在加林索加（Galinsoga）離開後，有限度地重新獲得編輯控制權，並使戈多集團持續發展至二十一世紀。

變城市的動力和軌跡，以及這種改變的快速節奏與複雜性。佛朗哥政權接受更自由的市場發展，但天主教主業會（Opus Dei）的技術官僚卻掌握權力。移民、觀光和旅遊機會持續改變著城市和國家。巴塞隆納的變化也包含了戰後世代，他們追求那些在教育和工作方面被剝奪的權利與機會。一九六〇年代，全球各種抗議活動的激情，低調地在佛朗哥統治下的西班牙內引起共鳴。若說一九五〇年代只有加林索加事件較具代表性，那麼，一九六〇年在歷史悠久的加泰隆尼亞音樂宮裡，當佛朗哥和重要政府官員參加活動之際，發生的衝突則更為人所知。該活動是紀念加泰隆尼亞詩人胡安．馬拉加爾（Joan Maragall，一八六〇至一九一一）一百周年的紀念日，然而他的愛國歌曲「國旗之歌」（Cant de la Senyera）卻被官方明確指示禁唱。在紀念儀式中，一群抗議者還是在陽台唱了這首歌，因而被捕、遭受酷刑和監禁。被捕的抗議者當中包括喬治．普約爾（Jordi Pujol），他是一位天主教的加泰隆尼亞積極分子，後來成為加泰隆尼亞政府的總統。

這十年中，在約瑟普．馬利亞．波西歐勒斯市長從一九五七到一九七三年備具爭議的領導下，城市發生了實質的轉變。在西班牙內戰之前，波西歐勒斯參與加泰隆尼亞社團，從此開始他的政治生涯，但在流亡歸國後，他發現自己對佛朗哥政權感到滿意，尤其認同主業會的宗教技術官僚取代早期的意識形態擁護者。他的「3C」訴求包括：完成《市政章程》（Municipal Charter）、加泰隆尼亞民法（Catalan Civil Law）的彙編、以及蒙特惠克城堡（Castle of Montjuïc）交由市政府管轄；這顯示出既能讓西班牙政權鬆綁，又能加強地方控制權的雙重目標。他知道如何平衡地方政府和商業菁英的選區，以順利推動改革計畫，包括早期政權所規劃的專案在內：完成萊耶塔那大街、拆除亞拉岡街的火車軌道，以利建造一條交通要道，持續開發改善人口密集的唐人街。在任用親信和貪汙腐敗的情況下，他的開發主義讓城市郊區出現廉價且醜陋的住房建設。這個時代也因標榜土地分區規劃和舊城社區美學的建築物而聞名，例如，巴塞隆納首座一百多公尺高的哥倫布摩天大樓（Edificio Colón），仍然不相襯地聳立在拉瓦爾區。

波西歐勒斯身邊的人，都靠著操弄法律和非法的機會來圖利自己，同時躲避政治風波。例如，何塞·路易斯·努涅茲（José Luis Nuñez，一九三一）以他在全城的中產階級公寓開發專案而聞名（他的公司名稱努涅茲—納瓦羅Nuñez y Navarro，在擴展區許多黃金地段都有其建築）；在波西歐勒斯的指示下，他拆毀了約瑟普·普格·卡達法爾克位於科西嘉街（Carrer de Còrsega）珍貴的村塞特之家（Casa Trinxet）。一九七八年，努涅茲接任巴塞隆納足球俱樂部的主席。這支俱樂部在戰後重新振作；諾坎普球場建於一九五七年，至今仍是西班牙乃至歐洲最大的體育場。在努涅茲的管理下，「紅藍軍團」成為當地身分認同的有力象徵，也是戰勝馬德里的媒介。同樣，另一位土地開發商胡安．安東尼．薩馬蘭奇（Juan Antoni Samaranch，一九二〇至二〇一〇），一直密切參與佛朗哥的政治和體育外交，他在一九八〇至二〇〇一年擔任國際奧委會主席。他利用這個職務，使巴塞隆納獲得一九九二年奧運會主辦權。

其他的城市文化發展則比較清楚，雖然當代遊客可能不易聯想到這些發展是在佛朗哥時期。一九六〇年代，市議會與畢卡索的秘書兼朋友喬莫．沙巴提斯（Jaume Sabartés）合作，為他獨家收藏的早期畢卡索畫作找一個展覽之地，最終於一九六三年把這些重要的文化遺產安置在蒙卡達街的阿吉拉爾宮（Palau Aguilar）[18]。到了一九七〇年代，還計畫建造一座博物館來收藏本地畫家米羅的作品，一九七五年米羅基金會（Fundació Joan Miró）開幕，是由巴塞隆納的流亡建築師塞特（Josep Lluís Sert）所設計的現代主義建築（圖6.2）[19]。波西歐勒斯還更新了基礎設施，包括機場、桑茨火車站，改善天然氣、燈光和水等基本需求。

然而，波西歐勒斯雖有貢獻，但也因為幾十年來他個人的控制欲強，以及他助長的腐敗氣氛而受到批評。他的政策也和佛朗哥的城市發展總體架構有同樣問題，重點在於「缺乏城市格局的空間發展、缺乏土地利用的協調計畫，當然，也沒有展現連貫的方法和規範，來因應轉型社會的新需求[20]」。所有這些因素造成波西歐勒斯於一九七三年下台，當時他大舉強占不動產和更新計畫激發了社區協會發動抗議、占據市政廳。面對如此明顯的公眾抵制，佛朗哥政府將他開除。

這些社區協會成員對城市的未來抱持著不同的願景。工人繼續發動各種大小規模不等的動亂。一九六二年，加泰隆尼亞冶金學家參加全國各地礦工的罷工，一九六三年有三千名西門子工人罷工。一九六四年，一些巴塞隆納人加入工人委員會（Comisions Obreres, CCOO），這是由共產黨和在桑茨的聖

18 www.museupicasso.bcn.cat/en.

19 https://www.fmirobcn.org/en.

20 Antonio Fernández Alba and Carmen Gavira, *Crónicas del espacio: La destrucción de la ciudad en España, 1960-1980* (Madrid: Dirección General de Arquitectura y Edificaciones,1986), p. 20.

圖6.2：一九六八年，波西歐勒斯市長與佛朗哥的部長曼努埃爾・弗拉加（Manuel Fraga）在舊醫院參加胡安・米羅作品展的開幕。

梅迪（Sant Medir）教區的天主教行動主義者所組成，為調解社會和經濟衝突的秘密組織。工人委員會在一九六五年被宣布為非法組織，不過卻為社會主義者、共產黨和其他傳統工會會員提供了團結的基礎，並參與一九六七年九月十一日加泰隆尼亞民族日的公開慶祝活動。工人委員會至今仍是重要的勞工工會和政治勢力。

一九六〇年代其他的公眾表達則是利用天主教機構，這些機構在佛朗哥統治之下獲益，並負責教育和社會福利。教會一直維護著當地的虔誠習俗，包括以加泰隆尼亞語講道，而在第二次梵蒂岡大公會議中，加泰隆尼亞語被認可為禮拜儀式語言之一。部分天主教的主教長支持更多的公開抗議活動。奧雷利·艾斯卡瑞（Aureli M. Escarré，一九〇八至一九六八），他是蒙特塞拉特（Montserrat）本篤會修道院的院長，於一九二三年進入這座敬拜加泰隆尼亞的守護神黑面聖母（Mare de Deu de Montserrat）修道院。他在西班牙內戰期間流亡，直到一九三九年返回。最初默認佛朗哥政權後，他開始利用修道院來支持加泰隆尼亞的出版物。他在一九六三年接受法國《世界報》採訪時對國家有所批評，因而被迫流亡。他於一九六八年重返巴塞隆納之後去世；而他的葬禮則是激起了公眾對政府的抗議。

一九六六年五月十一日，三十名穿著彌撒祭服的神父聚集在主教堂，譴責政府對共產黨學生領袖的逮捕及實施酷刑。他們遊行到萊耶塔那大街的警察總部，在那裡遭到追捕和毆打；主事者後來被判入獄和重罰。中央政府最終在梵蒂岡的壓力下取消這些懲罰。

這十年中，另一個值得注意的事件是一九六六年的嘉布遣修道院事件（Caputxinada），這是由大學生和其他知識分子組成的巴塞隆納大學學生民主聯盟（SDEUB）集會事件。學生、教授和政治行動家於三月九日秘密聚集在薩里亞的嘉布遣修道院，但兩天後遭到警方公開的暴力突襲。在這次警方行動之後，更多的加泰隆尼亞政治人物、知識分子和積極分子組成圓桌會議，在一九七〇年代變成更公開反對佛朗哥政權的加泰隆尼亞大會（Assemblea de Catalunya）。

導致波西歐勒斯下台的社區協會（Associacions de Veïns）於一九六四年合法化，並在一九六〇和一九七〇年代成為全城市規劃的重要基層聲音。藝術運動也融入加泰隆尼亞文化和政治復興。「新歌」（Nova Cançó）是由一群年輕歌手組成的運動，致力於發展加泰隆尼亞民謠、搖滾音樂和政治歌曲，此運動始於一九五〇年代，在一九六〇和一九七〇年代變得日漸流行[21]。許多歌手最初也是十六名法官（Setze jutges）音樂團體的成員（此名源自加泰隆

21 大部分的人，因佛朗哥之後許多政黨崛起，導致他們的能見度下滑，然而還是有許多人積極參與犯罪或移民等社會事件以及社區活動。

尼亞語繞口令Setze jutges d'un jutjat mengen fetge d'un penjat，意譯「十六名法官吃掉劊子手的肝臟」）。有些成員至今仍大受歡迎，包括瓦倫西亞的雷蒙（Ramon Pelegero Sanchis，一九四〇）、馬約卡島的博內特（Mallorcan Maria del Mar Bonet，一九四七）、吉羅納的路易斯・里亞克（Gironenc Lluís Llach一九四八）和出生於波布塞克的胡安・曼努埃爾・塞拉特（Joan Manuel Serrat，一九四三）。

此時，西班牙變得更開放，也打開世界知名度。旅遊業蓬勃發展，到一九七〇年，有兩千萬遊客來到西班牙（四百多萬遊客到加泰隆尼亞，比十年前人數增加一倍）[22]。

民俗和城市遺產是馬德里、塞維亞和格拉納達吸引人之處，而加泰隆尼亞、安達魯西亞和巴利亞利群島也都有誘人的地中海海灘風情。搭乘汽車、巴士或包機前往，有露營地或是廉價旅館可選擇，大眾旅遊鎖定加泰隆尼亞沿海地區，特別是布拉瓦海岸，充滿陽光、沙灘和葡萄酒。大眾旅遊也同時展示出不同的文化規範，像是近乎裸露的比基尼或上空女郎，這些都讓漁村或移民感到震驚。保守的教會勸誡反對裸露的泳裝，但歐洲風俗大力滲透到青年文化中。電影《烈焰肌膚》（*La Piel Quemada*，一九六七）描繪移民和旅遊的故事：布拉瓦海岸一位安達魯西亞工人在等待與妻子和家人團聚之際，與一位遊客短暫相遇。當然，一些巴塞隆納人也可以跨越邊境，與附近的法國共和黨人建立交流，體驗現代化。

在這個時代結束時，巴塞隆納在許多方面仍是面臨分歧對立，但卻經歷過蛻變，成為更強大的城市。當地居民和移民、富人和窮人、中央集權主義者和加泰隆尼亞主義者、左派和右派、伊比利半島和歐洲之間，存在著各種分歧，突顯出巴塞隆納在這個國家所面臨的問題：置身在回顧過去光榮和壓制公開討論之間。在一九七五年佛朗哥去世之前，這些緊張對立也將達到高峰。

一九七〇年代：一個時代的終結

一九七〇年代，政治和文化壓力在西班牙各地蔓延開來，佛朗哥政權面臨全國和全世界的反對，從埃塔（ETA）地下反抗組織到被日漸茁壯的歐盟拒於門外。加泰隆尼亞大會在拉瓦爾區的一個天主教教會中成立，集結天主教民族主義者和社會主義者，以及各大領域的思想家和未來的政治家。媒體上出現更廣泛的批評，包括現代諷刺雜誌。勞工騷亂加劇：一

22 Jordi Maluquer de Motes, "El Turismo, Motor Fundamental de la Economía de Cataluña (1951-2010)," *Historia Contemporánea* 42 (2012): 347–99.

九七一年，有八千名SEAT工廠工人罷工。同年十月，由於抗議強制加班而遭解僱的工人爆發復職糾紛和停工事件，在與警察發生激烈衝突過後工廠才重新開業。持續的抗爭受到廣泛支持，使工人運動更加激進；一九七〇年代，SEAT發生過更多次的罷工行動[23]。

同時，佛朗哥於一九六九年指定胡安・卡洛斯・波旁（Juan Carlos de Borbón，一九三八）——西班牙最後一位執政君主阿方索十三世（一八八六至一九四一）的孫子，作為他的法定繼承人。該政權的維安工作交付給忠貞的官員，包括海軍上將路易斯・卡雷羅・布蘭科（一九〇四至一九七三），他主張與歐洲進行更多融合，同時實行強大的中央集權統治。卡雷羅・布蘭科於一九七三年六月被任命為總理，而十二月在馬德里遭ETA突擊隊暗殺，打亂了繼任計畫。不久之後，年輕的無政府主義者薩爾瓦多・普格・安蒂克（Salvador Puig Antich，一九四八至一九七四），受到法國一九六八年五月風暴學運的鼓舞，策劃反佛朗哥的激進行動，他在一九七三年九月二十四日的一場槍戰中被逮捕，並因殺害一名警察被定罪。雖然全世界發出聲援抗議，但他仍在一九七四年遭到處決[24]。

一九七五年十一月二十日，佛朗哥去世。新任國王胡安・卡洛斯一世任命阿道夫・蘇亞雷斯・岡薩雷斯（Adolfo Suárez González，一九三二至二〇一四）領導看守過渡政府，他曾是佛朗哥時期的官員，但採取更中立的立場，推動一九七七年的民主選舉。在巴塞隆納，最後一位支持「佛朗哥主義」的市長，在一九七五年由另一位佛朗哥官員喬亞金・維歐拉（Joaquim Viola，一九一三至一九七八）取代，事實證明維歐拉非常不受歡迎，只上任一年多（一九七五年九月至一九七六年），就遭蘇亞雷斯撤換。維歐拉後來被恐怖分子殺害，由更民主的學者何塞・馬利亞・索西亞斯（Jose Maria Socias）所取代，引導巴塞隆納順利度過選舉前的過渡期。

巴塞隆納的第一位民選市長——社會主義者納西斯・塞拉（Narcís Serra），在一九七九年上任。到了此時，巴塞隆納的民間團體、建築師、學者、社區協會和其他人士，早已提出整個城市的改造計畫。塞拉的改造基礎，是建立在一九七四年達成共識的總體規劃上（在一九七六年批准）。這個總體規劃將社區協會關心的問題，與新一代建築師、城市規劃者和知識分子的想法整合起來，提出對人口密度、公園和社區中心等社會用途的規劃和控制，這種

---

23 Balfour, *Dictatorship, Workers and the City*.

24 佛朗哥去世三年後，加泰隆尼亞戲劇團體Els Joglars上演一部作品*La Terna*，劇中描繪同一天死亡的Heinz Txez波蘭罪犯，對他的處決削弱這些行動的政治含義。這部劇作被認為是對武裝部隊的冒犯，迫使劇團領導人流亡在外，並在民主過渡時期提出自由議題。二〇〇六年，一部關於薩爾瓦多・普格（*Salvador*）的電影在坎城影展上映，由曼努埃爾・赫爾加（Manuel Huerga，一九五七—）執導，路易斯・里亞克（Lluís Llach，一九四八—）配樂，電影改編自Francesc Escribano的小說《*Compte enrere: la història de Salvador Puig Antich*》(Barcelona: Edicions 62, 2001)。

空間規劃展現出後佛朗哥時代的巴塞隆納。後來的批評者指出：「這樣的總體規劃會發生在佛朗哥極權統治下的西班牙城市，簡直就是奇蹟[25]」。此規劃也為巴塞隆納創造新的建築和設施，改變當地的城市景觀，並使巴塞隆納有能力舉辦奧運會和其他世界活動。下一章要討論的，正是那個仍在進行中的奇蹟。

25 Nico Calavita & Amador Ferrer, "Behind Barcelona's Success Story – Citizen Movement and Planners' Power," in Tim Marshall (ed.), *Transforming Barcelona* (New York: Routledge, 2000), pp. 47–64, p. 54.

第七章

巴塞隆納的今日與未來（一九七〇年代之後）

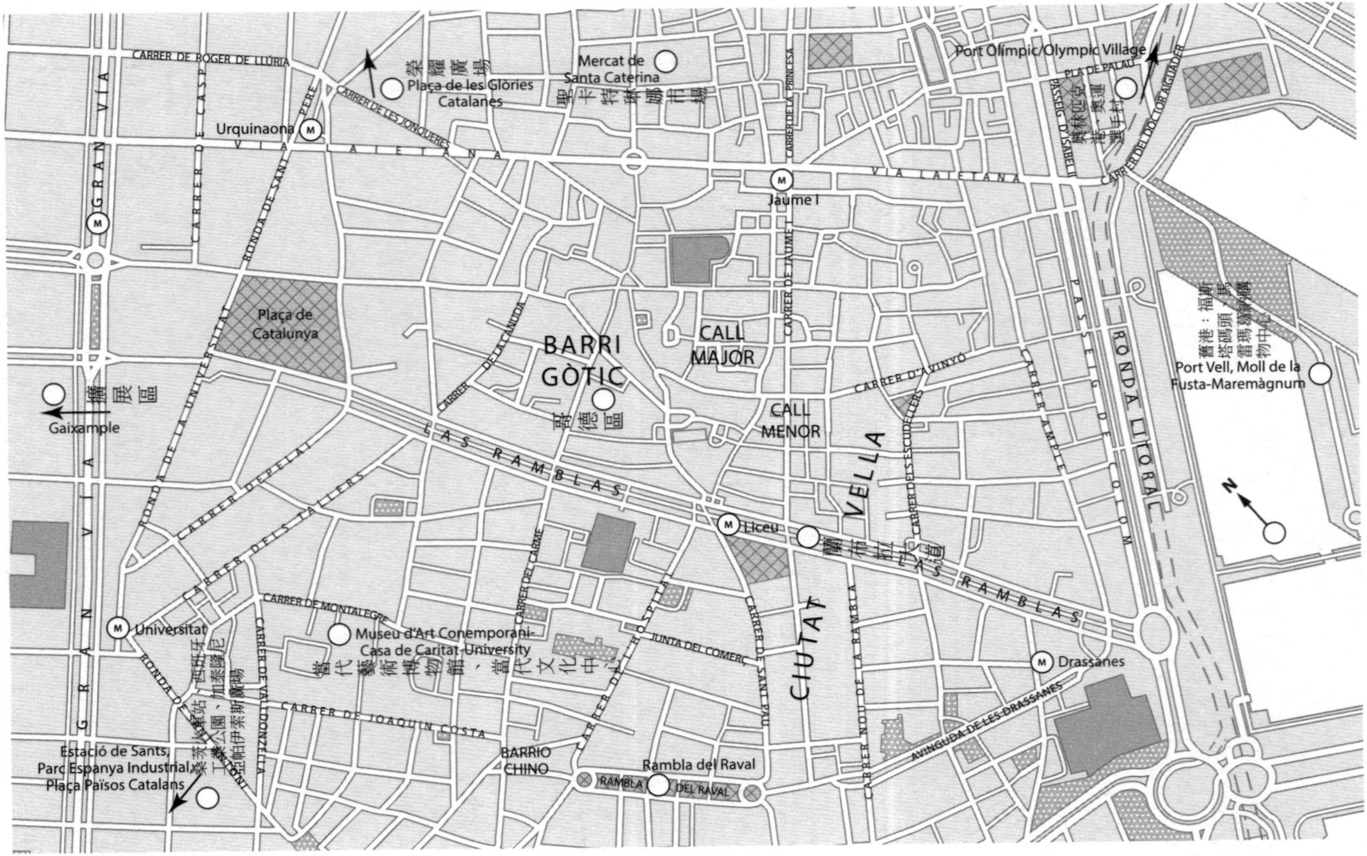

GRAN VÍA
Gaixample
擴展區
Universitat
Estació de Sants, Parc Espanya Industrial, Plaça Països Catalans
桑茨火車站、西班牙工業公園、加泰隆尼亞帕伊索斯廣場
Urquinaona
Plaça de les Glòries Catalanes
榮耀廣場
Mercat de Santa Caterina
聖卡特琳娜市場
Port Olímpic/Olympic Village
奧林匹克港、奧運選手村
Plaça de Catalunya
BARRI GÒTIC
哥德區
CALL MAJOR
CALL MENOR
Jaume I
CIUTAT VELLA
LAS RAMBLAS
Liceu
蘭布拉大道
Museu d'Art Conemporani-Casa de Caritat-University
當代藝術博物館、當代文化中心
BARRIO CHINO
Rambla del Raval
Drassanes
Port Vell, Moll de la Fusta-Maremàgnum
舊港：福斯塔碼頭、馬雷瑪葛納購物中心
N
CARRER DE ROGER DE LLÚRIA
CARRER DE CASP
RONDA DE SANT PERE
CARRER DE LES JONQUERES
VIA LAIETANA
CARRER DE LA PRINCESA
CARRER DE JAUME I
RONDA DE LA UNIVERSITAT
CARRER DE PELAI
CARRER DELS TALLERS
CARRER DE LA CANUDA
CARRER D'AVINYÓ
CARRER DELS ESCUDELLERS
CARRER AMPLE
PASSEIG DE COLOM
RONDA LITORAL
PASSEIG D'ISABEL II
PLA DE PALAU
CARRER DEL DOCTOR AIGUADER
CARRER DEL CARME
CARRER DE L'HOSPITAL
JUNTA DEL COMERÇ
CARRER DE SANT PAU
CARRER NOU DE LA RAMBLA
AVINGUDA DE LES DRASSANES
CARRER DE MONTALEGRE
CARRER DE VALDONZELLA
CARRER DE JOAQUÍN COSTA
RONDA DE SANT ANTONI
RAMBLA DEL RAVAL

幾世紀以來，蘭布拉大道一直是巴塞隆納的交通要道和重要活動場所，即使大道兩旁的宮殿建築和劇院被當代雜陳的旅遊紀念品給喧賓奪主。這條廣闊的林蔭大道也是公眾常發生衝突之地，無論是十九世紀新舊菁英為選擇歌劇院的衝突，還是工人階級為反對菁英勢力所做的抗爭。在西班牙內戰期間，喬治·歐威爾觀察蘭布拉大道，將之視為權力結構重新建立之前，無政府主義者高唱自由平等的舞台。在佛朗哥時期，以及後佛朗哥的過渡期，蘭布拉大道上交雜著抗議活動、美國海軍艦隊到來、巴塞隆納人的日常生活，人們在博蓋利亞市場購物、尋找娛樂、辯論足球、或是單純享受樹下散步的都會樂趣。二〇一七年，蘭布拉大道不幸慘遭恐怖主義襲擊，但市民很快重新振作。最近，由於獨立的問題刺激著巴塞隆納、加泰隆尼亞和西班牙，蘭布拉大道已成為討論、集會和抗議的活動場所。

我們可以看到，每一世代都在蘭布拉大道及其周圍地區留下印記。在一九七〇年代，巴塞隆納脫離佛朗哥獨裁政權，進入新的發展階段，蘭布拉大道和皇家廣場或唐人街附近的咖啡館，都具有波西米亞和前衛藝術風格。多年來，洛佩茲—奎爾家族的莫亞宮一直都是SEPU百貨公司，但和其他的歷史建築一樣，它現在已被納入公有財產，成為教育中心、加泰隆尼亞政府的書店和遊客中心。利塞奧大劇院是城市菁英的堡壘，在一九八二年失火，後來重新崛起成為一個公共機構。花街的花店得到新攤位，但鳥類和寵物的傳統生意，則因受到保護動物的新法律所規範而被取消。在港口附近，新設立了一個公共圖書館，以馬克思主義統一工人黨領導人安德魯·尼恩命名，圖書館建築物門面仍有彈痕，周圍環繞新的大學建築。在蘭布拉大道上，啞劇表演和商販人來人往，咖啡館也因應遊客而調整餐單。巴塞隆納當地人雖然抱怨這些變化，但仍繼續在蘭布拉大道活動[1]。

在蘭布拉大道周圍，巴塞隆納市中心的社區也發生轉變。隨後會討論福斯塔碼頭（Moll de la Fusta）和馬雷瑪葛納購物中心（Maremàgnum）如何重新打造這座城市與海洋的關係。雖然早期的保護主義者「拯救」了哥德區，但近幾十年來，中產階級化逐漸蔓延，飯店、餐館和公寓租賃，漸漸取代本地和其他老舊社區的生活，將巴塞隆納模式轉變為巴塞隆納品牌。

在蘭布拉大道另一邊的拉瓦爾區，有雄心勃勃的發展計畫，延續前佛朗哥時期的社會和城市化願景，終於拆除了唐人街的危樓、過於擁擠的住房，創造出新的開放空間：拉瓦爾的蘭布拉。在拉瓦爾的其他地區，中產階級注重新的大學設施、當代藝術博物館（Museu d'Art Contemporani）、以及由古老宗教機構慈善之家改建成的當代文化中心（Casa de la Caritat），當地居民和新移民並存於此，包括許多南亞人，這些新移民利用自家店面和公寓當成新公民身分的墊腳石。

在這些過程中，蘭布拉大道呈現了本章的重要主題：全球化、變革、地方分歧（包括不同的民族）、以及巴塞隆納和加泰隆尼亞的創意文化。蘭布拉大道的未來也將有所改變，但是，如同城市的其他地方，「變化」皆衍生自過去的歷史和周遭的世界。在本章中會分享城市不斷演變的看法，自一九七〇年代佛朗哥逝世後，在民族國家和世界不斷改變的情境之下，強調新的城市菁英（政治、經濟和文化知識分子）與民眾互動的交會點。這是巴塞隆納與市民重生的時期，表現在城市的實質結構和氛圍之中，但這個時代仍然存在流離失所的移民和衝突。

某些轉型攸關重大新建築的完成，例如，加泰隆尼亞建築師里卡德・波菲（Ricardo Bofill，一九三九）於一九九二年完成的機場航廈，以高聳的玻璃窗和棕櫚樹迎接奧運遊客。還有其他微妙、重要的變化，一如巴塞隆納市政府推出的「巴塞隆納，讓你更美麗」（Posa't Guapa）計畫（一九八五至二〇〇一），透過建築和公民所有權的權利來美化街道景觀。這些城市變化發生時，正值民族和國家的政治議題、以及全球政治和經濟變革的爭議持

---

1 正如賽達・帕洛・盧比奧（Saida Palou Rubio）在二〇一二年的評論，「避開蘭布拉大道已成為巴塞隆納一些當地人的習慣，以免陷入恐怖的觀光人潮當中。據估計，二〇〇七年，有七千八百萬人次漫步於蘭布拉大道……而百分之六十都是外國人」（Barcelona, destinació turística, p 430）。

續之際。

我們對於自己親身經歷的城市轉變，很難劃分出明確的時期或地點。因此，本文的資料來自這個時期的評論家和學生，包括城市規劃師胡安·布斯蓋茲（Joan Busquet）、建築歷史學家亞歷山卓·斯卡納托（Alessandro Scarnato），以及約瑟普·蒙塔納（Josep Montaner）等人彙編的巴塞隆納模式相關文獻，再加上英文參考資料，如提姆·馬歇爾（Tim Marshall）的編輯著作和彼得·羅爾（Peter Rowe）的回憶[2]。

我們粗略的年代次序排列如下：在社會主義領導下，形成新的都市成長機制，成為後佛朗哥時代轉型的動力（一九七〇年代到一九八五／一九八六）；接著是入選為奧運會主辦地，從籌備到完成，令人振奮的時代（一九八六至一九九二之後）；隨後則是巴塞隆納發展成為全球旅遊景點和模範，最終在二〇〇四年世界文化論壇達到巔峰（一九九二至二〇〇四）。現階段則以全球經濟衰退和復甦，以及與馬德里和西班牙國家的關係為主。

在此，我們利用文化論壇的三個主題，提出巴塞隆納和市民如何面對未來的重大問題。這裡關注城市變化的地理範圍，包含整個都會區發展的過程和觀光景點，即周邊地區立紀念碑的包容性策略結果，至今仍引導著當代城市的發展。

展望全新的巴塞隆納

在阿道夫・蘇亞雷斯和中右翼的民主中心聯盟（UCD，Unión de Centro Democrático）領導下的看守政府，使巴塞隆納在一九七七年順利完成第一次民主選舉，選出社會主義的納西斯・塞拉（一九四三），與帕斯奎爾・馬拉加爾（Pasqual Maragall，一九四一）擔任他的副手。透過與流亡在外的政府談判，重新建立加泰隆尼亞政府；一九七七年十月二十三日，約瑟普・塔拉德拉斯（Josep Tarradellas，一八九九至一九八八）流亡法國歸來，在加泰隆尼亞政府宮的陽台上，向公民致意時說了這句話：「加泰隆尼亞公民，我終於回到這裡！」（Ciutadans de Catalunya, Ja sóc aquí!）[3]。

2　建築師亞歷山卓・斯卡納托將佛朗哥之後的巴塞隆納發展，劃分為四個階段來完成城市重生的設計和實踐（包括政治）：城市與專案計畫（一九七六至一九八六），理論與幻想（一九八七至一九九六），美學與市場（一九九六至二〇〇四），以及實踐和停滯（二〇〇五至二〇一一），參見Alessandro Scarnoto, *Barcelona supermodelo: La complejidad de una trasformación social y urbana (1979-2011)* (Barcelona: Comanegra, 2016)。對此我們參考其他文獻，如Muntaner、Busquets、Marshall和Bohigas（詳見精選參考資料），做了一些整合修改。

3　請注意他的「公民」（Ciutadans）一字概括的複數，包含那些在語言或種族上也許不認同自己是加泰隆尼亞的人，這是通往差異化社會的橋梁。參閱：Kathryn Woolard, "The 'Crisis in the Concept of Identity' in Contemporary Catalonia,1976-1982" (pp. 54-71)；Susan DiGiacomo, "Images of Class and Ethnicity in Catalan Politics,1977-1980" (pp.

除了這些改變，西班牙和之前同為地中海獨裁政權的葡萄牙和希臘一樣，申請加入不斷擴大的歐盟[4]。西班牙最後在一九八六年成功加入，在巴塞隆納專案計畫成形時，歐盟成為支持民主和資金的重要來源，而一九八二年加入的北約組織，則促成政治穩定。尤其在一九八一年馬德里如曇花一現的軍事政變失敗後，一時威脅到整個國家，因此這兩個組織對西班牙來說變得十分重要。

在佛朗哥長期統治之下，巴塞隆納菁英發生了變化。十九和二十世紀塑造這座城市的金融工業寡頭集團，失去了一貫的經濟、政治和社會基礎；許多重要公司和金融機構如今都在國家或全球營運，不再只侷限於巴塞隆納範疇內。這種轉變也是發生於一九七〇年代經濟普遍停滯的情況下，在加泰隆尼亞，有許多製造業的百年老店因不敵全球競爭而倒閉。深深融入桑茨工業歷史的西班牙工業（La España Industrial）紡織公司，一九七二年將主要工廠遷至衛星城市莫列特—巴列斯（Mollet de Valles），最後在一九八一年結束營運。如今，它的土地已成為桑茨火車站旁邊後現代風格的西班牙工業公園（Parc de l'Espanya Industrial），由路易斯·佩尼亞·甘克奇（Luis Peña Ganchegui，一九二六至二〇〇九）、弗朗西斯科·里烏斯—坎普斯（Francesc Rius i Camps，一九四一）、安東·帕戈拉（Antón Pagola）和蒙塞拉特·魯伊茲（Monserrat Ruiz）設計建造。然而，這個創意十足的景觀公園背後隱藏了蒙塔達斯家族與鄰居之間的衝突，前者意在開發土地，後者則是要爭取更多綠地。

在佛朗哥時期，中央銀行吸收許多巴塞隆納機構。因此，巴塞隆納缺乏穩固的本地銀行，雖然有喬治・普約爾家族在一九六一年所創立的加泰隆尼亞銀行（Banca Catalana）[5]，但這家銀行到一九八四年時，發生引起廣大爭議的公共危機，最後被比斯開銀行（Banco Vizcaya）收購。事實上，巴塞隆納歷史悠久的儲蓄和貸款事業，與工作和財產相關，在一九七〇年代之後成為經濟和政治發展的主要動力，不過隨後也陷入了二十一世紀初的全球經濟危機當中。在此必須強調巴塞隆納和巴斯克自治區之間的一個重要對比，後者是全國各大銀行的所在地，所以得以藉此和西班牙國家談判，獲得更有利的經濟和自治關係。

巴塞隆納在這個時期的發展，與西班牙大幅度的政治改革息息相關。一九七八年，西班牙全體公民通過新的《西班牙憲法》，明文規定人民在國家內享有自治章程，亦指城市和

72-92), in Gary W. McDonogh (ed.), *Conflict in Catalonia: Images of an Urban Society* (Gainesville: University of Florida Presses, 1986)。

4 西班牙在佛朗哥統治時期，於一九六二年曾試圖加入歐洲共同體，但遭到拒絕。

5 最初，普約爾家族於一九五九年收購附近奧洛特（Olot）的多卡銀行（Banca Dorca），兩年後將之更名為加泰隆尼亞銀行，並把總部遷到巴塞隆納。

地區得以建立特別制度和權利。就連在模糊的討論裡也承認國家的異質性，當中的自治區可能是歷史民族[6]（加泰隆尼亞、巴斯克自治區等）、歷史地區（卡斯提亞—拉曼查Castilla–La Mancha）、從前的省分（桑坦德、里奧哈Rioja、莫夕亞）或城市（休達Ceuta、梅利拉Melilla）。

加泰隆尼亞已經建立獨特的治理傳統。隨著新憲法的頒布，加泰隆尼亞領導人起草一項自治章程，在加泰隆尼亞左翼的社會主義政權、不同的民族主義者和中右翼的國家之間，達成協議。章程中確立了加泰隆尼亞政府、議會、和其他自治管理能力。然而，在語言、教育、財政和公共秩序方面，則出現和官方共享名義與權限的問題。儘管達成了令人不安的妥協，這個新的自治章程在後佛朗哥民主時代的期盼中，以八八．一五%的得票率（六〇%的投票率）獲得通過。

如同早期的加泰隆尼亞聯邦，新成立的加泰隆尼亞政府和城市，大力推動社會和文化變革、以及政治行動。加泰隆尼亞語已成為共同官方語言，同時承認卡斯提亞語在移民和國家關係中的地位，加泰隆尼亞人的公共發展越發蓬勃，展現在標誌、文件、演講、傳播媒體、各級學校、以及其他公共論壇，讓新一代的人充分享受語言自由。來自加泰隆尼亞和其他地方的語言學家，以此為發展模型，來研究全球雙語的可能性：例如，凱瑟琳．伍拉德

（Kathryn Woolard）研究過渡時期的複雜禮儀，當對話跨越了語言、出身地和階級的界限，加泰隆尼亞人會因禮貌而選擇改說卡斯提亞語，還是視情況變化維護說加泰隆尼亞語的權利。流利程度和詞彙也因時間發展而變化，這讓西班牙內部或外地移民面臨到選擇[7]。

雖然存在這些問題，加泰隆尼亞人仍然在日常生活、機構、大眾媒體、以及文學和電影各個領域中活躍發展。文學作品廣泛，在全球具有舉足輕重的地位，知名作家包括瑪西・羅德里達（Mercè Rodoreda，一九〇八至一九九三，流亡瑞士歸來）、佩雷・卡爾德斯（流亡墨西哥歸來）、蒙賽拉特・羅伊格（Montserrat Roig，一九四六至一九九一）、奎姆・蒙佐（Quim Monzó，一九五二）等人。同時，其他人的作品雖以卡斯提亞語出版，也呈現出不斷變化的巴塞隆納，例如，胡安・馬塞（Juan Marsé，一九三三）探討在佛朗哥統治下，一位移民成長時期的疏離感；愛德華多・門多薩的《奇蹟之城》描繪世紀交替之際的巴塞隆納；

---

6 非指「國家」。針對「naciones」一詞及其主權含義，西班牙人和加泰隆尼亞人曾多次發生衝突，即使在後佛朗哥時期起草自治文件時，也是如此。

7 在眾多研究加泰隆尼亞語的著作當中，Woolard, *Double Talk* 為淺顯易懂的英文相關文獻，亦可參考她近期的文章："Is There Linguistic Life after High School? Longitudinal Changes in the Bilingual Repertoire in Metropolitan Barcelona," *Language in Society* 40:5 (November 2011): 617-652。McDonogh, *Good Families* 審視菁英中的語言模式發展。

以及多才多藝的曼努埃爾．巴斯克茲．蒙塔爾班（Manuel Vázquez Montalbán，一九三九至二〇〇三）的作品，包括複雜的佩佩．卡瓦略（Pepe Carvalho）偵探小說系列，從社會低層觀點描繪巴塞隆納的城市百態。此外，他還有以卡斯提亞語和加泰隆尼亞語出版的歷史、烹飪書籍和評論[8]。

和早期一樣，語言、文化、政治經濟，和城市化的發展有密切關連。社會主義政府的政治家和顧問來自中產階級背景，他們和受過國際訓練的學者、建築師、以及基層組織密切合作，在資源有限的情況下（尤其是在面臨強大經濟壓力的一九七〇年代），共同創造出平等、現代化和高效能的城市。建築師奧里歐．博希加斯（Oriol Bohigas，一九二五）成為城市規劃辦公室總監，同時以建築理論家的身分，詳細記錄問題和變化，他具體表現出城市變革的遠見卓識、規劃者和解說者的核心角色[9]。

這種轉變對巴塞隆納主義和加泰隆尼亞主義的含義提出挑戰，他們已經不再依附舊時保守的寡頭政治。加泰隆尼亞主義的新潮流擴大，包括與農村地區相關的中產階級和保守派，代表人物為喬治．普約爾和保守的加泰隆尼亞民族主義選舉聯盟（Convergència i Unió），他們延續共和主義的傳統。另外還有左派的社會主義者和共產主義者，企圖說服衛星城市的人民，包括仍在適應加泰隆尼亞文化的移民。

重獲生機的地方政權在實際策略和資源多寡上，能從如今的地方廣場（places dures）看得出來：建築成本低廉但結構優雅的開放空間，沒有任何花園或昂貴的特徵。這個時期的象徵地是加泰隆尼亞帕伊索斯廣場（Plaça dels Països Catalans），由建築師哈里皮・皮尼翁（Helio Piñón，一九四二）和阿爾伯特・維亞帕拉納（Albert Viaplana，一九三三至二〇一四）設計，一九八三年開幕啟用，許多遊客可能在路過桑茨站的途中有見過。簡單雕塑元素、沒有綠地的廣場，受到社區居民的批評，雖然這個空間成了滑板運動員的最愛（這類廣場對他們其實很有吸引力，使巴塞隆納成為世界極限運動會X-Gamers的玩家天堂[10]）。這些設計如今看起來似乎很不起眼，也沒什麼問題，然而在過渡時期，對於新的民主城市來說，是得來不易的公共空間。

其他的空間感覺更開放，變化更大，例如，福斯塔碼頭，是由建築師和教授曼努埃爾・索拉—莫拉萊斯—盧比歐（Manuel de Solà-Morales i Rubió，一九三九至二〇一二）於一九

---

8 唐納德・麥克尼爾（Donald McNeil）在他一九九九年出版的《城市變遷和歐洲左派》（*Urban Change and the European Left*）一書中，將巴斯克茲・蒙塔爾萬（Vázquez Montalbán）視為社會主義遊手好閒者，對此提出有趣的解讀。

9 Oriol Bohigas, Peter Buchanan & Vittorio Magnago Lampugnani, *Barcelona 1980-1992* (New York: Rizzoli, 1992).

10 前文提及桑茨火車站旁的後現代公園（Parc de l'Espanya Industrial）就在附近。

七七年設計規劃的港口專案（圖7.1）。巴塞隆納原本由自治港務局控制的工業港口，已經被南部自由貿易區更現代化的設施所取代。要想把這塊千年之地重新改造為都市海濱區，需要地下停車場、鐵軌及汽車道路；換句話說，將重塑整個海岸，實現「讓城市回歸大海」的計畫。索拉莫拉萊斯創造出新的多層次空間，當中有許多餐廳和酒吧，吸引從未聚集於此的新潮民眾。舊建築被拆除，而新建築則自豪多了哈維爾．馬里斯卡（Javier Mariscal）雕塑的巨型卡通蝦，成為新城市的象徵（也包含其設計問題）。這個地區的開發參考十九世紀的建築，瓷磚長凳讓人想起奎爾公園，還有後現代風格的巨型卡通蝦，以及波浪型的濱海長廊橋梁。在一九九〇年代，投入更多的建設，開發馬雷瑪葛納購物中心。

姑且不論其優缺點是什麼，這裡的發展刺激了更廣泛的海洋城市轉型，包括拓展到巴塞羅內塔的開發，並花費數十年改造舊港；沿海建築包括奧林匹克港（Port Olímpic）、W酒店、新郵輪

圖7.1：舊港鳥瞰圖，包含福斯塔碼頭及海上蘭布拉

港口，甚至二〇〇四年世界文化論壇在巴索斯河附近的地點主辦。同時，福斯塔碼頭和沿海的開發，創造了重要的新公共空間，無論是世界極限運動會，還是中國新年的慶祝活動[11]。

然而，行政當局和規劃人員特別關注偏遠地區的開發，想讓新興的巴塞隆納模式實現兼容並蓄。大多數遊客不太可能費心探索城市深層的社會變革，如新蘭布拉工人階級地區、學校、兒童之家、養老院、圖書館、和其他公共設施。儘管如此，這個時期的標誌性建築包括了恩典區郊區於一九七六年開放的寇爾水上公園（Parc de la Creueta del Coll），它是由舊有的採石場重新改造成受歡迎的游泳戲水樂園，其中還有巴斯克藝術家愛德華多・奇利達（Eduardo Chillida）五十噸重的雕塑裝飾。由於這些被忽視的地區得到改善，變得更吸引人，於是房地產價格提升，導致高收入者遷入，低收入者被迫遷出。

11 針對港口重建的平衡報導（英文資料），參閱：Francesc Magrinyà & Gaspar Maza, "Simulations of Barcelona: Urban Projects in Port Spaces (1981-2002)," in M. Peterson & G. McDonogh (eds.), *Global Downtowns* (Philadelphia: University of Pennsylvania Press, 2012), pp. 65–90。巴塞隆納人最常抱怨的是泳池酒吧（chiringuitos）的消失，這是幾十年來城市流行的文化。

一九八六年至奧運會：實現全球化城市

一九八六年，巴塞隆納被正式選為一九九二年夏季奧運會東道主。同年，西班牙和葡萄牙加入歐盟，使巴塞隆納成為歐洲專案的一部分，並取得歐盟給奧運的補助款。這種新的世界主義與一九八七年發行的奧運會會歌《巴塞隆納》相呼應，這首歌是由加泰隆尼亞女高音蒙賽拉特・卡芭葉（一九三三年出生，與利塞奧大劇院有很深的淵源），和出生於桑吉巴（Zanzibar）的英國搖滾歌手佛萊迪・墨裘瑞（Freddie Mercury，一九四六至一九九一）聯合製作[12]。

實施「巴塞隆納，讓你更美麗」計畫，和其他改善城市的措施，國際上的曝光提升了巴塞隆納公民自豪感。觀光遊客會注意到各式各樣的海報，這不僅形塑城市特色，同時把歷史、活動和紀念碑展示在遊客眼前[13]。

城市計畫進行更大規模的建設，如奧運選手村的發展，由MBM（Martorell Bohigas Mackay）建築公司設計在城市各地進行委託工程發包，如磯崎新（Isozaki Arata，一九三一—）建造的聖喬治宮體育館（Palau Sant Jordi）、以及聖地牙哥・卡拉特拉瓦（Santiago Calatrava，一九五一）雕塑的蒙特惠克山通訊塔等。巴塞隆納政府也重建城市的基礎設施，如下水道系統、大眾運輸等。許多巴塞隆納人對這一段持續不斷的建設、噪音和活動頻繁的時代仍記憶猶新，巴塞隆納人成了自家城市的遊客，不斷探索新的開發專案和城市變化。

社會專案也在持續進行。雖然留下周邊地區的古蹟文物很重要，但考慮到工人階級和社會主義選票的集中，一些改革致力於提供社會服務，以及開放美學空間作為娛樂和市政活動之用。例如，聖卡特琳娜市場（Mercat de Santa Caterina）最初是巴塞隆納重要的市場體系之一，隨後在一九九七至二〇〇五年間進行修復，由建築師恩瑞克．米拉耶斯（Enric Miralles，一九五五至二〇〇〇）和他的妻子班妮迪特．塔利布耶（Benedetta Tagliabue，一九六三—）共同把此地變成藝術之作，同時也成為里貝拉的社區與商業中心[14]（圖7.2）。米拉耶斯的其他創新專案包括巴塞隆納和加泰隆尼亞周邊的學校、公園、圖書館和市政中心，以兼容並蓄的社會發展為基礎。

---

12 https://www.youtube.com/watch?v=hkskujG0UYc.

13 一九九三年，市政廳發送一本長達二百頁的市民生活手冊 *Civisme i urbanitat*（Barcelona: Ajuntament，一九九三），內容包括評論城市功能和正確行為的規範。

14 https://archinect.com/embt/project/santa-caterina-market; www.mer- catsantacaterina.com/Index.php.

拉瓦爾區的改革計畫表現出不同的策略和關懷，略帶早期政權的道德恐慌色彩。在民主過渡期間，此地的社區協會在政治上非常活躍，社會主義政權的精神，呼籲糾正社會經濟的不平等。在一九七〇年代，社會服務和許多其他專案計畫蓬勃發展，透過新的公共住房、休閒和娛樂空間、圖書館和其他活動中心來改善居民的生活。然而，即使是社會主義的城市更新，仍然強調拆遷和改建，甚至有時會誤解社區鄰里的真正需求，例如，有問題的分租房屋被迫關閉，卻沒有事先考慮到住戶問題[15]。到了一九九

圖7.2：聖卡特琳娜市場

〇年新自由主義年代，像PROCIVESA（Promoció Ciutat Vella SA，推動老城區公司）這類的公私合營機構，開始參與大規模的拆除行動，例如，拉瓦爾區蘭布拉街拆除了原本擁擠、破舊的住房和酒吧，開放空間被高級住房和酒店所取代，距離平行的蘭布拉大道只有幾公尺遠，造成人們對「被邊緣化的蘭布拉」（Rambla dels Marginats）提出辛辣批評[16]。立意和效果不符的問題加劇，一直受到熱烈討論的唐人街去留問題，也面臨城市新進移民的挑戰：馬格里布、撒哈拉沙漠以南地區的非洲人、南亞人、中國人和一些拉丁美洲人，在此地找到廉價住房、工作場所、社交空間（通常是酒吧）、和各種合法和非法的活動，而城市規劃制度往往只注意到中央需求，而不是從人民角度去看。儘管如此，移民者的生活和家庭，與前幾世代在拉瓦爾找到避風港的人命運交織在一起，因為這些人終究也是努力在對抗唐人街中產階級化的轉型和旅遊業的發展。

---

15 G. McDonogh, "Discourses of the City: Urban Problems and Urban Planning in Barcelona," *City & Society* 5:1 (June 1991): 40-63.

16 何塞・路易斯・格林（José Luis Guerín）二〇〇一年的紀錄片《施工中》（*En Construcción*）對這段時期有深刻的描繪。

城市經濟擴張代表著民營事業的轉型：酒店、餐館和商店對新城市的發展加入了公共投資。「設計」本身成為文化的一部分，如同羅伯特・休斯（Robert Hughes）精采的描述，一九二九年遺留在蒙特惠克山上老舊西班牙村的阿維拉塔（Torres de Ávila）變身成時尚的酒吧社交中心，針對此一改造的嘗試，他提出尖刻的報導：

在西班牙其他地方，老舊的建築正被改造成餐館、迪斯可舞廳或藝廊。阿維拉塔的獨特之處在於，它是一座模擬仿造中世紀的老舊建築，在建造六十年後，如今同樣充斥著虛假狂歡的後現代主義……說句老實話，阿維拉塔堪稱是全西班牙（或全世界）公認最令人倒胃口的夜總會了。

休斯不僅抱怨價格問題，也提出能見度、廁所和「告解椅」的問題[17]。

一九九二年的奧運會不僅在設施、儀式、運動能力和出席率方面、還有全球觀看人數都相當成功。奧運會斥資數十億美元舉辦，巴塞隆納和加泰隆尼亞周圍的城市接待來自一百六十九個國家的團隊，將近一萬名運動員住在新建的奧運選手村（奧運會結束後以私人住宅出售）。數百萬遊客在奧運會的前後期間來到巴塞隆納，光是美國就有超過二千五百萬人每天都在觀看比賽。奧運會賽事為城市景觀和人民增添光彩，而巴塞隆納的成功（儘管成本超支）為日後奧運會樹立了效仿的標準。

巴薩足球開啟了一系列的世界冠軍榮耀，並持續至今，但其他的城市變化也浮現出問題。巴塞隆納面臨全歐洲的金融危機，開始湧入新移民，包括尋求工作的非洲人和拉丁美洲人，以及來自青田的中國商人，他們開始定居在巴塞隆納及近郊地區，最終改變了商業形態，到處都是「一歐元商品」。在二十一世紀，這些中國人已經在聖科洛馬—格姆內特的豐多區（Santa Coloma de Gramenet, Fondo）和擴展區的社區住宅鞏固地盤，在戈格（Gorg）郊區擁有令人印象深刻的工業品綜合批發市場，而菲律賓人、多明尼加人、巴基斯坦人等，接手了整個城市的勞動服務。

最重要的是，巴塞隆納以全新面貌展示在世界眼前，不僅作為旅遊勝地或奧運會主辦國，也是城市發展的楷模，重新在全球舞台上展現塞達的推動力。亞歷山卓．斯卡納托總結巴塞隆納模式的典範：

帕斯奎爾．馬拉加爾市長任內，奧運會時期具有重大歷史意義，藉此活動轉變為新城市時代的發展起點，靈感來自於過去未曾實現的社會民主模式。巴塞隆納的重新建設，其實反應出巴塞隆納的社會重建，甚至超越奧運會，在習慣、思維方式和社會態度方面經歷了更廣

17　Hughes, *Barcelona*, pp. 48-9.

泛的變革[18]。

然而，正如評論家和市民開始意識到的，成功是要付出代價的。

奧運會後：巴塞隆納模式轉變成品牌（一九九四至二〇〇四）

巴塞隆納模式的成功，很快形成一種本地和全球的風潮，成為品牌商標，也就是說，城市努力推動發展，建立獨特的地方和文化形象，同時側重全球競爭和消費。模式和品牌之間的區別很微妙，卻很重要：**模式**可受質疑或批判，還可以從中學習到過程，無論是針對包容性、美感、成功、甚至於錯誤。**品牌**是可消費的，如同其他商品和紀念品。自從民主過渡期間與後期的社會和文化轉型，以及奧運會受到全球的關注後，越來越多人來到巴塞隆納觀光旅遊，並從中學習經驗。然而，城市消費的需求卻為此發展蒙上了陰影。

從這個新時期的標誌性建築，可以看出滿足城市消費需求的壓力。例如，建築師里卡德．波菲於二〇〇五年擴建巴塞隆納機場，於二〇一〇年設計一座新航廈，以滿足廉價航空飛往巴塞隆納日益增加的交通量。這段時期，他在市內也有其他引人注目的專案，包括新的W酒店，巴塞羅內塔新生地的精品連鎖店（此建設飽受當地居民抨擊），以及當地服裝品牌

Desigual的總部，它是一家獨特的設計公司，一九八四年由瑞士商人於伊維薩島創立，總部設在巴塞隆納，在全球各地都有門市店。

巴塞隆納同時期崛起的另一個品牌是Mango，由土耳其移民（西班牙籍猶太裔）伊薩克和納曼・安迪克（Isak & Nahman Andic）兄弟共同創立，他們於一九六九年移民到巴塞隆納，以在市場上販賣廉價服飾起家，隨後建立價值數十億的跨國企業。這些零售商在巴塞隆納和世界各地，與西班牙（加利西亞）巨頭Zara以及全球知名品牌競爭，如H&M、IKEA、FNAC和Apple。

同時，傳統商店已經消失，像博蓋利亞這樣古老的傳統市場有越來越多的攤位都改賣旅遊商品，包括加糖的水果飲料和火腿串，與加泰隆尼亞豐富的美食傳統幾乎毫無關連。這些變化有時令人感到沮喪，尤其是那些喜歡到市場購買新鮮食材、與買家賣家閒話家常的人。

巴塞隆納本身已被大規模消費。奧運會的建設及光輝榮耀，由當地建築師與國際大師一起共享，如諾曼・福斯特爵士（Sir Norman Foster）、法蘭克・蓋瑞（Frank Gehry）、聖地牙哥・卡拉特拉瓦、磯崎新、理查・麥爾（Richard Meier）、和札哈・哈蒂（Zaha Hadid）。

---

18 Scarnato, *Barcelona supermodelo*, p. 85.

事實上，評論家利阿札・莫伊斯（Llàtzer Moix）在一九九四年出版的《建築師之城》（*La ciudad de los arquitectos*）書籍中，把建築師視為巴塞隆納新風格的菁英[19]。同時，香港的李嘉誠與和記黃埔於二〇〇五年與西班牙簽署合作協議，將巴塞隆港納入旗下，作為其國際貨櫃碼頭之一[20]。郵輪和旅遊業持續擴展；巴塞隆納最新的開發專案是成為世界貿易中心和郵輪港口，包括嘉年華遊輪碼頭，預計每年承載數千名遊客[21]。

巴塞隆納模式的成功和品牌形象的轉型，在二〇〇四年舉辦另一次全球博覽會時，以奇特的方式達到高潮。這個活動可能讓許多遊客感到意外，因為二〇〇四年世界文化論壇並未受到主要的國際世界博覽會當局認可，而是由市長帕斯奎爾・馬拉加爾在加泰隆尼亞和西班牙政府的支持下推動，最後獲得聯合國教科文組織認可。隨後的論壇在墨西哥的蒙特雷（二〇〇七）、智利的瓦爾帕萊索（二〇一〇）和義大利的拿坡里（二〇一三）舉行，之後的基金會和計畫以失敗告終[22]。

二〇〇四年世界文化論壇提供一種創意模式，結合巴塞隆納發展的許多特質，包括強調兼容並蓄的社會改革以及和全球對話。然而，它實際上重複了一八八八和一九二九年世界博覽會的模式，包括透過開發建設（如今城市北部邊緣巴索斯河附近的地區）提高房地產價值、打造具紀念性的建築以及美食和娛樂活動，像是包括中央海馬，阿拉伯主題式的帳篷美食休閒廣場。這個活動雖然有強大的企業贊助、星光雲集的嘉賓和廣泛的宣傳，原本預期吸引七百萬觀眾，然而卻連一半都沒達到，只比一八八八年多了一百萬人，活動也受到建築師、知識分子和公民的大力抨擊，像是模擬海上入侵的示威抗議。

正如亞歷山卓．斯卡納托指出的，一些批評者認為，此時這個論壇似乎違背了城市社會主義的使命，將發展和全球定位的目標置於公民福祉之上，而這些公民都曾受惠於巴塞隆納模式。這種不滿也是導致加泰隆尼亞民族主義選舉聯盟的哈威爾．特里亞斯（Xavier Trias）當選的一個因素，他在二〇一〇年擔任巴塞隆納市長，結束三十二年的社會主義統治。

二〇〇四年之後……

二〇〇四年世界文化論壇作為全球展示雖告「失敗」，但是在建築、演講者、或各種活

19 Llàtzer Moix, *La ciudad de los arquitectos* (Barcelona: Anagrama, 1994).
20 www.hutchison-whampoa.com/en/media/press_each.php?id=1827.
21 www.telegraph.co.uk/travel/cruises/news/Another-cruise-terminal- coming-to-Barcelona.
22 二〇一六年的活動原本預定在約旦的安曼和加拿大的魁北克舉行，但最後兩方都宣布退出。

動仍有其意義，它刺激巴塞隆納重新開發其他海岸地區的商業或住宅。十年之後，論壇周圍的新社區仍然活躍，正如過去因應全球活動的相關開發建設，像是奧運選手村、奧林匹克港、佩德拉韋斯郊區和聖胡安大道，已經融入整座城市中。論壇的建築物和場地被用來舉辦大型集會或活動，如音樂節或發揚安達魯西亞文化的年度慶典，但這些地方似乎沒有成為新的中心。因此，我們深入探討論壇的三個重要主題，根據巴塞隆納的歷史和文化根源，針對「永續發展」、「多元化」與「和平」，提出與未來相關的議題。

永續發展

近幾十年來，巴塞隆納人已經意識到，自家地理環境中有一些最古老的特徵有利於低耗能模式，而城市規劃和公民行為特徵，則能幫助提升城市日常的持續性。正如第一章提到的，相對溫和的氣候代表對人工控制氣候的需求減少，雖然這些人工特徵已被構建納入現代景觀中。小而密集的城市中心，使行人和騎自行車者容易到達，這讓城市規劃者能提供便利的低能耗交通方式。從前幾代人開始，巴塞隆納已承接完善的大眾交通運輸系統和其他分銷發展的特徵，如社區市場補強了露天廣場和社區中心的規劃，促進社區的緊密程度，這同時代表對於交通往來和不可再生資源的需求減少。就連加泰隆尼亞歷史悠久的美食也珍惜當地生產的食材：慢食於此一直是一種生活方式，並非是最近的創新流行。

然而，巴塞隆納的生態保護策略面臨來自外部的問題。二〇〇八年的全球經濟危機嚴重衝擊巴塞隆納的就業和發展機會：由於經濟限制和政策問題，造成消費下降，一些大規模的展覽計畫遭到縮減，如新的生態村，雖然還是有社區團體、聯合組織、無政府主義社團活躍於城市當中，但發展仍然遭到限縮。青年和大學畢業生特別受到衝擊，經濟危機使城市永續發展面臨到經費不足和設計的問題。

巴塞隆納也遇到全球暖化和海平面上升的問題，於是挑戰沿海開發計畫，從港口到海灘、再到市中心，根據預測海平面變化的嚴重程度[23]，發現市內的塔伯山能提供的保護並不大。港口和機場所在地的洛布雷加特三角洲，水的鹽鹼化、侵蝕和沉降正在改變生態平衡[24]。雖然巴塞隆納可以減少溫室氣體排放量，倡導多利用腳踏車和人行道，但光靠一個城市的努力，並無法解決全球的問題。

23 www.express.co.uk/news/world/718041/holiday-port-catalonia-spain-barcelona-climate-change-sea-levels-threat-extreme-weather.

24 https://geographyfieldwork.com/LlobregatDeltaRisingSeaLevels.htm.

多元化

在世界文化論壇的背景下，「多元化」是指匯集全球不同文化交流的慶祝活動。這同樣說明巴塞隆納是兩千年的通行之地（terra de pas），地中海地區人民遷徙或定居在此地豐富了城市生命。自十九世紀以來，更大規模的移民擴大了巴塞隆納生活的複雜性，從附近的加泰隆尼亞、亞拉岡和瓦倫西亞地區的接觸，支撐了十九世紀的工業化，一直到二十世紀，尤其是內戰結束後，西班牙南部的移民人口一直成長。

如今，巴塞隆納是一個全球人口流動的城市，自一九七〇和一九八〇年代以來，馬格里布阿拉伯人和非洲人、同時期的拉丁美洲人，還有來自南亞和東亞地區的可觀移民人口（特別是中國人），他們自一九九〇年代就已經在城市各地落腳形成獨特之地。在蘭布拉大道或是在偏遠的工人階級區域，不管是做什麼生意，都會碰上來自四面八方的業主、工人和客戶（商品通常也是在加泰隆尼亞之外生產的）。雖然來自東歐的吉普賽人（Roma）可能還是會遭到歧視，然而在恩典區的伊比利吉普賽人（Calós）卻被視為巴塞隆納獨特音樂傳統和都市生活的貢獻者[25]。同時，俗稱Gaixample（巴塞隆納擴展區Eixample的綽號，自二十世紀末以來，成為同性戀聚集之地）的擴展區已經成為LGBTQ同性戀社群的空間，範圍大致界於瓦爾梅斯街（Carrer de Balmes）、加泰隆尼亞議會大道、烏格爾街（Carrer del Comte d'Urgell）和亞拉岡街之間。

一些人還在努力融入社會，但巴塞隆納尚未出現歐洲許多地區普遍存在的仇外心理（也未接收來自敘利亞和其他危機地區的難民），這些仇外地區的居民，他們以難民需求造成負擔的角度看待移民問題。當然，依照我們個人的經驗，能證明人們對移民長期的誤解和不熟悉：作者兩人都研究過城內中國活動的神話，不過這些神話與大都會區（以及全西班牙）無處不在的中國雜貨店幾乎沒有什麼相關聯。階級問題也存在著差異：中國人的家庭開個小店維生，與那些在城內推著推車覓取廢金屬、在惡劣條件下求生存的非洲移民（大多是非法移民），兩者處境大不相同。

而蘭布拉大道的多元化，反應出巴塞隆納人擔憂的另一個問題：旅遊業。從一九九〇年（一百七十萬）到二〇一六年（九百萬），觀光遊客人數增加五倍多，從人數均衡狀態到遠遠超過當地人。酒店的數量、品質和價格都有所增加，但現在許多遊客都利用全球網路聯

25 有關calós及其在加泰隆尼亞的歷史根源，英文相關文獻請參閱David Lagunas Arias, "Modern Gypsies: Gender and Kinship among Calós from Catalonia," *Romani Studies* 5 12:1 (2002):35-55。

繫，選擇住在民宿。當然，如今城市的經濟都在迎合觀光遊客的需求，從擴建機場到新興的郵輪設施（遊輪數量從一九九〇年的二百艘左右，提升到每年七百五十艘，有兩百五十萬遊客）。公民經常抱怨蘭布拉大道上的商店、餐館和酒吧都已向大眾旅遊投降了。

大眾旅遊基本上重塑了巴塞隆納城市。在巴塞羅內塔、拉瓦爾區甚至哥德區等中心地區，旅遊業造成了傳統社區產業的空洞化，因為業主從酒吧和紀念品店獲得的收入遠超過以前傳統社區所需的商業。越來越多樓層改變成（合法或非法）短期租屋，使得住房品質受到影響。事實上，新的海灘和遊輪所象徵的旅遊文化，也已造成當地不安，尤其是遊客的脫序行為影響到非觀光社區時。例如，二〇一四年三名裸體義大利人在巴塞羅內塔裸奔的驚人事件，在社群媒體上廣泛流傳，這種行為引發了當地的憤怒。居民提出抗議，甚至將他們「本地的」日常活動從蘭布拉大道轉移到其他社區，如恩典區。有鑑於對當地資源造成需求的不平衡，這種旅遊業是否還能永續發展？

旅遊業造成生活品質的問題，也成了政治議題。二〇一五年，居民走上街頭抗議，要觀光客把巴塞隆納還給他們，阿達．科洛因此贏得絕大多數選票，當選巴塞隆納市長。雖然巴塞隆納人還是很歡迎遊客，但零星的抗議活動一直不斷發生，包括二〇一七年旅遊巴士遭破壞的事件。科洛呼籲公民重新參與對城市未來的積極規劃，包括正在進行的專案、到宏觀的願景。儘管如此，巴塞隆納需要多少讓步才能生存，仍是如今爭議不休的問題。

和平

二〇〇四年，和平似乎是一個更神秘的全球議題，甚至有點抽象，在相關活動中，由諾貝爾和平獎得主里戈韋塔・曼朱（Rigoberta Menchú）與戴斯蒙・屠圖主教（Desmond Tutu）等嘉賓參與主講。雖然曾陷入歐洲和西班牙的軍事行動，不過作為首都的巴塞隆納，幾個世紀以來一直沒有指揮過軍隊。正如前文所述，在二十世紀的世界大戰中倖存的巴塞隆納，也經歷過一七一四年和一九三九年的失敗淪陷。這兩種全球衝突的情況，都引發巴塞隆納人民與加泰隆尼亞境外人民間的衝突，彼此對西班牙「國家」抱持不同觀點。埃塔地下反抗組織於一九八七年在城外的伊波柯（Hipercor）超市發動汽車炸彈攻擊，造成二十三人死亡，然而，一般來說巴塞隆納並不是巴斯克分離主義組織的暴力目標。

二〇一七年八月發生在蘭布拉大道的恐攻事件提醒我們，和平與戰爭不再只是國家間的議題。二〇一七年八月十七日星期四傍晚，擁護伊斯蘭國（ＩＳＩＳ）的恐怖分子開著租來的貨車進入巴塞隆納市中心的蘭布拉大道，肆無忌憚衝撞遊客人群，造成十五人死亡，多人受傷。行凶的恐怖分子是在加泰隆尼亞里波爾山區城鎮長大的穆斯林青年，其實原本計畫對城市地標聖家堂發動更大規模的恐怖襲擊，若真如此，將會造成更可怕的破壞，以及數百名遊客和當地人死亡。雖然他們改變了計畫，但這次的受害者包含三十四個國家的公民，他們是在蘭布拉大道享受悠閒午後的幾個不同家庭成員（一家人於此地度過午後，是好幾世代傳承的習慣）。巴塞隆納人民及政府對此事迅速作出回應，在肇事貨車停下來的米羅馬賽克地標，人們獻上鮮花和燭火哀悼致意。蘭布拉大道和加泰隆尼亞廣場進行大規模的反恐遊行，以加泰隆尼亞語高呼：「我不害怕」（No tinc por）。皇室成員、以及西班牙和葡萄牙的領導人，他們很快地加入巴塞隆納市民，在聖家堂舉行紀念追悼彌撒。

巴塞隆納和加泰隆尼亞的和平，如今跟他們在西班牙國內的地位有關。二〇〇六年，帕斯奎爾．馬拉加爾作為加泰隆尼亞政府的首長，與加泰隆尼亞共和左翼和其他左派領導人合作，修改授予加泰隆尼亞自治權的自治章程（Estatut）。雖然西班牙和加泰隆尼亞政府內部都有左派勢力，但這個過程非常困難，激發許多右派人士的攻擊。其中的癥結之一是對加泰隆尼亞的定義，西班牙國家內部的「國籍」（nationality）概念，勝過將加泰隆尼亞稱為「民族」（nation）的草案。加泰隆尼亞以「文化獨特性」主張自身是一個歷史單位，同時區隔「民族」與作為獨立政治單位「國家」之間的關聯。其他的歧見繼續存在於共享權力之中，特別是在控制財政、教育和媒體方面。

這項妥協的自治章程通過不久之後，西班牙和加泰隆尼亞隨即在二〇〇七、二〇〇八年開始面臨全球經濟危機，嚴重衝擊巴塞隆納的銀行、房地產、以及青年和老年的基本保障。到了二〇一〇年，西班牙的失業率在歐盟排名第二，超過二〇％，青年失業率則高達四〇％。加泰隆尼亞占西班牙全國人口的一六％，占將近二〇％的國內生產總值，情況略好一些，但總體失業率仍然達到一六％，而青年失業率則超過四〇％。從小本生意（以零售業為主的經濟體），到十七萬七千名加泰隆尼亞大學生和醫院等公家單位的僱員，人們的生活都變得極不穩定。二〇一〇年，當政府針對自治章程和對加泰隆尼亞的限制等問題爭辯之際，巴塞隆納人民走上街頭，抗議他們艱困的生活和未來，這些群眾被稱為「憤怒者」（indignats），後來加入蔓延全球的「占領運動」（OCCUPY）所串聯的示威活動。

和平不僅是要「零衝突」，還要求「安全」，以及尊重差異和選擇。因此，這場經濟危機，尤其是它對新時代成長的年輕人造成的衝擊，自然而然演變成加泰隆尼亞要求新的自決權利。二〇一二年，保守派的加泰隆尼亞政府首長阿圖爾・馬斯（Artur Mas）呼籲獨立。然而，在此號召中，我們聽到了過去衝突的回響。要求獨立的呼聲與過去第二共和國的訴求，以及在加泰隆尼亞文藝復興和後佛朗哥時期贏得的文化戰爭，產生了共鳴。二〇一七年，上百萬人參加了聖喬治日，如今這些事件令人聯想到十八世紀。加泰隆尼亞文的標語和加泰隆尼亞旗幟（senyeres）裝飾在外牆和陽台。保守的西班牙政府基於合法的憲法程序和國家統一的主張，對此做出嚴厲的回應，也讓人回想起過去的干預、使局勢更加激烈。

到了二〇一七年夏天，根據民調顯示，雖然通過獨立條例，巴塞隆納人民對此一議題仍然存在嚴重分歧，他們對於獨立的意義，尤其在機構、稅收、公民身分、以及與西班牙和歐洲的對外關係方面，意見更加分歧。關於民族主義和獨立的想法一直存在爭議，且爆發衝突，像是在十月一日被西班牙政府視為非法的公民投票、和十二月的另一次制裁選舉中，獨立主義政黨仍保有優勢，即使加泰隆尼亞政府首長候選人被監禁或流亡在外。該如何實現獨立或爭取更多自治權的過程，已成為加泰隆尼亞內部、以及加泰隆尼亞與西班牙國家之間的主要衝突點。同時，延宕數月的不確定因素導致企業撤資，包括加泰隆尼亞最大的銀行、儲蓄和貸款業，同時也造成旅遊業的擔憂。

儘管如此，巴塞隆納仍然是爭議和行動的主要舞台，即使參與者可能各自有不同的支持對象，然而許多公民選擇保持沉默或乾脆棄權不投。事實上，有些人以半嘲諷的意味提出塔巴尼亞（Tabarnia）的概念，想像一個從巴塞隆納到塔拉戈納沿海都市化的自治區域，和反對獨立的城市區域脫離關係，自成截然不同的「加泰隆尼亞城市」（Catalunya-ciutat）[26]。

在本書寫作接近尾聲之際，顯然巴塞隆納人正面臨著許多未來的抉擇，到了讀者閱讀本書時，這些選擇可能早已發生變化。我們無法預見中央政府與巴塞隆納各種不同勢力的抗議群眾之間會發生何種衝突。然而，馬德里社會主義政權的轉變，以及加泰隆尼亞各方之間持續進行的辯論，為我們提供了新的契機。雖然過去曾發生一連串對立衝突，但我們也堅守和平的希望。

正如本書所描述的，長久以來，巴塞隆納及市民展現出不折不撓和勇於改革的精神。具有讀者、訪客、公民和作者身分的我們，也將是未來城市發展過程的一分子。

---

26 "¿Qué es Tabarnia?" *El Periódico*, December 26, 2017, www. elperiodico.com/es/politica/20171226/que-es-tabarnia-propuesta- secesion-barcelona-tarragona-resto-cataluna-6517873, or Marta Rodriguez Martinez, "Tabarnia: The New Catalan Secessionist Movement Boosted by Twitter," *Euronews*, December 27, 2017, www. euronews.com/2017/12/27/tabarnia-the-new-catalan-secessionist- movement-boosted-by-twitter.

圖片版權

圖片來源

0.1：Marek Holub, Wikimedia Commons

0.2：Amadalvarez, Wikimedia Commons

1.1：Catalan Art & Architecture Gallery (Josep Bracons), Wikimedia Commons

1.2：JosepBC, Wikimedia Commons

2.1：Ralf Roletschek, Wikimedia Commons

2.2：Cruccone, Wikimedia Commons

3.1：Enfo, Wikimedia Commons

3.2：Wikimedia Commons

4.1：Museu d'Historia de la Ciutat, Barcelona, Wikimedia Commons

4.2：Alhzeiia, Wikimedia Commons

5.1：Wellcome Images, Wikimedia Commons

5.2：Wikimedia Commons

6.1：Wikimedia Commons

7.1：Diliff, Wikimedia Commons

7.2：Boca Dorada, Wikimedia Commons

地圖由原書作者提供

精選參考文獻

早在打開全球知名度前，巴塞隆納就有豐富的文化，蘊藏在城市各地的建築、歷史案卷、文學、新聞、編年史，也蘊藏在民間、商業和教會等嚴謹繁瑣的官僚文件和日誌，以及對城市生活和公民的研究調查，不勝枚舉。

正因為城市的複雜性、豐富的文獻、以及不斷重塑城市的想像力，巴塞隆納也吸引了歷史學家、藝術、建築、文學和文化研究的學生、城市規劃專家、以及學者和作家等。巴塞隆納憑著當代的全球地位，出現更多探索城市的英語文獻資料和詮釋，可供大多數讀者參考，而本書提供的英語參考書目，僅代表其中的一小部分。

因此，我們一開始要先強調，雖然採用英語文獻，我們並不打算輕忽在巴塞隆納和其他各地同事值得推崇的研究成果，他們的城市分析，不僅豐富當地的辯論，也重塑全球城市發展議題，我們在章節附註中都有援引參考文獻。雖然加泰隆尼亞語現在是學術和官方的主要語言，但其中一些作品都有翻譯本、或卡斯提亞語的原文，使多數讀者更容易理解。同時還有其他語言的經典作品，尤其是Pierre Vilar, *La Catalogne dans l'Espagne moderne: Recherches sur les fondements économiques des structures nationales* (Paris: SEVPEN, 1962)，此書已有加泰隆尼亞語的譯本，但沒有英譯本。當正文提及相關文獻時，我們直接在各章節附註中援引參考出處，故不在此重複詳細書目資料。

此外，巴塞隆納是一個文化底蘊豐富的城市，我們建議讀者花點時間去巴塞隆納一些頂級書店尋寶，如Laia或La Central，這些商店有時會與一些文化機構配合，如巴塞隆納城市歷史博物館（提供英語文本）；巴塞隆納當代文化中心（Center of Contemporary Culture of Barcelona, CCCB）；位於新廣場官方建築師學院（Col·legi Oficial d'Arquitectes）內的La Capell建築師精品設計專賣店（全名為La Cooperativa d'Arquitectes Jordi Capell）；以及市政廳。

還有相關指南可參考，如一般旅遊、建築、（本書幾乎沒有涉及的）烹飪美食、和神秘系列故事（包括娛樂的八卦訊息：Josep Ma. Carandell, *Guia Secreta de Barcelona* [Barcelona: Al-Borak, 1974]）。

巴塞隆納相關的歷史概論中，藝術史學家羅伯特·休斯筆下的《巴塞隆納》，提供非常私人、諷刺、又淺顯易懂的城市觀點。

同時期出版、發行量較少的作品包括：曼努埃爾·巴斯克茲·蒙塔爾《*Barcelonas*》（English edition, London: Verso, 1992），這不是一部嚴肅正式的城市歷史。作者是一位知名的小說家、幽默家和政治評論家：他的佩佩·卡瓦略偵探小說系列描繪城市的神秘面貌，詳細記錄拉瓦爾區等地工人階級社區的生活百態。

Colm Toíbín的《*Homage to Barcelona*》（London: Picador, 1992），此書作者提供對巴塞隆納這座城市的個人回憶錄，同樣反映在他的《*The South*》（London: Serpent's Tail, 1990）小說當中。

介紹巴塞隆納歷史的作品包括：Fernández-Armesto《*Barcelona: A Thousand Years of the City's Past*》，以及David Agustí《*Brief History of Barcelona*》（Barcelona: Comanegra, 2014）。兩部作品都有英文譯本，但是更新版仍以卡斯提亞語或加泰隆尼亞語為主。

Joan Busque《*Barcelona: The Urban Evolution of a Compact City*》（San Francisco: Applied Research + Design, 2014）。這本書描述城市面貌的演變，雖然內容比較專業，卻是由密切參與過程的人所提供的城市演變具體模型。

Carles Carreras《*Geografia urbana de Barcelona:Eespai mediterrani, temps europeu* 》

（Vilassar del Mar: Oikos- Tau, 1993）。本書作者是一位地理學家，以加泰隆尼亞地理學獨特傳統為基礎，概述巴塞隆納地理面貌。

還有二本介紹巴塞隆納及加泰隆尼亞歷史的著作：Jaume Sobrequès i Callicó,《*Història de Barcelona*》（Ajuntament de Barcelona, 1995）；《*History of Catalonia*》（Barcelona: Editorial Base, 2007）。後者有英文譯本。

市面上也有許多關於文學、藝術、建築和文化研究等精采詳盡的介紹。

亞瑟・特里（Arthur Terry）的《加泰隆尼亞文學作品指南》（*Companion to Catalan Literature*）出版於一九七二年，雖然年代久遠，但經歷多次再版（最新版本二〇一〇年）；對於不諳原始語言的研究人員來說，這本指南會很有幫助。

近期結合文學與城市的相關研究：Carles Carreras《*La Barcelona literaria*》（Barcelona: Proa, 2003）。

雖然加泰隆尼亞文學作品很少有翻譯本，但英語讀者可接觸到的二十世紀作者包括：瑪西・羅德里達（Mercè Rodereda）、奎姆・蒙佐（Quim Monzó）、佩雷・卡爾德斯（Pere Calders）、胡安・馬塞（Juan Marsé，以卡斯提亞語寫作的巴塞隆納人）等。

受到巴斯克茲・蒙塔爾萬廣為流傳的作品影響，巴塞隆納也成為神秘系列源頭，其中包括艾麗西婭・巴特利特・吉梅內斯（Alicia Bartlett-Giménez）、愛德華多・門多薩（Eduardo Mendoza）、卡洛斯・薩諾（Carlos Zanón）、卡洛斯・魯伊茲・薩豐（Carlos Ruiz Zafón）、羅莎・里巴斯（Rosa Ribas）、弗朗西斯科・岡薩雷斯・萊德斯馬（Francisco González Ledesma）、喬治・塞拉法布拉（Jordi Sierra i Fabra）等人。

多位藝術和建築歷史學家當中，已故的大衛・麥凱（David Mackay）在城市現代化改革中，與約瑟普・馬托雷爾（Josep Martorell）和奧里歐・博希加斯（Oriol Bohigas）密切合作，曾出版過一本非常淺顯易懂的書：《*Modern Architecture in Barcelona*, 1854-1939》（New York: Rizzoli, 1989）。

瑪麗蓮・麥卡利（Marilyn McCully）研究一九〇〇年代巴塞隆納的藝術發展《*Els Quatre Gats: Art in Barcelona around 1900*》（Princeton: Art Museum, 1978）。

威廉・羅賓遜（William Robinson）、喬迪・法爾加斯（Jordi Falgàs）、卡門・貝倫・羅德（Carmen Belen Lord）合作編輯的《巴塞隆納和現代化：畢卡索、高第、米羅、達利》（*Barcelona and Modernity: Picasso, Gaudí, Miró, Dalí*），由耶魯大學出版，內附精采的論文和插圖，並融合巴塞隆納許多視覺文化和社會層面。而與建築藝術合輯同名的巨型聯展，是由克里夫蘭藝術博物館（Cleveland Museum of Art）、大都會藝術博物館（Metropolitan

Museum of Art）和加泰隆尼亞民族博物館（Museu Nacional de Catalunya）三方通力合作，於二〇〇六至二〇〇七年展出。

Tecla Sala《*Barcelona 1900* 》（Amsterdam: Van Gogh Museum/Brussels Mercaterfond; Ithaca: Cornell University Press, 2008），也是一本豐富的參考目錄。

最後，Enric Bou & Jaume Subirana《*The Barcelona Reader*》（University of Liverpool Press, 2017），匯集許多與巴塞隆納相關的學術論文，介紹文化歷史議題，是旅行者和學生的閱讀良伴。另外值得推薦的是Dominic Keown《*A Companion to Catalan Culture*》（Woodbridge: Tamesis, 2011）。

具體針對哥德區和歷史意識的相關研究包括：Agustín Cócola Gant《*El Barrio Gótico de Barcelona: Planificación del pasado e Imagen de Marca*》（University of Barcelona, 2010），本書原為博士論文，隨後出版成同名專書。亦可參考此作者發表於二〇一四年的文章「The Invention of the Barcelona Gothic Quarter」（*Journal of Heritage Tourism* 9:1:18-34）。Julià Guillamon《*La ciutat interrumpida*》（Barcelona: Magran, 2001），也是值得參考的著作。

提及巴塞隆納及其歷史，我們必須介紹使巴塞隆納和加泰隆尼亞成為全球研究討論焦點的權威專家，包括皮耶・維拉（Pierre Vilar）、約翰・艾略特（JH Elliott）、斐迪南・布勞岱爾（Ferdinand Braudel）等。

加泰隆尼亞史料編纂學家喬莫・維森斯・維費斯（Jaume Vicens Vives，一九一〇至一九六〇）在佛朗哥極權的黑暗時期，致力保存加泰隆尼亞的完整性、爭取加泰隆尼亞獎學金。他的著作《*Noticia de Catalunya*》（Barcelona: Destino, 1954）是加泰隆尼亞政治研究的里程碑。讀者也應該參考市政廳和加泰隆尼亞政府的出版物，這些通常與展覽有關，讓市民和領導人得以想像城市未來的發展。

根據這些基礎，我們再依照章節和主題深入介紹。

關於地域和人種的討論，參見：

David Abulafia《*The Mediterranean in History*》（Los Angeles: J. Paul Getty Museum, 2003），以及Nicholas Purcell和Margaret Holden合著的《*The Corrupting Sea*》（London: Wiley-Blackwell, 2000）。

本書作者在這篇收錄的文章中，針對巴塞隆納和地中海的相關議題，進行文獻探討：Gary McDonogh的「Imagining the Mediterranean from Barcelona」in Sonja Dümpelmann and Dorothee Brantz (eds.),《*Greening the City: Urban Landscapes in the Twentieth Century*》（Charlottesville: University of Virginia Press, 2011: 57-74）。

關於羅馬時期的巴塞隆納，最重要的英文參考文獻仍是知名歷史學家這篇未發表的博士論文：Philip Banks的「The topography of the city of Barcelona and its urban context in eastern Catalonia: from the third to the twelfth centuries」（University of Nottingham, 1981）。

其他參考資料包括：Kulikowski的「Late Roman Spain and its Cities」，以及Margarita Diaz-Andreu & Simon Keay的「The Archaeology of Iberia, are in the notes」。

進入中世紀和文藝復興時期，我們看到熱烈的爭論。對此不熟悉的讀者或許可以從這兩部作品著手：

Bensch《*Barcelona and its Rulers*》；Brian Catlos《*The Victors and the Vanquished: Christians and Muslims of Catalonia and Aragon, 1050-1300*》（Cambridge University Press, 2004）。

其他參考資料包括：Braudel《*La Méditerranée*》；Constable《*Trade and Traders in Muslim Spain*》；Silvia Orvietani Busch《*Medieval Mediterranean Ports: The Catalan and Tuscan Coasts, 1100-1235*》（Leiden: Brill, 2001）。

關於猶太人在巴塞隆納生活的豐富文獻，參見：Benjamin of Tudela & Chazan《*Barcelona and Beyond*》；Teresa Vinyoles《*Història de les dones a la Catalunya medieval*》（Lleida: Eumo-Pagès, 2005）。

早期現代時期的危機吸引許多加泰隆尼亞學者研究。我們參考了Elliott《*The Revolt of the Catalan*》的權威著作，同時也援引皮埃爾・維拉（Pierre Vilar）和喬莫・維森斯・維費斯（Jaume Vicens Vives）。

近期的學者包括：

- Amelang，《*Honored Citizens of Barcelona*》、《*Flight of Icarus*》
- Albert García Espuche，《*Un siglo decisivo: Barcelona y Cataluña, 1550-1640*》（Madrid: Alianza Editorial, 1998）、《*Barcelona 1700*》
- Manuel Guàrdia Bassols，《*Ciutat del Born*》
- Luis Corteguera，《*For the Common Good*》
- Joaquím Albareda Salvadó，《*Catalunya en el conflicte europeu. Felip V i la pèrdua de les llibertats catalanes (1700-1714)*》（Barcelona: Edicions 62/Generalitat de Catalunya, 2001）

關於巴塞羅內塔的研究，經典之作仍然是Tatjer《*La Barceloneta del siglo XVIII al plan de la Ribera (1973)*》。

十九世紀的複雜歷史再次開啟了關於歷史、法律、政治和城市化的研究，特別是關於塞達計畫。

本書兩位作者對於這段時期都有各自的研究，如McDonogh《*Good Families*》。

J. K. J. Thomson《*A Distinctive Industrialization: Cotton in Barcelona 1728-1832*》（New York: Cambridge University Press, 1991），英文著作，介紹巴塞隆納早期工業化的發展，資料稍舊，但具參考價值。

Stephen Jacobson《*Catalonia's Advocates: Lawyers, Society, and Politics in Barcelona, 1759-1900*》（Chapel Hill: University of North Carolina Press, 2009），本書從法理學的角度概述一七五九至一九〇〇這段時期的巴塞隆納。我們也參考Montserrat Miller《*Feeding Barcelona, 1714-1975*》，此書對城市市場發展有深入的研究。

其他參考作品包括：

- Joan Busquets (ed.)，《*Cerdà and the Barcelona of the Future: Reality versus Project*》（Diputació de Barcelona, 2009）
- Marina López (ed.)，《*Cerdà and the First Barcelona Metropolis, 1853-1897*》（Ajuntament de Barcelona/Museu d'Història de la Ciutat de Barcelona, 2000）

當然，民族主義的議題遍及許多（英文）文獻，例如：

- Montserral Guibernau，「Nationalisms: The Nation-State and Nationalism in the 20th century」（Cambridge: Polity, 1996）

- Catalan Nationalism：「Francoism, Transition, and Democracy」（New York: Routledge, 2004）
- Enric Ucelay da Cal，「The Nationalisms of the Periphery: Culture and Politics in the Construction of National Identity,」in H. Graham and Jo Labanyi (eds.),《*Spanish Cultural Studies: An Introduction*》（Oxford University Press, 1995）, pp. 32-9
- 《*El imperialismo catalán*》（Barcelona: Edhasa, 2003）

探討民族主義與勞工階層的關係：

- Angel Smith，《*The Origins of Catalan Nationalism, 1770-1898*》（Basingstoke: Palgrave MacMillan）；《*Anarchism, Revolution and Reaction*》（Oxford: Berghahn, 2007）

探討延伸到近代的民族主義議題之著作：

- H. Johnson，《*Tales of Nationalism: Catalonia 1939-1979*》（Newark: Rutgers, 1991）
- Dowling，《Catalonia Since the Civil War: Reconstructing the Nation》（Eastbourne: Sussex Academic Press, 2013）
- Kathryn Crameri，《*Goodbye Spain: The Question of Independence for Catalonia*》（Brighton: Sussex Academic Press, 2013）

- Borja de Riquer，《*Regionalistes i nacionalistes, 1898-1931*》（Barcelona: Dopesa, 1997）

在十九和二十世紀，勞工和無政府主義者的歷史也是重要的研究領域，其中包括：

- Josep Benet and Casimir Martí，《*Barcelona mitjan Segle XIX: El moviment obrer durant el Bienni Progressista (1854-1856)*》（Barcelona: Curial, 1976）
- Michael Seidman，《*Workers against Work: Labor in Paris and Barcelona during the Popular Fronts*》（Berkeley: University of California Press, 1991）
- Ange Smith，《*Red Barcelona: Social Protest and Labour Mobilization in the 20th Century*》（London: Routledge, 2002）
- Chris Ealham，《*Anarchism and the City: Revolution and Counter-Revolution in Barcelona, 1898-1937*》（Oakland: AK Press, 2001; new edn. 2011）
- Temma Kaplan，《*Red City, Blue Period*》（Berkeley: University of California Press, 1992）

近期研究巴塞隆納的文獻當中，相當精采又重要的作品為José Luis Oyón《*La quiebra de la ciudad popular*》。這本書的英語摘要可見於《*The split of a working-class city: urban space, immigration and anarchism in inter-war Barcelona, 1914-1936*》，*Urban History* 36:1 (2009): 86-112。

針對一八八八年各種展覽的重要收藏，參見Raon Grau《*La Exposición Universal de 1888*》（Barcelona: Ajuntament, 1988），編輯精美的一本書。

關於一九二九年世界博覽會，重要作品為Carme Grandas《*L'Exposició Internacional de Barcelona de 1929*》（Barcelona: Els llibres de la Frontera, 1988）。

Grandas《*La Barcelona desestimada: L'urbanisme de 1821 a 2014*》（Barcelona: La Central, 2017），本書為近期所出版關於重要城市規劃的歷史。

城市改革的另類觀點，參見：Oliver Hochadel & Agustí Nieto-Galan (eds.).《*Barcelona: An Urban History of Science and Modernity, 1888-1929*》（New York: Routledge, 2016）。

關於一九三六年民間奧林匹克的另類體育賽事，無英譯本，但值得參考的文獻為：Xavier Pujadas & Carlos Santacana《*L'altre olimpiada Barcelona 1936*》（Barcelona: Llibres de l'Index, 1991）。

關於奧運會，另一推薦作品為《*Freedom for Catalonia: Catalan Nationalism, Spanish Identity, and the Barcelona Olympic Games*》（Cambridge University Press, 2000）。

西班牙內戰對英語讀者造成很大的衝擊，一部分是因為喬治·歐威爾參與左派激烈行動的回憶錄《向加泰隆尼亞致敬》（*Homage to Catalonia*, 1951）。雖然此回憶錄也是作者（麥克多諾）本身對巴塞隆納城市解讀的一部分，但隨著時間發展，會了解到歐威爾的親身參與，並不代表他真正理解巴塞隆納的複雜性或地理位置（參見Seidman《*The UnOrwellian Barcelona*》）。

針對內戰時期複雜歷史的相關英文概論，可參考下列作品：

- Paul Preston，《*The Spanish Civil War*》（New York: Grove, 1986）
- Chris Ealham & Michael Richard (eds.)，《*The Splintering of Spain: Cultural History and the Spanish Civil War*》（Cambridge University Press, 2005）
- Nick Lloyd，《*Forgotten Places: Barcelona and the Spanish Civil War*》（2015, Amazon Digital LLC），比較近期的出版著作，淺顯易懂。

關於佛朗哥時期的巴塞隆納，經常出現在英語著作中，討論戰爭的結果或城市現代化的序幕。值得參考的作品包括：

- Sebastian，《*Dictatorship, Workers and the City*》
- David Agustí，《*El Franquismo en Cataluña* 》（Barcelona: Silex, 2013）
- 以及前文提及的H. Johnson，《*Tales of Nationalism: Catalonia 1939-1979*》；Dowling，《*Catalonia Since the Civil War: Reconstructing the Nation*》

還有關於佛朗哥的一般研究，包括Stanley Payne & Borja de Riquer《*La dictadura de Franco*》（Barcelona: Critica／Marcial Pons, 2010）。

拉瓦爾區，包括唐人街，也有其發展歷史，參見：Gary McDonogh的「Discourses of the City: Policy and Response in Post-Transitional Barcelona,」in Setha Low (ed.),《*Theorizing the City: The New Urban Anthropology Reader*》（New Brunswick: Rutgers University Press, 1999），pp. 342–76。

其他有趣的參考著作包括：

- 前文提及的Ealham；
- Robert Davidson，《*Jazz Age Barcelona*》（University of Toronto Press, 2009）
- Sergi Martínez-Rigol，《*El retorn al centre de la ciutat. La reestructuració del raval entre la renovació i la gentrificació*》（Publicacions de la Universitat de Barcelona, 2000, Col. lecció de Tesis Doctorals Microfitxades: Núm 3801）
- Mora，《*El flamenco en la Barcelona de la Exposición Internacional*》

最後一章，我們推薦過渡時期相關研究，如McNeil、Hughes、Busquets、Bohigas等。

其他重要、相關的參考著作包括：

- Marshall (ed.)，《*Transforming Barcelona*》
- Peter Rowe，《*Building Barcelona -A Second Renaissance*》（Barcelona: Actar, 2006）
- Alessandro Scarnato，《*Barcelona supermodel: arquitectura, ciudad, turismo*》（2016）
- Josep Maria Muntaner、Fernando Alvarez & Zaida Muxi，《*Critical Files: The Barcelona Model 1977-2004*》（Ajuntament de Barcelona, 2013）
- Hovig Ter Minassian，《*Changer Barcelone: politiques publiques et gentrification dans le centre ancien*》（Toulouse: Presses Universitaires du Mirail, 2013）
- C. Ingrosso，《*Barcelona: Architecture, City and Society 1975-2015*》（Milan: Skira, 2011）
- Edgar Illas，《*Thinking Barcelona: Ideologies of a Global City*》（Liverpool University Press, 2012）
- Montserrat Degen，《*Barcelona and Manchester*》（London: Routledge, 2008）

相關參考文章包括：

- Francisco-Javier Monclús，「The Barcelona Model: and an Original Formula? From『Reconstruction』to Strategic Urban Projects (1979-2004)」*Planning Perspectives* 18:4 (2003)
- Montserrat Degen & M. Garcia，「The Transformation of the『Barcelona Model』: An

Analysis of Culture, Urban Regeneration and Governance」, *International Journal of Urban and Regional Research* 36 (2012): 1022-38

關於巴塞隆納近期發展的相關批評，參見：

- Marshall (ed.)，「Transforming Barcelona」
- Manuel Delgado，《*La ciudad mentirosa*》（Madrid: Libros de la Catarata, 2007）

針對巴塞隆納歷史（包括二〇〇四年在內）提供有趣的批判觀點之英語著作：

- Ramon Resin，《*Barcelona's Vocation of Modernity*》
- Mari Paz Balibrea，《*The Global Cultural Capital: Addressing the Citizen and Producing the City in Barcelona*》（London: Palgrave Macmillan, 2017）

對於巴塞隆納現代城市的旅遊問題，可參考Saida Palou Rubio《*Barcelona, destinació turística. Un segle d'imatges i promoció pública*》（Bellcaire d'Empordà: Edicions Vitel · la, 2012），目前尚無英譯本。

本書目並不完整，僅供參考。事實上，巴塞隆納城市及居民不僅面對許多議題，同時也尋求解決方案，代表著巴塞隆納源源不絕的魅力，我們希望讀者也能繼續深入探索。

歷史年表

年分（西元）	歷史事件
55,000	發現加泰隆尼亞早期人類部落遺址：錫切斯（Sitges）和巴尼奧萊斯（Banyoles）。
5000	發現巴塞隆納地區早期人類部落遺址。
第一個千禧年	腓尼基人到西班牙；六世紀時勢力轉移至迦太基。 萊耶塔尼人定居在巴塞隆納地區。
西元前6～5世紀	早期在恩普瑞爾斯（Empúries）和羅塞斯（Roses）的希臘人。
264–241, 218–202	布匿克戰爭；羅馬控制西班牙。
西元前21年～西元14年	羅馬皇帝奧古斯都在巴塞隆納建立殖民地「巴爾奇諾」。（Colonia Iulia Augusta Paterna Faventia Barcino）
西元1～4世紀	巴塞隆納建造羅馬城牆。 二世紀城市人口為3,500至5,000人。
西元3～4世紀	猶太人和基督徒在巴塞隆納定居建立社區。巴塞隆納主教，聖帕西亞（Sant Pacià），365–91。
412–415	西哥德國王阿陶爾夫（370至415）與加拉．普拉西蒂亞（388至450）統治巴塞隆納，直到他遭暗殺身亡。
711	穆斯林士兵入侵伊比利半島，於713年占領巴塞隆納。
80l	法蘭克士兵征服巴塞隆納。第一任巴塞隆納伯爵，貝拉（Berà，801-20）。
844	蘇涅爾（Sunifred／Sunyer）任命為巴塞隆納伯爵，並建立短暫的王朝。

年分（西元）	歷史事件
878	長毛威爾弗雷德（Wilfred the Hairy／Guifré el Pelós）繼蘇涅爾之後，成為巴塞隆納伯爵，同時為烏格爾、塞達尼亞、吉羅納、貝薩盧（Besalú）、奧索納（Ausona）伯爵。897年對抗穆斯林圍攻時戰死沙場。
985	巴塞隆納遭阿爾曼索爾（Almanzor）襲擊。
1054	第二個主教堂計畫開始。巴塞隆納人口約15,000人。
1137	巴塞隆納伯爵拉蒙．貝倫蓋爾四世（Ramon Berenguer IV）與亞拉岡王國年僅一歲的公主和繼承人佩德羅尼拉（Petronilla）訂婚，統一兩個王國。
1229	國王海梅一世（King Jaume I el Conqueridor）攻下馬約卡島。隨後於1238年取得瓦倫西亞。
1258	科貝爾條約（Treaty of Corbeil）簽署，確認巴塞隆納不受法國國王統治。
13世紀	第二座城牆建造完成。開始興建皇家造船廠。
1305	松樹聖母聖殿（Santa Maria del Pi）開始興建（1391年完工）；海洋聖母聖殿（Santa Maria del Mar）開始興建（1383年完工）。
1348–51	黑死病肆虐巴塞隆納；造成約40%的人口死亡。
14世紀	第三座城牆建造中。
1373	第一座百人委員會大廳建造完成。人口約達40,000人。
1381	皇家造船廠興建完工。
1391	公民對猶太人的暴力攻擊，在伊比利半島形成一波迫害浪潮。大多數猶太人離開巴塞隆納，猶太區失去特色。
1412	卡斯佩折衷（Compromise of Caspe）：來自瓦倫西亞、亞拉岡及加泰隆尼亞的代表，選擇的新王儲為斐迪南／費蘭（Ferdinand／Ferran），而非烏格爾的海梅二世（Jaume II of Urgell）。
1450	阿方索五世（Alfons V）特許成立巴塞隆納大學。
1462–72	西班牙內戰波及加泰隆尼亞；瘟疫再度肆虐。

年分（西元）	歷史事件
1469	加泰隆尼亞－亞拉岡的斐迪南／費蘭與卡斯提亞－萊昂的伊莎貝爾聯姻。伊莎貝爾於1474年繼承王位；斐迪南於1479年登基。
1493	斐迪南和伊莎貝爾在巴塞隆納蒂內爾接待大廳接見哥倫布；卡斯提亞獨力支持哥倫布的航行和主張。巴塞隆納人口約23,000人。
1516	斐迪南和伊莎貝爾之孫查理五世（Charles V）統治西班牙帝國。
1519	查理五世在巴塞隆納召集加泰隆尼亞公國議會；同時，他也成為神聖羅馬帝國皇帝。
1536	巴塞隆納大學的基石奠定於蘭布拉大道。
1550s	查理退位；其子菲利普於1554年成為拿坡里和西西里島的國王，1556年成為西班牙國王；兄弟斐迪南於1558年成為神聖羅馬帝國皇帝。
1597	加泰隆尼亞政府宮外牆完工。
1635	法國向西班牙宣戰，但加泰隆尼亞人不願提供軍隊；巴塞隆納被西班牙菲利普四世的軍隊占領。
1640	加泰隆尼亞分裂戰爭；「血腥身體」（Corpus de Sang）血腥叛亂；1641年加泰隆尼亞加入法國。
1652	經過多年的瘟疫和圍困，加泰隆尼亞地區再次成為西班牙的一部分。
1701–14	西班牙王位繼承戰爭造成全球衝突。巴塞隆納領導人和加泰隆尼亞方面，選擇與奧地利哈布斯堡王儲卡洛斯和英國結盟，但最終還是因為其他人達成和平協議而落得孤立無援。
1714	法國和卡斯提亞軍隊於9月11日進駐巴塞隆納。
1716	《新基本法令》暫停加泰隆尼亞治理權和特權，將大學遷至塞爾韋拉（Cervera），公開場合禁用加泰隆尼亞語。
1717	里貝拉地區房屋拆遷，以興建城堡要塞。人口總數34,000人。
1753	開始興建巴塞羅內塔社區，以取代被拆除的里貝拉社區。
1765	加泰隆尼亞與新世界貿易進入正軌。

年分（西元）	歷史事件
1770s	內部城牆拆除使蘭布拉大道變得井然有序。
1787	巴塞隆納人口總數回升至111,410人；加泰隆尼亞居民814,000人。
1808–14	拿破崙的占領和兼併。西班牙短暫成為議會君主制，隨後斐迪南七世重新建立專制統治。
1823	斐迪南七世召來法國軍隊穩定其政權，並占領巴塞隆納。
1834	斐迪南七世去世。因爭奪王位而爆發第一次卡洛斯戰爭，延燒至加泰隆尼亞鄉村地區。巴塞隆納人口總數133,545人。
1835	城市動盪不安，宗教建築被燒毀。
1842	巴塞隆納大學重新開放。埃斯帕特羅將軍（General Espartero）從蒙特惠克山轟炸這座城市。
1847	首度興建利塞奧大劇院（Gran Teatre del Liceu）。1861–1862年損毀和重建。 1994年被大火摧毀，隨後執行公共計畫再度重建。
1848	興建伊比利半島第一條鐵路，從巴塞隆納到馬塔羅（Mataró），由米克爾．巴迪亞（MiquelBadia）建造。
1854	開始拆除外圍城牆。巴塞隆納人口總數188,000人；加泰隆尼亞167萬。
1859	伊德坊．塞達（Ildefons Cerdà）的城市擴展計畫通過。「花祭」文學比賽成為推崇加泰隆尼亞文藝復興的公開活動。
1868	西班牙政府核准拆除城堡要塞。
1873–4	西班牙第一共和國。
19世紀末	因工業發展，城市周圍省分大量移民湧入。1887年巴塞隆納人口總數達到272,000人。加泰隆尼亞的現代主義藝術運動興起，對城市建築的影響尤其深遠，包括建築師安東尼．高第（Antoni Gaudí）、路易斯．多梅內克．蒙塔納（Doménech i Montaner）和約瑟普．普格．卡達法爾克（Josep Puig i Cadafalch）的作品。
1883	高第開始興建聖家堂，到他逝世（1926）都尚未完工。

年分（西元）	歷史事件
1888	世界博覽會在城堡公園舉辦。
1890s	巴塞隆納成為「炸彈之城」。
1897	巴塞隆納整併周邊市鎮。合併後總人口為533,000人。
1898	美西戰爭。失去古巴和菲律賓殖民地。
1899	爆發「關閉錢箱」（Tancament de Caixes）商人拒絕繳稅的抗議活動。當時的市長巴托梅烏・羅伯特博士（Dr. Bartomeu Robert）辭職，與抗議者站在同一陣線。
1901	選舉四位總統：重要的加泰隆尼亞協會主席贏得議會席位，支持加泰隆尼亞主義的政黨在四省的議會選舉中大獲全勝。
1905–8	興建加泰隆尼亞音樂宮。加泰隆尼亞主義政黨在市政選舉中獲勝。
1906–9	加泰隆尼亞團結聯盟（Solidaritat Catalana）成形。許多支持加泰隆尼亞主義的政黨，包括卡洛斯派和共和派在內，聯合起來抗議中央政府的行動。1907年，政黨聯盟推出的候選人在加泰隆尼亞省44個議會席次中，贏得41個席次。該聯盟行動最終分裂，在悲劇週（1909）以失敗告終。
1908–13	興建萊耶塔那大街連結擴展區與濱海區。
1909	悲劇週事件。新招募的士兵拒絕前往摩洛哥參戰，引發暴動；宗教建築遭破壞，隨後發生野蠻鎮壓。1910年巴塞隆納人口總數596,000人。
1914–25	加泰隆尼亞聯邦成立，成為地方政府，先後由律師政治家恩瑞克・普拉特・瑞瓦（Enric Prat de la Riba）及建築師約瑟普・普格・卡達法爾克（Josep Puig i Cadafalch）統轄。1923年西班牙普里莫・德里維拉（Primo de Rivera）政變，開始實行獨裁政權，地方自治政府遭到解散。
1914–18	西班牙在第一次世界大戰保持中立。巴塞隆納繁榮發展。
1919	巴塞隆納運輸光電公司（La Canadiense）爆發長達44天的總罷工，使加泰隆尼亞工業癱瘓。這段期間，工人和業主之間的抗爭導致街頭暴力、襲擊和謀殺事件層出不窮。1920年巴塞隆納人口總數710,000人。

年分（西元）	歷史事件
1920s	巴塞隆納開始興建地鐵。
1929–30	世界博覽會在蒙特惠克山舉辦。1930年巴塞隆納人口總數達到1,006,000人；加泰隆尼亞312萬人。
1931	阿方索十三世（Alfonso XIII）退位；宣告西班牙第二共和國（1931-9）。 弗朗西斯科·馬西亞（Francesc Macià）於4月14日宣布巴塞隆納為加泰隆尼亞共和國的首都，一週之內談判變成加泰隆尼亞政府的自治地位，成為總統，直到逝世。
1934	1933年西班牙選舉右派勝利後，加泰隆尼亞政府總統路易斯·坎帕尼斯（Lluis Companys）再次宣布加泰隆尼亞共和國，並遭到監禁直到左派贏得政權；他在西班牙內戰期間領導加泰隆尼亞政府。
1936	原本規劃在巴塞隆納舉行的民間奧運會，由於西班牙內戰爆發，在開幕當天活動取消。
1936–9	西班牙內戰。巴塞隆納鎮壓當地的暴動，加泰隆尼亞仍然是共和國的防禦堡壘，在亞拉岡附近作戰。
1937	巴塞隆納當地無政府主義者和共產黨人爭奪城市控制權，導致1937年5月的激戰。1937年11月，西班牙首都移至巴塞隆納。
1939	巴塞隆納於1939年1月26日被占領。左派人士和知識分子遭監禁或處死，許多人流亡他國。在法國被捕遭遣返的坎帕尼斯總統於1940年在蒙特惠克山被處決。
1940s／1950s	從西班牙南部、卡斯提亞和亞拉岡地區的移民，改變城市和郊區。巴塞隆納人口從1940年的108萬，增加到1950年的128萬，1960年的157.8萬人；加泰隆尼亞人口從1940年319.3萬增加至426.2萬人。
1951	由於生活物價高漲，巴塞隆納民眾發動罷乘電車，反對佛朗哥，四處發生零星抗議事件，最後演變成總罷工。
1957–73	唯發展主義的巴塞隆納市長約瑟普·馬利亞·波西歐勒斯（Josep Maria de Porcioles）任內。

年分（西元）	歷史事件
1960	在加泰隆尼亞音樂宮對佛朗哥示威抗議。
1966	教士抗議；懲罰引起國際憤怒。一名嘉布遣教士，在薩里亞的嘉布遣修道院舉行會議，組成一個學生民主聯盟，遭到警察襲擊。
1970s	社區協會的發展。1974年巴塞隆納社區協會聯盟成立。
1975	佛朗哥逝世。胡安．卡洛斯一世（Juan Carlos I）成為西班牙國王，任命阿道夫．蘇亞雷斯．岡薩雷斯（Adolfo Suárez Gonzalez）領導看守的過渡政府。
1977	西班牙申請加入歐盟（1986年核准加入）。舉行第一次民主大選。加泰隆尼亞政府流亡總統約瑟普．塔拉德拉斯（Josep Tarradellas）回到巴塞隆納。隨後由喬治．普約爾（Jordi Pujol，1980-2003）繼任總統。
1979	自西班牙內戰以來，第一次舉行民主的市政選舉。社會主義者納西斯．塞拉（Narcís Serra）當選成為市長。
1970s／1980s	巴塞隆納明顯湧入許多外部移民，包括馬格里布和非洲人。除了許多選擇在此定居的歐洲人之外，隨後的移民還有南亞人、拉丁美洲人、和中國人。1975年巴塞隆納人口達到175.4萬；加泰隆尼亞人口超過600萬。
1981	西班牙軍事政變失敗。納西斯．塞拉市長申請奧運主辦權。
1982–97	巴塞隆納獲得奧運會主辦權，帕斯奎爾．馬拉加爾成為巴塞隆納社會主義市長和奧林匹克組織委員會主席。1997年辭職之後，於1999至2003年擔任加泰隆尼亞政府的總統。
1987	重建的休閒港口福斯塔碼頭（Moll de la Fusta）啟用。馬雷瑪葛納購物中心（Mare Magnum）和胡安波伯大道（Passeig Joan Borbó）分別於1994、1995年落成。巴斯克分離主義組織埃塔（ETA）在巴塞隆納伊波柯（Hipercor）購物中心發動汽車炸彈攻擊事件，造成21人死亡，有史以來最致命的ETA攻擊事件。
1992	巴塞隆納主辦第22屆夏季奧運會。城市周圍進行新的基礎建設和設施，尤其是蒙特惠克山和奧林匹克港。
2004	世界文化論壇促成巴塞隆納巴索斯河附近地區的開發。

年分（西元）	歷史事件
2008	全球經濟衰退。失業、迫遷、和抗議活動飆升。
2011	15-M運動占據加泰隆尼亞廣場。出身加泰隆尼亞民族主義右翼聯盟的哈威爾・特里亞斯（Xavier Trias）擔任巴塞隆納市長，結束了32年的社會主義執政。
2012	加泰隆尼亞政府總統阿圖爾・馬斯（Artur Mas）在9月11日慶祝活動期間呼籲獨立。
2015	民權運動人士阿達・科洛（Ada Colau）成為巴塞隆納市長，積極參與改革，包括處理旅遊業造成的城市危機。
2016–17	巴塞隆納人口總數160萬。人口密度為每平方公里16,000人，若不包括港口和公園區域，人口密度還會更高許多。
2017	8月，伊斯蘭國對蘭布拉大道等地發動恐怖攻擊，造成16人死亡。
2017	10月，加泰隆尼亞獨立公投造成混亂。12月的議會選舉持續分裂。2018年情勢仍然不穩定。

巴塞隆納兩千年（二版）：
跟著城市地理專家循著歷史與遺跡，深讀加泰隆尼亞的美麗與哀愁
BARCELONA

作　　者　蓋瑞・麥克多諾（Gary McDonogh）、塞吉・馬丁尼茲一瑞戈（Sergi Martínez-Rigol）
譯　　者　何玉方
責任編輯　夏于翔
協力編輯　賴姵如
內頁構成　李秀菊
封面美術　江孟達

發 行 人　蘇拾平
總 編 輯　蘇拾平
副總編輯　王辰元
資深主編　夏于翔
主　　編　李明瑾
業務發行　王綬晨、邱紹溢、劉文雅
行銷企畫　廖倚萱
出　　版　日出出版
　　　　　地址：231030新北市新店區北新路三段207-3號5樓
　　　　　電話：02-8913-1005　傳真：02-8913-1056
　　　　　網址：www.sunrisepress.com.tw
　　　　　E-mail信箱：sunrisepress@andbooks.com.tw

發　　行　大雁出版基地
　　　　　地址：231030新北市新店區北新路三段207-3號5樓
　　　　　電話：02-8913-1005　傳真：02-8913-1056
　　　　　讀者服務信箱：andbooks@andbooks.com.tw
　　　　　劃撥帳號：19983379　戶名：大雁文化事業股份有限公司

印　　刷　中原造像股份有限公司
二版一刷　2023年11月
定　　價　490元
I S B N　978-626-7382-16-5

國家圖書館出版品預行編目（CIP）資料

巴塞隆納兩千年：跟著城市地理專家循著歷史與遺跡，深讀加泰隆尼亞的美麗與哀愁／蓋瑞・麥克多諾（Gary McDonogh），塞吉・馬丁尼茲一瑞戈（Sergi Martínez-Rigol）著；何玉方譯. -- 二版. -- 新北市：日出出版：大雁文化發行, 2023.11
328面；15×21公分
譯自：Barcelona.
ISBN 978-626-7382-16-5（平裝）
1.CST: 歷史 2.CST: 人文地理 3.CST: 西班牙巴塞隆納
746.1771　　112017504